国务院侨务办公室立项

彭磷基外招生人才培养改革基金资助

《大学生心理健康教育》编委会

主　编：张将星　曾　庆

副主编：王　震　王佩佩　刘浩鑫　李楠楠

编　委：郝　玫　周　芊　林婷婷　刘婷婷　周慧艳
徐　岗　孙玉环　伍秀君　孙绮芸　刘　倩
刘　优　洪　莹　曾庆慧　马　洁　蓝媛慧
叶志海　喻　慧　黄晓霞

大学生心理健康教育

DAXUESHENG XINLI JIANKANG JIAOYU

张将星　曾　庆　编著

暨南大學出版社
JINAN UNIVERSITY PRESS

中国·广州

图书在版编目（CIP）数据

大学生心理健康教育/张将星，曾庆编著．—广州：暨南大学出版社，2013.8（2019.10 重印）
ISBN 978－7－5668－0666－6

Ⅰ．①大…　Ⅱ．①张…②曾…　Ⅲ．①大学生—心理健康—健康教育—高等学校—教材　Ⅳ．①B844.2

中国版本图书馆 CIP 数据核字(2013)第 157382 号

大学生心理健康教育
DAXUESHENG XINLI JIANKANG JIAOYU
编著者：张将星　曾　庆

出 版 人：徐义雄
策划编辑：李　艺
责任编辑：李　艺　黄　婷
责任校对：刘　璇　史　阳
责任印制：汤慧君　周一丹

出版发行：暨南大学出版社（510630）
电　　话：总编室（8620）85221601
营销部（8620）85225284　85228291　85228292（邮购）
传　　真：（8620）85221583（办公室）　85223774（营销部）
网　　址：http://www.jnupress.com
排　　版：广州市天河星辰文化发展部照排中心
印　　刷：佛山市浩文彩色印刷有限公司
开　　本：787mm×960mm　1/16
印　　张：18
字　　数：372 千
版　　次：2013 年 8 月第 1 版
印　　次：2019 年 10 月第 7 次
定　　价：45.00 元

序　言

随着社会的快速发展，人们对心理健康的关注逐渐突显，心理健康和良好的心理素质更被作为评价人才培养质量的重要指标，提高大学生心理健康水平的呼声也日益响亮。

回想我们读大学的年代，社会还处于待发展状态，那时的学生主要与书为伴，社会单纯，虽有艰辛和磨难，但心里总想着为祖国而学习、为强大而努力，很少有同学出现心理问题。几十年过去了，现在的大学生与我们那时不一样了，他们生活在社会复杂、文化多元的时代，经常受到来自“网络”、“微博”、“微信”等各方面不良信息的影响，用新的社交软件和社交网站来沟通、交往，人际关系虚拟化、网络成瘾、独生子女适应性障碍、社会竞争冲突等等，都使现在的大学生很容易就出现各种心理问题，因心理疾病、精神障碍等原因伤害自己和他人的案例在高校时有发生，且有上升的趋势。因此，对于今天的大学生来说，拥有健康的心理至关重要，他们不仅应当具备较强的学习能力、逻辑推理和综合分析能力、创新能力，而且应当具有健全的人格，稳定的情绪，较强的适应力、耐挫力、自制力和社交能力，坚韧不拔的精神和宽宏大量、团结友爱的品质。大学生只有具备了这些良好的心理素质，才能适应竞争激烈、变革迅速的现代社会。

正是因为以上原因，高校的心理健康教育工作显得日益重要并被大家认可。当前高校大学生心理健康教育工作的主要任务是依据大学生的心理特点，有针对性地讲授心理健康知识，开展辅导或咨询活动，帮助大学生树立心理健康意识，优化心理素质，增强心理调适能力和社会生活的适应能力，预防和解决心理问题。同时，帮助大学生处理好环境适应、自我管理、学习成才、人际交往、交友恋爱、求职择业、人格发展和情绪调节等方面的困惑，提高身心健康水平，促进德智体美全面发展。

以课堂教育教学为主的心理健康安全预防体系是高校心理健康教育的重要内容和途径，高校心理健康教育要坚持“重在建设、立足教育”的原则，面向全体学生普及心理健康知识，提高心理健康素质。因此，编写一本适合学生心理需求的教材就显得尤为重要和迫切了。

本书是由我校心理健康教育中心组织编写的一本教材。这本书主要有三大特色：一是贴近大学生需求。编写此书的教师不仅拥有丰富的高校心理健康教育授课经历，而且拥有多年的高校心理咨询经验，对大学生的心理健康状况和心理需求非常了解，所以本书做到了以生为本。其内容涵盖了大学生在生活、学习、工作等方面遇到的各种困惑和问题，同时，又有效地提供了科学的解释、方法和解答，做到了“传道、授业、解惑”。二是收录了大量的实际案例，并且列有非常实用的大学生常用心理量表。学生不仅可以以书为鉴，更好地了解自己，还可以学以致用，运用本书学到的知识帮助身边的同学。三是主题鲜明、内容新颖，易于将新的教学方法应用到实际教学中。本门课程的教学方法除了传统的课堂教学方式之外，还有心理剧、团体辅导、情境讨论等多种教学形式，实践证明其深得学生的喜爱。

高校心理健康教育工作内容广泛且意义重大，但最终归结于一个目标，即“心理预防”直至“危机免疫”。大学生心理健康教育重在普及，普及心理健康知识和心理调适方法，让大学生都能掌握这些知识和方法，当他们遇到问题、困惑或者面临挫折、失败的时候，可以自如地去应对，这就做到了“预防”和“免疫”，即自我免除心理问题，终止向坏的方向发展。大学生心理健康教育课程就是非常有效的“心理预防”方式，所以我特此作序，并推荐使用。

叶勤

暨南大学党委副书记、副校长、教授

2013 年 5 月

前　言

大学生的年龄大多在18岁至25岁之间，整体的心理发展状态正处在迅速走向成熟但又未真正成熟的水平上，这个时期的大学生一方面自我认识发展尚未成熟，但另一方面他们又有深入了解自己和发展自己的强烈愿望，很多时候，大学生都是“摸着石头过河”。为了让大学生更加顺畅、快乐地度过这一时期，我们萌生了开设“大学生心理健康教育”课程的念头，并根据实践授课经验撰写了本书，希望为大学生提供一个自我成长和自我探索的途径。

本书集知识、案例、测量于一体，共十一章，第一章解释了“什么叫心理健康”、“心理不健康是不是就有病”的概念；第二章至第四章介绍了大学生自我意识、人格及情绪，让大学生对自己作一个初步的了解；第五章至第九章介绍了大学生常常会遇到的心理困惑及调适方法；第十章和第十一章介绍了心理异常的识别及如何寻求帮助。

由于编者水平有限，疏漏之处在所难免，恳请广大读者批评指正！本书在编写过程中吸收和借鉴了许多国内外学者的观点和著作，在此一并致谢！同时，暨南大学出版社的领导和本书的编辑李艺女士也为本书的出版做了大量具体的工作，在此也向他们表示诚挚的感谢。

编　者

2013年5月

目　录

第一章
绪 论

【学习目标】

通过学习本章内容，认识心理健康的含义和标准，掌握大学生心理发展的特点及其存在的特殊性，了解增进大学生心理健康的有效途径，从而形成对大学生心理健康教育的初步认识。

“它是人生最好的时期，也是最坏的时期；它是智慧的时期，也是愚蠢的时期；它是信仰的时期，也是怀疑的时期；它是光明的时期，也是黑暗的时期；它是充满希望的春天，也是令人失望的冬天；我们前途有着一切，我们前途什么也没有；我们正在直升天堂，我们也正在直坠地狱。”

大学校园生活是莘莘学子必经的人生体验。在这里，不管我们愿意与否，都要开始独立地面对真实的生活，自主地解决自己的人生难题。但是，当我们以极大的热情去直面生活、实现自己的理想之梦时，我们会发现生活之海是那么的复杂，生活之舟是那么的难以驾驭。在挫折与教训的反思之下，有的人开始调整目标、重塑生活，以积极的心态去迎接新的生活；有的人则选择了逃避与自暴自弃，以消极的心理与行为去对抗生活。积极的接纳与奋进是拥有美好人生的起点，而消极的对抗则有可能一事无成。谁都渴望拥有美好的人生，但是年轻的大学生们由于一方面经历相对简单，生活阅历较少，基本上是从一所学校跨到另一所学校，另一方面又要面对考试的压力、生存的压力、经济的压力、就业的压力与社会竞争的冲击，他们的成长与发展、他们的身心健康受到外界环境的影响越来越大，因此如何保持良好的心理健康素质关系着每一位学子的成长。本门课程的宗旨就是提高大学生认识自我、缓解矛盾、调整心态的各种能力，帮助大学生勇敢地解决问题，积极地面对生活，让自我的潜能展开自由的翅膀，在蓝天中翱翔。

第一节 心理健康的含义与标准

一、健康的概念

健康是一种状态，是个体、自然与社会和谐相处并能带来身心安宁和满足的一种状态。如果一定要给它下一个客观的定义，我们可以引用世界卫生组织（WHO）对健康的界定：健康是一种生理、心理与社会适应都臻于完满的状态，而不仅是没有疾病和摆脱虚弱的状态。WHO 进一步指出健康的新概念：①有充沛的精力，能够从容不迫地担负日常工作和生活，而不感到疲劳和紧张；②有积极乐观的心态，勇于承担责任，心胸开阔；③精神饱满，情绪相对稳定，善于休息，睡眠良好；④有较强的自我控制能力，善于排除干扰；⑤具有较强的应变能力，能适应外界环境的各种变化；⑥体重得当，身材匀称；⑦牙齿清洁，无空洞，无痛感，无出血现象；⑧头发有光泽，无头屑；⑨反应敏锐，眼睛明亮，眼睑不发炎；⑩肌肉和皮肤富有弹性，步伐轻松自如。

从以上十点我们不难看出，健康是生理健康与心理健康的统一，二者相互联系，密不可分。当人的生理产生疾病时，其心理也必然受到影响，会出现情绪低落、烦躁不安、容易发怒等现象，从而导致心理不适并出现身心疾病。比如癌症患者中大部分的患者是因为知道了病情而被“吓死”的，而有些不认命的患者却能在医生宣布只有几个月生存期的情况下毅然抗争，用强大的精神意志力将病魔击倒，创造医学上的奇迹。同样，长期的心情抑郁、精神负担重、焦虑不安也易引起身体不适，出现身心疾病如胃溃疡、神经衰弱、月经不调等，严重者甚至会产生精神类疾病。据悉，中国的白领阶层“过劳死”的概率已经超越日本成为全球之最①，中国每年有60万白领死于“过劳死”。究其原因，白领阶层高强度、高压力的工作状态导致他们出现身体不适。身体不适原本是身体对我们心理状态的一种反应，是自我保护发出的一种警告和信号。然而这种身体不适往往因竞争激烈、工作强度大以及自恃年轻力壮等各种内外因素使其得不到足够的重视，身体和心理在得不到休息的情况下负重前行、恶性循环，最终导致了身心疾病。因此，健全的心理与健康的身体是相互依赖、相互促进的。

① 四川新闻网，转载中国日报网. http://ad.newssc.org/html/baojian/xinli/201224558.html. 2012－10－30.

二、心理健康的含义

《简明不列颠百科全书》将心理健康解释为："心理健康是指个体心理在本身及环境条件许可范围内所能达到的最佳功能状态，但不是十全十美的绝对状态。"这个释义说明了心理健康是一种动态的过程，是一个有弹性的过程，是一个自我修复能力良好的过程，我们在知情意行都参与的过程中，趋于完善，但是永无止境。因此，心理健康作为健康的一个重要组成部分，它代表了一种持续的、积极的心理状态，即个体具有良好的适应力，生命充满活力，能最大限度地发挥内在的潜能。从广义上讲，它是一种持续高效而满意的心理状态；从狭义上讲，心理健康于内是知、情、意、行的统一，于外是个体人格完善协调，社会适应性良好。

三、心理健康的标准

迄今为止，关于心理健康还没有一个统一的概念，但是国内外学者普遍认同心理健康标准具有复杂性的特点，它既有文化差异，也有个体差异。一般而言，判断个体心理健康与否，主要源于四个方面：

（一）经验性标准

即个体根据自我的主观感受来判断自我或他人的心理健康与否。由于个体先天的遗传及后天的环境不同，经验标准更强调其个别差异。同样的生活事件，由于自我认知不同，自我体验不同，自我评价也不尽相同。这个标准是个体化的标准，如同不同的个体经历了一场暴风雨之后，有的人会感冒发烧卧床不起，有的人打个喷嚏就过去了，还有的人毫无感觉。换而言之，如果一个平日里考试是60分万岁的人突然得了80分，他会高兴得跳起来；而一个平日里考试要求自己一定要上90分的人如果考试只得了80分，他会郁闷难过好几天。

（二）社会适应性标准

以社会中大多数人的常态为参照标准，观察个体是否适应常态从而对其心理是否健康进行判断。常见案例如强迫洗手，究竟一天洗几次手是在正常范围值内？超过几次就具有强迫行为倾向？这里就可以用社会适应标准来判断。以社会适应性的标准来判断个体是否心理健康，有时候有其可取之处，但有时也会出现偏颇。比如，社会中常将某个个体判断为"他比较内向"或者"他就是脾气大了一些"，但是如果运用医学判断标准的话，可能这些内向或脾气大的人就是抑郁发作或者躁狂发作了。

（三）统计学标准

通过对大批量个体进行测量，取得一个常模并将之作为判断标准，比如目前全国高校都会在新生入学时进行的心理测量。该类测量既是将学生测得的结果与常模相比较，超出常模范围者为超标，在常模范围内为正常。这就像我们常常判断一个人如何得知自己的体重是否过重或者过轻一样，我们会运用“身高 cm 减去 100cm 的值乘以 2 再上下浮动 10%”这一公式来计算。统计学标准的心理健康值也有上下浮动的范围。在这个浮动范围之内的是正常，超出浮动范围的是超标。

（四）自身行为标准

每个人在以往生活中形成的稳定的行为模式，即正常标准。例如“得到奖励我就很开心”是“我”一贯的行为模式，可是如今“我”“得到奖励也不觉得开心”，这就是异于平时的行为表现，那么可以从这个差异来看“我”是否处于情绪低落状态，进而可以分析其诱因及提出解决方法。最简单的方法就是通过观察自己的饮食和睡眠质量来判断自己是否处于心理健康的状态。平日里吃嘛嘛香，头一沾枕头就睡着的人突然茶饭不思、辗转反侧，那就说明他遇到了问题，出现了暂时性的心理失衡和情绪波动。及时分析原因并找到解决方法则可以恢复健康状态，如果听任其发展，则会进一步进入到心理问题和心理疾病的层面。

四、大学生心理健康的标准

事实上，心理健康与否其界限是相对的，试图找到绝对标准是不现实的，也不是我们的最终目标。我们的目标是积极关注自我，保持身心愉悦。一般而言，我们在探讨大学生心理健康标准时主要掌握三个标准，即相对性、整体协调性和发展性。有鉴于大学生的普遍年龄一般在 18—25 岁之间，正处于青年中期，作为一个特殊群体，大学生又不能完全等同于社会上的青年，所以根据我国大学生的实际情况，评判大学生的心理健康水平应从以下几个标准给予着重考虑①：

（一）智力正常

智力指“通过改变自身、改变环境或找到一个新的环境去有效地适应环境的能力”。也就是人的观察力、注意力、记忆力、想象力、思维力、创造力及实践

① 王登峰，张伯源．大学生心理卫生与咨询．北京：北京大学出版社，1992.

活动能力等的综合。简单讲，它是个体学习社会经验和书本经验的能力，并能对所学的经验进行扬弃和批判性吸收，扩大自身的认知结构，推而广之地运用于自我与环境的相互适应之中。这是大学生学习、生活与工作的基本心理条件，也是适应周围环境变化所必需的心理保证。因此，衡量大学生的智力是否正常，关键在于其是否能正常地、充分地发挥自我效能，即有强烈的求知欲，乐于学习，能够积极参与学习活动。

（二）情绪健康

其标志是情绪稳定和心情愉快。主要指个体能够积极主动地调解自我情绪，既包括合理宣泄又包括理性调解，在进行表达、宣泄以及调解时，自我需求能与社会需求共同得到满足。同时还能保持情绪的稳定和心情的开朗，做到对生活乐观向上、充满希望。

（三）意志健全

意志是决定个体完成一种有目的的活动时进行的选择、决定与执行的心理过程。意志健全者其行动的自觉性、果断性、顽强性和自制力等方面都会表现出较高的水平。意志健全的大学生在各种活动中会表现出自觉的目的性，能很好地做出决定并运用切实且有准备的方式解决遇到的问题，在困难以及挫折面前，能够采取合理的应对方式，并在行动中控制自己的情绪，而不是采取行动盲目、畏惧困难、顽固执拗的行为。

（四）人格完整

人格是一个较难解释的名词，心理学家不同意对这个问题做出一个简单的回答。《大英百科全书》关于人格的定义是："每个人所特有的心理——生理状态（或特征）的有机结合，包括遗传的和后天获得的成分，人格使一个人区别于他人，并可通过他与环境和社会群体的关系表现出来。"所以在这里我们只能大概说人格是个体比较稳定的心理特征的总和。人格完善就是指个人的所想、所说、所做是协调一致的，个体因这个协调一致而呈现出平和、乐观的健康心态。人格完善者具有正确的自我意识，统一的自我同一性，以积极进取的人生观作为人格的核心，并以此为中心把自己的需求、目标和行动统一起来。

（五）自我评价正确

正确的自我评价是大学生心理健康的重要条件，个体在处理学习、人际交往、恋爱、职业规划等各项事务时都离不开正确的自我评价。自我评价包括自我观察、自我认定、自我判断。正确的自我评价能做到恰如其分地认识自己，摆正自己的位置，既不以自己在某些方面高于别人而自傲，也不以某些方面低于别人而自卑，面对挫折与困境，能够自我悦纳、喜欢自己、接受自己，自尊、自强、自制、自爱适度，正视现实，积极进取。

（六）人际关系和谐

深厚的人际关系，是事业成功与生活幸福的前提。其表现为：乐于与人交往，不仅有广泛而深厚的人际关系，而且有知心朋友；在交往中能够保持独立完整的人格，具有自知之明，不卑不亢；可以客观评价别人和自己，善取人之长而补己之短，宽以待人，乐于助人，树立积极的交往态度，交往动机端正。

（七）社会适应正常

这是指个体能积极适应环境并能改善环境。个体对客观环境的认识是正面的、合理的，能够用辩证的观点来看待社会中的正反两面，能够用积极的心态去适应社会并为社会奉献力量，乐于将自我融入社会之中。

（八）心理行为符合大学生的年龄特征

任何心理都是要外显于行为的。大学生是处于特定年龄阶段的特殊群体，应具有与年龄和角色相适应的心理行为特征。

事实上，个体的心理健康状况是一条波动的曲线，心理健康与不健康之间并无明显界限，而是一个连续化的过程，在这个过程中，出现心理问题是很正常的，并不是说一旦出现了心理问题就会永远存在或者会加重。绝大多数的心理问题是可以自行解决的，只有小部分的心理问题会因为忽略、反复出现、因素添加等原因发展成为心理障碍或者心理疾病。从心理活动过程来看，健康的心理活动是一个完整统一的协调体，这种整体协调保证了个体在反映客观世界的过程中的高度准确性和有效性。而不健康的心理可能是人的发展中不可避免的发展性问题，但可以随着个体的心理成长而逐渐调整并趋于健康。所以说在人生的发展过程中面临心理问题是正常的，不必大惊小怪，但是一定要积极应对并加以矫正。大学生心理健康的基本标准，是他们能够进行有效的学习和生活的依据。如果正常的学习和生活都难以维持，就应该及时予以调整。

第二节　大学生心理健康的特殊性

刚进入到大学的新生都踌躇满志、怀揣梦想，希望在大学期间能利用优越的学习条件，充分发挥自己的潜能，同时也期盼通过大学阶段的熏陶和磨炼，培养自己健康的心理和健全的人格，以适应当今竞争激烈的社会。但是大学，似乎更多的是提供一个平台让个体在与他人、与环境的互动中自我发展、自我成长。在这个看似自由的舞台上，如何彰显自我、发展自我，都必须建立在自我了解的基础之上。所以我们首先要了解大学生群体心理健康的特殊性，才能更好地研究其发展和成长。

一、大学生的生理和心理特点

如前所述，大学阶段处于个体发展的青年中期，是生理和心理的成熟时期，也是世界观和人生观的形成阶段，有其生理和心理发展上的独特性。

（一）大学生的生理发展特点

大学生处于青年中期（17、18 岁至 24、25 岁），生理上有以下显著特点：

（1）体：身高和体重急剧变化，体形进入成年人行列；

（2）力：生命力处于最旺盛时期，各种器官和组织都达到成熟水平，充满生机和活力；

（3）脑：大脑和神经系统处于最发达状态，思维敏捷，接受能力强；

（4）性：性萌发和性成熟最敏感的时期。

（二）大学生心理发展的特点

1. 心理发展的过渡性

青年期是少年向成年人转变的过渡期，也是少年心理向成人心理过渡的关键期。在这个时期，青少年的认知水平迅速发展，达到相对成熟阶段，对事物本质的分析能够较为全面；情感也从激情体验、易感状态逐步过渡到社会道德感和责任感增强，关注他人的感受及体验的状态；意志行动从冲动型发展到具有一定自控力，个性发展达到相对稳定、渐至成熟。

2. 心理发展可塑性

这个时期是个体心理发展的第二个迅速发展期。由于青少年与社会的接触大量增加，伴随着接触面的复杂多样性、接触对象的多样化和不易把握性以及信息量的膨胀和烦琐，青少年在接触中成长，在成长中摸索，其心理发展还具有不稳定性、可塑性等特征。在此期间，个体的认知容易偏执，情绪容易走极端，意志方面执拗，个性易受外界影响。

3. 心理发展矛盾性

（1）理想与现实的矛盾：大学生对自己的期望一般较高，希望能发挥自己的才能，成为优秀人才，但面对更为复杂的环境，对自身发展方向较为迷茫，又缺乏切实可行的方案，易出现眼高手低的矛盾。

（2）情绪与理性的矛盾：大学生情绪体验丰富，易激动、兴奋，也容易转向消沉、失望，尤其在挫折面前，情绪易走向极端。同时大学生对于理性的思考也处于一种爆发期，个人观念和书本观念之间有共鸣也有冲突。当生活问题发生时，往往容易陷入情绪和理性的矛盾之中。

（3）独立与依赖的矛盾：从中学由父母事事包办的依赖生活到大学的自由天堂，个体的独立意识得以爆发和增强，一方面开始将自我的心理与家庭割裂，但是另一方面经济上还需要依赖父母的供给，缺乏独立生活的能力，不能依靠自己的力量解决自己生活中遇到的问题。

（4）乐群与防范的矛盾：由于大学生活精神和物质世界的扩大，个体乐于群体活动，并在群体互动中积极交往，寻求朋友。但由于相处时间有限，以及个体自我扩展的原因，彼此之间难以建立贴心的真情和友谊，总是带有试探和防范的心理。结果就是认识的人很多，但信得过的人很少。

（5）自尊与自卑的矛盾：经过竞争进入大学校园，大学生是青年中的佼佼者，容易产生优越感和自豪感，有强烈的自尊心，但大学里人才济济，个体优势不再明显，易出现心理失衡，有的学生开始怀疑自己、否定自己，产生自卑感、挫折感和焦虑感。

（6）竞争与求稳的矛盾：当代大学生平等意识较强，自我评估也相对较高，渴望在平等的条件下参加竞争，以便充分发挥自己的能力，凸显自我。但竞争的残酷性又导致个体出现求稳心态，不敢也不愿接受挑战。这种矛盾在大学生择业时表现得尤为突出。

（7）性生物性和性社会性的矛盾：大学生性生理已成熟，有了性的欲望和冲动。由于社会性伦理道德观正在保守与颠覆之间挣扎，很大一部分学生在处理性的问题时往往存在困惑和矛盾：是应该受制于传统社会伦理心理的制约，压抑性冲动呢？还是接受自由思想的引导，宣泄或者满足性冲动呢？这个矛盾通过学习、工作、社交活动等途径，可以获得某种程度的转移。但是对大多数学生来说，问题并没有解决。①

4. 心理发展阶段性

大学生在各学习阶段心理发展特点也不尽相同：

（1）适应期：主要指新生入学的第一年。适应内容主要分为环境性适应与发展性适应，前者指个体对物理环境以及新的人际环境的适应，包括处理自我保护与结交朋友的矛盾；后者指个体对自我发展如职业规划、学习策略等方面的适

---

① 申小莹，王昕红，钞秋玲．民办高校大学生心理健康教育．西安：陕西人民教育出版社，2007.

应，包括经济独立与经济依赖的矛盾、学业规划与社团活动的矛盾、学习的主动性与被动性的矛盾以及自我实现与社会现实的矛盾。在这一时期，个体突出的心理矛盾在于自豪感和自卑感交织，新鲜感与恋旧感交织，轻松感和紧张感交织，奋发感和被动感交织。

（2）发展期：主要指进入大学的第二年至第三年之间的时期。该时期是个体在适应大学生活，建立新的心理平衡后，进入到一个相对稳定的时期。这是个体成才定型的关键时期，是个体自我认识、自我定位等自我意识从量变发展到质变的关键时期。这种质变可以是在和风细雨、不知不觉中发生的，也可能是疾风骤雨的突变。在这一时期，个体必须处理好理想选择、目标实现、学习策略等问题。

（3）成熟期：主要指大学生涯的最后时期。经过3—4年的生活和学习，个体的心理发展已近于成人，对世界观、社会观、自我与社会之间的关系等认识相对来说较为成熟和稳定。但是由于面临着离开高校，踏入真正的社会，面临着改变及新的心理适应，个体会在这一时期普遍产生焦虑、惶恐等心理，所以这个阶段的心理特点是有紧迫感、责任感和忧患感。

二、大学生心理的特殊性

（一）认知心理的特殊性

大学生的各种认知能力均达到成熟水平，他们思想活跃，抽象逻辑思维能力和思维独立性大大提高，敢于质疑，敢于挑战权威，敢于表达自我见解。但是由于个体的社会阅历尚浅，社会经验不足，对待问题容易受到片面信息的影响，易以己推人，以偏概全，对复杂的事物难以辨别真伪。有时注意了表面现象而忽视了本质，有时注意了局部而忘掉了整体。

（二）大学生情绪情感发展的特殊性

大学生进入高校的第一种释放感就来自于情绪情感的体验。在进入大学以前，沉重的学业压力和升学期望让他们压抑了自己的情感需求，即使有情感体验也多是夹缝中的扭曲和遮掩。进入大学以后，大学生的情感得到了很好的释放，并在释放和选择中逐渐成熟。他们积极向上，勇于表白，敢于追求美好的爱情和友谊。但是他们的情感发展还没有真正成熟，仍然存在一些明显的弱点和缺陷。主要是因为大学生情绪还有较大的情境性和波动性，有时这种情绪波动和随境而迁的特殊性表现得非常明显，难以控制。大学生的情感与他们的需要、愿望和动机密切相关，一旦需要得到满足，动机得以实现，常引起高兴的情绪和表现愉悦的表情；反之，则明显地暴露出悲伤和受挫的表情，而且其消极心境也会持续很长一段时间。

（三）大学生自我意识的特殊性

大学阶段学生自我意识的特殊性主要是自我肯定与社会认可之间的矛盾，或者讲这种矛盾是自我意识与社会意识之间的矛盾。大学生充满了开创未来的热情和理想，并希望借此来体现自我的力量从而达到自我实现的目的但是由于社会意识的负面影响，大学生又会停留于生活理想和职业理想的满足之上，这就导致大学生产生为生存而学习，为就业而学习的非发展性理念。因为缺乏人生的目标及自我实现的动力，部分学生在学习过程中开始动摇、迷茫，甚至丧失信心，失去自己的兴趣和目标，荒废自己的大学学习生涯。

（四）大学生性意识的特殊性

大学生的性意识从高中时期的朦胧状态发展到了明朗化状态。在这个时期，其生理发育已经基本成熟，性接触与性需求也逐渐显现出来。我们这里讲的性意识不是单纯的生理上的性概念，还包括心理上的性别认同、性别悦纳。这个时期性意识的重要特点主要表现为：①对异性比较关注。感受到来自异性吸引的存在，总是以直接的或间接的方式接近异性，探索异性的秘密，或以各种方式引起异性的注意。②对爱情生活的追求。这种心理的发展带来强烈的按照性别特征来塑造个性和形象的精神向往，即自己要成为怎样的人以及获得怎样的异性吸引。但是由于大学生还不善于处理与异性之间的关系，或者他们的经济地位及心理成熟程度还不足以合理引导和驾驭这种精神向往，从而带来烦恼和不安。

（五）大学生智力水平的特殊性

如前所述，大学生正处于个体发展的第二个飞跃期——青年中期，所以大学生的智力水平在这一时期得到突飞猛进的发展。主要特点如下：

（1）逻辑思维能力迅速发展。随着与社会接触面的增大以及社会实践活动的增多，大学生已能从较为全面的角度对事物和社会现象进行分析、把握本质。

（2）具有思维的独立性和批判性。在思维能力得到发展的同时，大学生思维的独立性和批判性也得以发展。他们敢于质疑，不盲信书本和权威，有自己的见解和判断。当然，在缺乏正确引导的时候也容易出现偏执。

（3）思维灵活性和敏锐性迅速发展。主要表现在大学生能够迅速接受新思想、新观念，能迅速更新其思维认知结构。同时还表现在思维方向上，大学生能够从不同的角度和不同的方面，用不同的方法思考问题。

（4）创造性思维得到发展。由于大学生的思维对社会现象处于一种开放式的接受和评价状态，所以他们较少保守思想而富于想象，常能提出一些新的见解，思维中出现更多的创造性成分。

（六）大学生人生观的特殊性

人生观是对人生的基本看法和态度，是一种高级的心理现象。大学时代是人生观形成并开始稳定的时期，大学生人生观形成有两个突出的特点：①自觉探讨人生问题；②对人生问题的探讨具有哲理性。大学生具有一定的知识和社会经验，喜欢从理论上通过论证去求得答案，而不满足于人生问题的一般描述或泛泛而谈。

第三节　增进大学生心理健康的有效途径

大学生的心理状况，小而言之关系到大学生本人的生活、学习、工作和身心健康的全面发展，进而言之关系到一个家庭的幸福和美满，再大而言之关系到国家和民族的兴衰。因此增进大学生的心理健康，应引起社会的高度关注，不仅要作为高等教育的培养目标，还要成为每个学生自我修养的努力方向。

一、大学生自我心理保健

（一）坚持健康、文明的生活方式

“勿以善小而不为，勿以恶小而为之”，这是刘备在白帝城托孤之时对其子阿斗的最终嘱咐。如果我们都能如这两句话所说去付诸行动，我们必将处于一种良好的心理状态之中，我们的社会也会更加美好。刘备这两句话讲的就是要我们坚持一种健康、文明的生活方式。生活方式是指人们在日常生活中遵循的行为规范，即习惯化了的生活方式。健康的生活方式很简单，比如，①合理作息，起居有常，早睡早起，睡眠充足；②平衡膳食，坚持吃早餐，保持体重正常水平；③科学用脑，实行时间管理，提高学习效率，劳逸结合、有张有弛，避免用脑过度；④积极休闲，选择文明高雅的休闲娱乐方式，娱悦身心；⑤适量运动，积极参加体育锻炼，不吸烟、不喝酒；⑥坚持最低道德底线，不做伤害社会、伤害自然、伤害他人的言行。

（二）有意识地培养和完善人格

健全的人格是心理健康的重要组成部分，大学生应当客观评价事物，正确对

待自己与他人；善于控制情绪，情绪反应适度正常，体验正常的情绪情感，主动有效地适应学校生活与社会环境。

要有意识地培养和完善自己的人格，就必须对自己有清楚的认识和了解。因此，保持人生三问“我是谁？我要到哪里去？我要成为什么样的人?”非常重要。纵观中西古今，唯有对自我的了解和认识才是学子英才们锲而不舍的追求，才是人类得以进步的根本动力。

此外，完善人格的培养还需要树立健康的、全面的、先进的世界观和人生观。大学生是社会的精英，对社会发展起着积极的推动作用，应当具有责无旁贷的责任感。很多大学生对时事政治以及国家发展、社会进步等国强民生的问题非常敏感和关注，但是由于其认知的局限性，要预防偏激心态的出现，以防不良心理对人格的影响。

（三）投身社会实践，扩大人际交往，建立广泛的社会支持系统

作为青年主体和精英，大学生必须来自于社会，又要投身于社会。在社会中学习和成长，并引领社会发展的方向。同时，拥有广泛的社会支持系统也是个体得以度过心理困难时期的重要保障。所以，大学生应当积极主动地参加各类社会实践活动，并在活动中全面提高自身素质，通过群体交往活动，理解人与人之间的关系，体验友谊与沟通的快乐，开阔视野，并寻找广泛的社会支持。当面临挫折与压力时，广泛宽厚的社会支持会帮助大学生走出沼泽地，走向开满鲜花的未来。

二、学校对大学生心理健康教育采用的途径和方法

（一）倡导全员健心意识，进而达到学生自我实现的要求

学校教育的目标是让学生“学会生存，学会生活，学会关心，学会学习，学会发展”。“学会生存，学会生活”是适应环境，能够妥善处理自身事务，学会遵守社会规范，它是成为一个适应社会需要的人的前提；“学会关心”，关心国家大事，关心国际局势，关心我们生存的社会，关心朋友，体谅父母，珍惜友谊，善待爱情，以热情、积极、主动的态度介入社会生活中；“学会学习”就是教会学生不仅学习书本知识，还要学习观察问题、解决问题的方法与途径，学习将书本知识转化为社会实践的能力。人的发展是永恒的课题，可以说，自我塑造、自我发展、自我完善是人生中非常重要的内容。上述五个学会都必须建立在个体拥有良好的心理品质的基础之上才能达到目标，所以在这里我们倡导一种全员健心的意识，大家都来关注自我同他人的心理健康，都掌握必要的心理调适、

心理保健知识。这样才能达到社会对人才培养的要求以及个体自我实现的要求。

（二）开设与心理健康教育相关的必修课、选修课和讲座，达到“心理免疫”的目的

学校开设了与心理健康教育有关的各类必修课、选修课，并经常举办心理讲座、心理培训等，所以个体应该积极利用这些有利资源，为自己达到修身、养性、齐家、治国、平天下的目标增加内在力量。我们不能保证自己不会遇到心理问题，或者不会出现心理障碍，但是我们可以做到的是通过心理问题的预防与解决或治疗，达到“心理免疫”的目的。

（三）建立心理健康保健网络，及时有效地指引心理发展

学校一方面对从事学生工作的辅导员、班主任等学生管理人员进行心理卫生知识教育和培训，充分发挥他们与学生接触比较多的特点，全方位地做好学生的思想与心理健康辅导。另一方面在各班设立心理委员，对学生骨干进行培训，使他们能够在日常学习和生活中及时发现心理有问题的学生，给予有效的指引。

（四）建立以发展性咨询为核心的大咨询观念

在很长一段时间内，人们对心理咨询的认识只停留在心理疾病的治疗上。事实上，有严重心理障碍的学生毕竟是少数，更多的学生面临成长与成才、情感与事业、日常生活事件的处理等问题，而这些问题并不是构成心理疾病的主要方面，但又直接影响着学生的心理健康与大学生的健康成长。所以发展性咨询才是高校大学生心理咨询工作的重点。发展性咨询引导学生正确处理生活中的一些事件。将发展性咨询贯穿于学生成才的始终，这个观念的建立和普及需要全校师生的共同努力。

思考题

1. 什么是心理健康？心理健康的标准是什么？
2. 大学生心理健康的特殊性有哪些？
3. 列举几点关于增进大学生心理健康的有效途径。

第一章

大学生的自我意识

【学习目标】

通过学习本章内容，熟悉自我意识的相关概念，掌握大学生自我意识的特点和发展过程，并了解大学生常见的自我意识的偏差以及如何培养正确的自我意识。

你有没有注意过小猫咪照镜子的样子？有时它们会朝镜子里的自己“喵喵”地叫，或者站在那里，一脸迷惑，不知镜子里的是谁。“辨认镜子中的自己”是非常高级的能力，猫咪还不具备这种能力，虽然有些研究表明黑猩猩有辨别自己的能力，但是心理学家认为这是人类特有的能力。当然我们每个人也并非能真正认识自己。请看下面这段对话：

老人一点也不在意若菱的防备，笑着问：“你是谁?”

“我叫李若菱……”

“李若菱只是你的名字，一个代号，”老人微笑着坚持：“我问的是‘你是谁’。”

“我在一家外商计算机公司上班，我是负责软件产品的行销经理。”若菱试着解释。

“那也不能代表你是谁。”老人再度摇头，“如果你换了工作，这个‘你是谁’的内容不就要改了?”

“我是个苦命的人，从小父母离异，只见过父亲几面，十岁以前都是由外祖父母抚养，继父对我一向不好，冷酷疏离。为了脱离家庭，我早早结婚，却饱受婆婆的白眼和小姑的嘲讽，连老公也不表示同情。工作上老遇到小人，知心的朋友也没几个……”

“这是你的一个身份认同，”老人缓缓地说，“一个看待自己的角度。你认同你自己是一个不幸的人，是多舛的命运、不公的待遇和他人的错误行为的受害者。你的故事很让人同情，不过，这却也不是真正的你。”

“等一等！”她的心头突然一动，“我天生聪明伶俐、相貌清秀、追求者众多！我是台湾大学毕业的高材生，现在三十多岁月薪就十几万，我老公……”

“是、是，我知道，你很优秀！”老人理解地点点头，“但这又是你另外一种身份认同，也不是真正的你。”

“那真正的答案是什么呢？”

“以后我会慢慢告诉你。我告诉你这些是要帮助你认清楚一些事实，因为我们所有受苦的根源就是来自不清楚自己是谁，盲目地去攀附、追求那些不能代表我们的东西！”

资料来源：张德芬《遇见未知的自己：都市身心灵修行课》

什么是自我意识？大学生拥有怎样的自我意识特征？如何正确认识自己，从而帮助我们积极地悦纳自我，有效地控制自我，科学地发展自我，增强自信心，塑造健康的自我形象？这些将是本章讲述的主要内容。

第一节 自我意识的概述

一、什么是自我意识

自我意识是指一个人对自己各种身心状况以及自己和周围关系的一种认识，是人的意识发展的高级阶段①。自我意识是主体对其自身的意识，是主体感知到自身存在的心理历程，也是衡量个性成熟水平的标准，是整合个性各个部分的核心力量，也是推动个性发展的内部动力。自我意识是个体自身心理、生理和社会功能状态的知觉和主观评价。

自我意识具有复杂的心理结构，是一个包含认知、情感、意志等多种心理机能的完整的多维度、多层次的心理系统，它贯穿于人的各种心理活动中，其核心内涵是一个人的人生观、价值观和世界观。健全的自我意识不但是一个人心理健康的有效保证，也是一个人完善自我、实现自我价值的重要途径。自我意识在内容上包括生理自我、社会自我以及心理自我。在人的活动中，表现为自我认识、自我体验以及自我控制。

---

① 张述祖，沈德立．基础心理学．北京：教育科学出版社，2000.

（一）自我意识的组成

自我意识从内容上分为生理自我、社会自我和心理自我三部分。

1. 生理自我

你是否对自己的身材满意？你对自己的样貌怎么看？这些都是生理自我的认识内容。

生理自我是指个体对自己身体、生理状态的认识和体验，包括一个人对自己的身高、体重、容貌、身材等方面的认识，以及对温饱感、舒适感、病痛感等方面的体验。生理自我是个体在与他人交往过程中通过学习而逐渐形成的，它使一个人把自我与非我区分开来，意识到自己的生存是依托于自己的躯体。这是自我意识的最原始形态。

生理自我是人的天性使然，我们只能接受而不能改变它。随着自我意识的成长，我们应该对生理自我有一个清晰而正确的认识，学会积极地悦纳自我和接受自我。大学生尤其要关注自身的生理状况，如自己的外貌是否美丽，身材是否健壮，体态是否匀称等，并从中产生强烈的自我评价意识。但由于青年时期思想发展的不确定性与不平衡性，青年大学生往往伴有自卑和自信的双重心理体验。

自我意识并不是与生俱来的，如刚出生时，婴儿不能区分自己与外界事物，直到婴儿长大，可以进行抓咬等感知动作时，才能逐渐意识到自己与外界的不同。有研究表明，自我意识的生理自我是从八个月开始，到三岁左右才基本成熟的。

2. 社会自我

你怎样认识你和父母的关系？你觉得你和周围同学、老师的关系怎样呢？同学和老师眼中的你是否和你对自己的评价一致呢？这些都和你的社会自我有关。

社会自我是指个体对自己与外界客观事物之间相互关系的认识、体验和评价，包括个体在周围客观环境及各种社会关系中的角色、地位、权利、义务、责任、力量等。随着自我意识的发展，个体的社会角色感、责任感和义务感将会不断增强，每个人在社会生活中都希望得到他人的认可、理解和尊重，一旦失去了周围人们的肯定和认同，就会感到孤单、无助和失望。

从三岁到青春期以前的十三四岁，是人们接受社会影响最深的时期，也是社会自我发展的主要阶段。它表现为人们能了解社会对自己的期待，并根据社会期待调整自己的行动。此阶段的游戏、学习和生活对社会自我的形成起着至关重要的作用。

3. 心理自我

你对自己的“印象”如何？你觉得你是“谁”？你不单是一个名字，也不是你现在的学生身份，这将会随着你今后身份的改变而改变。“我是谁”，这是一个需要你认识了自己的心理自我后才能回答的问题。

心理自我是指个体对自己的心理活动、个性特点及心理品质的认识、体验和评价，包括对自己的知识、能力、兴趣、爱好、情绪、性格、气质等的认识和体验，它是自我意识的核心内容。情绪、智力、能力、兴趣、爱好等都随着个体的成长与日俱增，我们应该学会评价自己。如果一个人对自己评价过低，认为自己的智商不高、能力不足、性格不好、情绪起伏太大、自制力差等，就会产生自我否定的意识；如果对自己评价过高，又容易产生自负的意识。这两种意识对大学生的成长都是不利的。

从青春期到成年大约有十年的时间，这一段时间是人们的心理自我发展的主要时期，同时，人们的自我意识也趋于成熟。此时，人们能够知觉和调整自己的心理活动及其状态，并根据自身需要与社会发展需要调控自己的心理和行为。

（二）自我意识的表现形式

自我意识是一个人对自己的认识，表现为自我认识、自我体验和自我控制。

1. 自我认识

自我认识主要涉及“我是一个怎样的人”、“我为什么是这样一个人”等问题。自我认识是指一个人对自己各种身心状况的认识，它包括：自我感觉、自我观察、自我观念、自我分析和自我评价等。

2. 自我体验

自我体验是指一个人在自我认识的基础上产生的对自己所具有的情感体验（如自尊、自卑、自负等），是个体对自我评价的结果，是否符合自我的需要、期望从而产生的一种情感体验，它强化着自我认识，决定自我控制的行动力度。它包括：自我感受、自尊、自爱、自卑、责任感、优越感等。自我体验主要涉及“我是否满意自己”、“我能否悦纳自己”。

3. 自我控制

自我控制（如自制、自律等）是在自我认识的指导下，在自我体验的推动下，个体对自己心理活动和行为的自觉而有目的的调整，它反过来又对自我认识、自我体验起着调节作用。自我控制是指不受外界诱惑因素影响，能够自己调节和控制自己的情感冲动和行为的一种意志力强的表现。它包括：自主、自立、自强、自卫、自制、自律等。

自我控制是自我意识的关键环节，“知”而“行”才能带来真正的改变。事实上，“行”往往并非易事，自我控制需要意志，需要付出，需要坚持。

例如，学生A有一天遇到一个外国人，在与其对话中，意识到自己的英语水平非常差（自我意识），对此他感到非常尴尬（自我体验），从此他调整自己的学习时间，拿出更多的时间来学习英语（自我控制）。

自我认识（如自我认知、自我评价等）是自我意识的核心，是自我体验、自我控制的基础，决定着自我体验的主导心境和自我控制的主要内容。自我认知、自我体验、自我控制三者是密切联系、相互影响的，三方面整合一致，便形成了完整的自我意识。

表 2-1　全面的自我意识①

	自我认识	自我评价	自我控制
生理自我	对自己的身体、相貌、衣着、形象、风度、家属、所有物等的认识	英俊、漂亮、有吸引力、迷人、自我悦纳	追求身体的外表、物质欲望的满足、维持家庭的利益等
社会自我	对自己的声望、地位、角色、性别、义务、责任等的认识	自尊、自信、自爱、自豪、自卑、自怜、自恋	追逐名誉地位、与他人竞争、争取到他人的好感等
心理自我	对自己的智力、性格、气质、兴趣、能力、记忆、思维等的认识	有能力、聪明、优雅、敏感、迟钝、情感丰富、细腻	追求信仰、注意行为符合社会规范、要求智慧与能力的发展等

总之，自我意识是一种多维度、多层次的心理活动系统。在人的活动中生理自我、社会自我以及心理自我与自我认识、自我体验以及自我控制相互融合、相互交叉，总体表现为一个人对自己的思想认识、情感行为、个性特征以及人际关系各个方面的认识、情感和意志的统一。自我意识在发展人的个性中占有重要的地位，人的兴趣、能力、性格、情感、意志和道德行为无不受到它的影响。

（三）评价自我意识的方法——久哈里窗

“久哈里窗”是社会学家约瑟夫·卢福特和哈里·伊阿那设计的一种交流模型。根据“久哈里窗”的原理，人自身储存的信息有四种形态（或称其为有四种区域）：①公开区，即包括本人和其他人都知道的有关本人的信息；②盲点区，包含其他人了解，而本人却没有意识到（或不了解）的有关本人的信息；③隐藏区，包含本人了解，而其他人不了解的有关本人的信息；④未知区，包含本人不了解，其他人也不了解的有关本人的信息。

---

① 段鑫星，赵玲．大学生心理健康教育（第二版）．北京：科学出版社，2008.

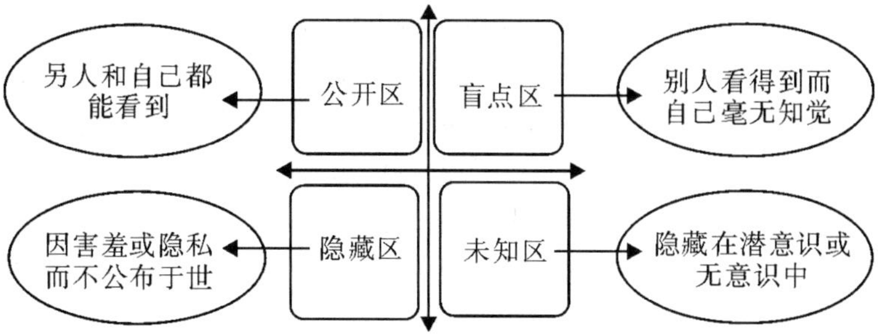

图 2－1 “久哈里窗”模型①

运用“久哈里窗”的方法认识和评价自我：

第一步：请 5 个或 10 个非常了解你的朋友，要他们列出你的优点和缺点。可以先从好朋友做起，看他们是怎样看待你的。如果想进一步客观地评价自己，再请那些你最不喜欢的人列出你的优缺点，也就是让别人做你的镜子，利用别人给你的回馈，帮助你认识自己、评价自己。

第二步：你自己也拿出一张纸，自己列出自己的优点和缺点。然后将自己列出的优缺点与别人列出的优缺点进行比较，这便产生了上图中列出的四种情况。

通过“久哈里窗”你也许会发现自己有许多优点别人并不知道，也可能出现别人认为是你的优点，你自己反而不觉得，同样，你的缺点也可能有类似的情形。用“久哈里窗”来了解和评价自己，要比从自我观察的材料中分析、评价自己更加客观、准确、可靠。

二、自我意识对大学生发展的影响

自我意识的形成和发展对人的发展具有重要意义。在社会生活中，人不是消极、被动地接受外界的影响的，而是积极、主动地应对现实社会中的一切影响，并自主地调节自己驾驭外界的条件为我所用。自我意识使人们对客观环境具有一定的选择性，对发展起到反馈和调节作用。大学生的发展，虽然受外部环境的影响，但最重要的是自己的评价态度。而是否有正确的评价态度，取决于一个人的自我认识、自我体验和自我控制，即一个人的自我意识。而且大学阶段是个体自我意识急剧增长、迅速发展和趋于完善的重要时期，探讨大学生自我意识的发展，有助于大学生创建一个美好的未来。

（一）正确的自我意识能激发大学生的发展动机

一个人要想成功，拥有成功的动机是第一步。动机是人类从事任何活动的内

① 王振龙，刘志选．心理与健康．北京：科学出版社，2009.

驱力。人只有自己有了发展的愿望才能取得真正的成功。个人发展是一种自觉的活动，是一个人有意识、有目的地主动追求，如果缺少自觉性，没有强烈动机的推动，主体处于被动的境地，成功是不可能的。一个人是不能在别人的安排下获得成功的，即使获得了所谓的成功，那也不是他的成功。正确的自我意识可使大学生清醒地认识到自己在这个崭新环境中的新角色和新地位，认真思考“自己要成为什么样的人”。由此在自我意识中产生成功的需求，形成强烈的发展动机。有了强烈动机的驱动，才会为自己的美好未来拼搏，才能进行具体的行为活动。

（二）正确的自我意识能够帮助大学生做出正确的行为决策

有了发展动机之后，就要开始具体的学习活动了。正确的自我意识能够帮助大学生选择正确的目标和取得目标的方式，使其未来发展更具有方向性，并且根据目标制订合理的计划。一个人要想成功首先要确立目标。大学生选择的目标是否合适取决于其自我意识中有无正确的价值观、人生观和世界观。此外，书面讲授、别人告诫的有关目标的知识与意义都是外在的，必须经过个体判断衡量后，得到自我意识的价值认同并转化为自我意识本身中的认识，才能驱动其做出相应的行为反应。

具有正确的自我意识的大学生，能够正确地体察到自己的个人条件以及社会、集体对自己的要求，全面地衡量各种相关条件，在正确的自我感知与自信的基础上，将发展的需要和动机转化为正确的具体目标，并且制订出一系列切实可行的计划。更为重要的是，具有正确自我意识的大学生，对自己有正确的认识，自我评价客观、准确，他们清楚自我的长处和不足，能与人建立良好的人际关系，并且能很好地学习别人的优点，这就为自我的实现创造了一定的有利条件。可见，正确的自我意识有助于大学生明确地确立“我该干什么、我能干什么、我决定干什么、我怎样干”，使自己不至于在成才的路上走入歧途。

（三）正确的自我意识能够使大学生及时反馈活动的效果

自我意识不但能把大学生自身在发展过程中的状态、体验等内心活动报告给自己，使其对成才活动的每一步结果做出及时的评价和反馈，从而根据既定的目标不断调节自己的行为活动，提高自己成才活动的质量和水平，而且还能适时地调动大学生自身的意志力来维持成才行为，不断推动成才活动的进程，使大学生最终实现自我的期望和要求。

对于相同的经历，不同的人会有不同的心理体验。例如，一个自认为能力一般，只能获得平均分的学生，得到高于平均分的成绩便会认为取得了极大成功，感到十分满足；对于同样的分数，一个自认为能力出众、应当获得优秀成绩的学生，会认为这是遭遇了很大的失败，并体验到极大的挫折感。所以，由于自我意识的参与，个体能获得更多的活动反馈。

当然，成功之路并不是一帆风顺的。当遇到困难和挫折时，健全的自我意识会使个体在正确的自我评价和积极的自我体验的基础上，坚定对自己选择目标的认知，用坚强的意志排除焦虑和自卑等消极情绪，使自我能冷静、客观地评价自己的行为活动与目标，检查自己在自我实现中的不足和失误，端正自己的认识和修改自己的行动步骤，强化自己的自信心和恒心，战胜内心的懒散、畏难、退缩等消极心理，加强自己行动的勤奋力度，重新投入到实践中，直至取得成功。

（四）正确的自我意识能促进大学生充分发挥自我潜能

自我意识影响个体对未来事情发生的期待，促进大学生潜能的发挥。这是因为，自我期望是在自我意识的基础上发展起来的，并且与自我意识相一致，因此其后继的行为也取决于自我意识的性质。自我意识健全的大学生会充分地认可和肯定自己，相信自己的能力，所以能极大地发挥自己的潜能，使自己在学习上独立思考，在实践中敢于打破传统和权威，勇于创新，并适时地应用所学的理论和个人对自我与周围环境关系的认知，充分利用自我现有的条件来创造性地解决问题，充分发挥自我的创造力。

（五）正确的自我意识能够创造良好的人际环境，促进个体的健康发展

研究表明，具有健全自我意识的人不仅能客观、全面、准确地评价自我，善于积极接受和悦纳自我，而且能够采取科学、正确的态度和方法去认识他人和社会，建立和谐的人际关系。反之，自我意识不健全往往会造成个体无法适应社会及人际关系不协调的状况。如果个体对生理自我、心理自我和社会自我的认识、评价出现偏差，尤其是当大学生的理想自我与现实自我的差距太大时，就可能造成社会适应不良和人际关系紧张，影响自身的心理健康。因此，大学生塑造健全的自我意识，形成正确的自我评价和良好的自我形象，对于适应社会、建立和谐的人际关系有着重要的影响和作用。

由此可见，正确的自我意识对大学生的发展有着重要的意义，它大大地提高了人的认识功能，使人形成一个丰富的情感世界，促进了人的意志的发展。人的认识活动不论感觉、知觉、记忆、想象、思维等，都由于自我意识的存在而更加自觉、更加合理、更加有效。

第二节　大学生自我意识的发展及特点

一、大学生自我意识的发展

自我意识并非与生俱来的，而是在社会交往和语言思维活动中形成和发展起来的，并逐渐把自己从客体中区分出来。自我意识作为个体对自己内心世界和外在行为的主观内省，是人的重要心理机能。自我意识是心理发展的核心成分，所以自我意识发展必然对人的整个成长与发展起到重要作用。大学生自我意识水平的高低，自我意识是否良好，直接影响着他们的成才和发展。

一般来说，大学生自我意识的发展会经历一个比较明显的分化和统一的过程。自我意识的分化是自我意识走向成熟的标志，因为它促使了大学生思维和行为的主体性的形成，为客观地评价自己和他人，合理地调节言行奠定了基础。自我意识的统一代表着自我意识的成熟，这时的个体在经过痛苦的选择与调整之后，使理想自我与现实自我趋于统一。

（一）自我意识的分化

自我意识的发展是从明显的自我分化开始的，由于自我意识的分化，原来完整统一的自我被打破，原来的自我意识一分为二，出现了不同层次上的两个自我，一个是“理想的我”，一个是“现实的我”。“理想的我”是根据主观感受到的社会现实所希望的将要达成的自我状态，它处于观察者的地位。“现实的我”则是当前实际到达的自我状态，它处于被观察的地位。所以我们既是观察者又是被观察者——关注自己的内心世界和行为，产生新的自我认识和体验。这时，如果“理想的我”和“现实的我”能保持大致平衡，即个体若能表现出真实的能力、性格、欲望等，既不掩饰优点，也不怕暴露缺点，就非常有利于个体的健康发展。

但是由于自我意识的分化，使青年开始意识到自己未曾注意到的许多关于自我的细节，带来了自我内部的矛盾斗争、自我冲突加剧、自我不能统一、自我形象不能确立、自我概念不能形成，内心产生极大的痛苦和剧烈的不安。他们接触外界社会比较少，不能很好地把理想和现实有机结合起来，因自己的现实条件和理想差距很大，常常带来很大的苦恼和冲突。

（二）自我意识的统一

在自我意识的矛盾冲突中，大学生的自我意识也在不断调整、发展，寻找自我意识的新的统一点，整合自我意识。由于自我意识具有复杂性与多维性，大学生逐渐在多向度中审视自我、调整自我，向理想自我靠近，自我意识开始趋于统一。从多维度观察的自我同一性越高，大学生自我意识的发展越好，人格越完善。但是，由于大学生的成长背景、家庭教养方式、社会经济地位、个人人生志向、职业目标的不同，自我意识整合的结果与类型也会不同。正确的自我意识的形成将随之建立起积极的自我。积极的自我不仅了解自己的长处与优势，也了解自己的不足与劣势，能够分析哪些是通过努力可以达到的，哪些是属于无法企及的，从而进行积极的自我肯定，向着理想自我迈进。

西方人格心理学家的一致看法是：个人如果能够充分发挥其自我的统一功能，就能够发展出积极整合的人格结构，并能够保持人格与个人行为以及外部世界的协调和一致，他就是一个健康的人；相反，如果个人没有形成统一的自我意识，或者没能充分发挥自我意识在实现人格结构整合化过程中的统一作用，就会导致不协调的、未整合的人格结构的形成，从而使整个人及其行为与外部世界产生冲突，这就是一个不健康的人。

大学生自我意识的矛盾转化不断进行，且渐趋稳定。在自我意识由分化向统一的转化发展过程中，大学生自我意识不断发生重大变化。正是由于这种矛盾转化，使得大学生自我意识发生了明显的飞跃，个体之间出现了不同的差异，自我意识也逐渐趋向成熟。在自我认识、自我体验和自我控制方面都有明显的发展。

由此可见，大学阶段是学生自我意识的转折时期，也是自我意识和自我矛盾表现最突出的阶段，如果得不到及时适当的引导则会对其发展成才产生阻碍。

二、大学生自我意识的特点

处于青年中期的大学生，经过大学生活和教育，随着个体心理和意识的不断发展，其自我意识的发展达到了新的水平。独立感、自尊心、自信心、好胜心等逐步趋于成熟；自我认识、自我体验、自我控制三方面趋于协调发展；自我意识的核心——世界观和人生观已基本确立。总的来说，大学生自我意识的发展是随着年级的上升而发展的，并表现出以下几方面的主要特点：

（一）自我认识、自我体验和自我控制能力进一步发展

进入大学以后，随着学习、生活方式的改变和心理意识的发展，大学生的自我意识有了明显的变化，无论是在自我认识、自我体验或自我控制等各个方面都

有了进一步的发展。

1. 大学生自我认识的特点

首先，与高中阶段相比，大学生的自我认识更具有主动性和自觉性。在大学阶段的学生，经常会思考一些涉及自我的问题，不仅期望获得比较满意的答案，还会将这种思考和期待体现在切实、具体的行动之中。其次，自我评价能力增强，但有时仍有片面性。进入大学以后，学生的自我评价能力增强，但时常会出现“高估自己”或“低估自己”的现象。再次，自我概念有了明显的变化。主要表现为：自我概念更丰富、更完整、更加稳定和更具有概括性。

2. 大学生自我体验的特点

自我体验是个体在自我评价的基础上对自己产生的情感体验。在大学阶段，学生的个体体验的特点主要有：①自我体验具有丰富性和波动性。大学生的自我体验更加丰富，能够体验到各个方面，但是尚不稳定，会随情景的改变而不断地变化。②自我体验具有敏感性和情境性。大学生对外部世界和自己内心世界的许多方面都比较敏感，尤其是与他们相关的事物，很容易引起情绪情感上的反应。情境性是在一定的刺激作用下，对自我产生的一种想象式的、灵感式的非逻辑体验。大学生的自我体验常常具有情境性。③自我保护感强。大学生的自我保护感强表现为自尊心与自卑感的相互交织。就心理健康而言，适度的自尊与自卑对个体都是有必要的。但由于有时存在的自卑感，使大学生自我保护感极强。

3. 大学生自我控制的特点

大学生的自我控制感有了很大的加强，主要表现在：①自我设计和自我完善的愿望强烈。这时期的大学生特别注重自我完善，对自己的生活开始有了初始的设计。②独立意识和反抗意识强烈。大学期间学生的独立意识已经得到很好的发展，喜欢独立地思考，独立地判断事物、认识事物。但是随之而来，大学生的反抗意识也逐渐地发展起来。为了证明自己在生活态度、价值观或者追求目标上与长辈或他人不一样，常常会做出一些成人或社会所不期望或不赞赏的事情。

（二）自我意识开始分化，容易产生偏差

进入大学以后，由于学习、生活方式的改变以及心理意识的发展，大学生的自我意识有了明显的变化，分化为“理想的我”和“现实的我”，并且迅速发展，导致矛盾冲突日益明显。一方面，大学生对自己的生活充满信心，对未来抱有幻想，而另一方面，现实往往不是他们所想象的那样，于是就出现了“理想的我”和“现实的我”的矛盾。这种矛盾分化，使得大学生的自我意识发生改变，通过自我体验和自我调控，出现各种激动、焦虑、喜悦与不安的情绪。当“理想自我”占优势时，常常会低估“现实的我”的实际能力，总认为自己事事不如人，从而产生强烈的自卑感，甚至放弃努力，形成自我怜悯或伤感的心理状态。

相反，当“现实的我”占优势时，往往表现出较强的虚荣心，常常自我陶醉，特别在乎别人对自己的评价，担心暴露自己的缺点。

大学时期是自我意识的分化和统一时期。“理想的我”和“现实的我”之间存在种种矛盾，随着自我意识的进一步发展，矛盾也越来越突出。在这种矛盾心理的作用下，大学生对自己的评价也常常是矛盾的，对自己的态度也是波动的，对自己的调控常常是不自觉和优柔寡断的。而现实经验的缺乏、自我发展道路的模糊、周围光怪陆离事物的诱惑、容易冲动感情用事的处事方式使大学生的自我调控能力显得非常薄弱，容易产生偏差。

（三）强烈关心自我的发展

大学生的自我意识和特点与同年龄段的其他青年有着相同之处，但是由于其特殊的教育环境和知识背景，他们的自我意识又与一般的青年有些不同，他们比同年龄段的其他青年更关心自我的发展。与普通青年相比，大学生并不是直接进入社会，而是有4—5年的知识技能的准备时间，在这段缓冲时间里，他们围绕个人发展、个人和社会的关系，积极主动地探索自我。一方面，他们非常关心个人的身体容貌、内心活动和个性品质的发展；另一方面，他们也十分关注自己的社会形象，自觉地把自己的命运与集体和国家的命运结合起来，经常考虑如何为社会服务。他们强烈地关心自己的成长。

（四）自我意识的发展存在着年龄差异

自我意识为人所独有，但并不是与生俱来的，它是随个人的发展逐渐建立起来的，是在不断发展变化的。随着大学的学习与成长，大学生的自我意识也在逐渐地发展。随着年龄的增长、身体的发育、阅历的提高以及社会地位的变化，到了大学后期，大学生的自我意识与刚进校时有着显著的不同。由刚入学时的“依赖性”和“盲目性”，发展到毕业前的“相对沉稳”。自我意识随年级的升高而发展，但大学中期是大学生自我意识最低、内心矛盾冲突最尖锐、思想斗争最激烈、回顾与展望时间最多的时期，它是大学生自我意识相对稳定阶段的不稳定时期，是自我意识发展的转折期，也是一次新的上升时期。

三、大学生自我意识的偏差

大学时期由于自我意识的分化，“理想的我”与“现实的我”冲突严重。由于自我调控能力相对薄弱，大学生在此时容易产生各种自我意识的偏差。

（一）过分地以自我为中心

随着自我意识的发展，大学生强烈关注自我，越来越多地把关注的重心投向自我，总是从自我的角度去考虑问题、采取行动，不能进行客观的思考和分析。加之大学生有较强的自信心、自尊心、优越感和独立感，因而比较容易出现自我中心倾向。当这种倾向与个人主义、自私自利等不健康思想和过强的自尊心、唯我独尊等心理特征相结合时就会出现过分的自我中心。自我中心是儿童发展过程中一种正常的心理现象，但是如果随着年龄的增长，依然一切以自己的观点为中心看待问题，就不再是正常的现象了。过分的以自我为中心的大学生，一切以个人利益为出发点，盛气凌人，总是感到自己的利益没有得到满足，充满委屈，常常不能得到别人的好感和信任，人际关系总是不和谐，行为做事较难得到他人帮助，容易遭受挫折。

2002年2月23日是一个风和日丽、春意浓浓的星期六。北京动物园内热闹异常。下午1时10分左右，动物园熊山内突然传来狗熊“嗷、嗷”的嚎叫声。只见随着水泥地上冒起的一股股白烟，两只大黑熊躺在地上打起了滚。就在围观人群一阵骚动后，一名手拎食品袋，戴着眼镜的男青年急匆匆地挤出人群向熊山外溜去。

“抓住他，就是他给大黑熊投的毒。”喊声未落，这名男青年撒腿就向动物园内狮虎山方向跑去。正在附近巡逻的动物园派出所的民警、动物园保卫处的工作人员和熊山的管理人员以及在场的群众围追堵截、齐心协力将这名男青年抓获，带回了动物园派出所。

经警方审查，这名男青年是清华大学的一名在校学生。当问到他为什么要伤害国家珍稀动物时，他说：“我曾经从书中看到过熊的嗅觉敏感，分辨东西能力特别强。但人们又总叫它们‘笨狗熊’，所以我就想验证一下狗熊到底笨不笨。”

为了满足自己邪恶的“好奇心”，1月29日，这名学生用事先准备好的一瓶饮料兑上从学校实验室偷的火碱来到了动物园。他假意投喂黑熊并将掺有火碱的饮料倒向正在与游客戏耍的黑熊，看到黑熊被烧得满地打滚，嗷嗷乱叫，侥幸逃脱的刘海洋并没有感到满足，而是昧着良心又酝酿着下一次罪恶行动。

2月23日，刘海洋用一个白色纸袋装着两瓶饮料和一个平时喝水用的500毫升硬塑料杯，从一家化工商店花8元钱买了一瓶硫酸，分别兑进了随身携带的饮料和塑料水杯内，而后乘公共汽车来到了动物园，又一次实施了残害动物的罪恶行径。

资料来源：http：//news. sohu. com/20070117/n247665106. shtml

黑熊、棕熊，这两种濒危灭绝的动物已被列为国家一级保护动物。连普通人都知道要对它们进行保护，为什么一个受过高等教育的大学生会做出伤害它们的事情呢？这个学生伤熊的原因，正是由他在社会认知上的自我中心观所致。尽管这名学生已处于青年晚期，却仍然没有学会从社会的角度思考评判自己的行为，以致无法约束自己。做事以自己为中心，不能考虑他人利益，从而犯下如此愚蠢的错误。

（二）过强的从众心理

与大学生过分地以自我为中心相反的另一种自我意识缺陷是过强的从众心理。从众是个体在群体的影响和压力下，放弃自己的意见而采取与大多数人保持一致的自我保护行为，是一种普遍的社会心理现象。害怕孤独、缺乏自信等不良心理特征，加之传统的"听话"、"服从"教育，导致部分大学生在现实生活中丧失自我、缺乏主见，遇到问题束手无策，进而影响心理健康发展。

法国自然科学家们曾经做过一个有趣的实验，他们把一群毛虫放在一个盘子的边缘，让它们一个跟着一个，头尾相连，沿着盘子排成一圈。于是，这些毛虫开始沿着盘子爬行，每一只都紧跟着自己前边的那一只，既不敢掉队，也不敢独自走新路。它们连续爬了七天七夜，终于因饥饿而死去，而在那个盘子中央就摆着它们喜欢吃的食物。

资料来源：晓雨《跨越从众的矮墙》，《发明与创新（综合版）》2011 年第 7 期

这些毛虫因为从众，丢掉了自己的生命。你也许会讥笑毛虫的呆板与愚昧，可是，你有没有想过自己有时也会犯同样的错误。大家一起讨论问题，当你的观点与其他人不同时，即使自己是对的，是否也感觉不妥，最后放弃自己的意见而"随大流"；参加活动，为了和大家保持一致，你是否选择了"委曲求全"；周围的许多同学都在谈恋爱，你是否认为自己如果不找个异性朋友谈谈，就显得没有魅力……这些都是典型的从众行为。

（三）过度自信

自信是大学生的优秀品质。有独立的思考精神，对自己的才学信心十足，对自己的未来踌躇满志，这将有助于大学生的自我实现。但自信过度就会导致自负。心理学家柯里指出："如果一个人只看到自己比别人好，别人都比不上自己，这样就会产生盲目乐观的情绪，自我欣赏，自以为是，因此就不能处理好人际关系，不能调动主客观双方的积极性，而且还会遇到挫折，产生苦闷。"自负的大学生过高地估计自己的价值与能力，表现出很强的优越感，自命不凡、看不起别人，听不进师长的教诲和同学的意见，回避或否认自己的缺点，较难与他人达成妥协，最终会陷入孤独和郁闷。

通常一个人如果过度自信，就会产生自满与自负的情绪。因此，自满、自负

与自信是有区别的。自信是指一个人对自己恰当、适度的信心。既然是适度，就不能过分，过分则为自满；也不能不及，不及则为自卑。自信是心理健康的重要标志之一。而自负是没有依据，盲目自信，“老子天下第一”，是非常不可取的。

在大草原上，狮子是百兽之王。狮子觉得挺满意：“在这片草原上，所有动物都怕我，所以我是最伟大、最了不起的国王！”

一天，狮子来到阴凉的树阴下打算睡个午觉。忽然，耳边响起一阵“嗡嗡”声，狮子睁眼一看，原来有只蚊子正在他的头顶上方飞舞。狮子不高兴地说：“滚开，你这讨厌的小虫子，别打扰我睡觉！”蚊子被激怒了，尖声叫起来：“啊，你这可恶的家伙，凭什么驱赶我？我要吸你的血！”狮子讥讽地说：“可怜的小东西，凭你也敢向我挑战？我可是大名鼎鼎的百兽之王！我打败了无数强悍的对手。至于你这小小的蚊子，我只用两根手指就能把你捏扁！”蚊子毫不畏惧地说：“虽然你长得非常高大，但却是一个无能的蠢家伙！”狮子气极了，伸出爪子扑了几下，想抓住这只讨厌的小蚊子。可是蚊子轻盈地飞舞着，狮子怎么也抓不住他。狮子气得暴跳如雷，拼命地挥舞利爪，恨不得把蚊子撕成碎片。可是蚊子依然在他头顶上方盘旋，并且挑衅地说：“你的爪子和牙齿对我都没用，现在应该让你尝尝我的厉害了！”蚊子吹着喇叭，飞快地向狮子冲去，冷不防在他的鼻子上叮了一口。狮子的鼻尖立刻红肿起来，疼得他“嗷嗷”直叫。几个回合之后，狮子发现自己不是蚊子的对手，只好举起白旗，向蚊子投降。

“啊，我打败了百兽之王，我太了不起了！”蚊子太高兴了，根本没有注意到树枝间隐藏着一张蜘蛛网。当它飞过去的时候，一头撞在网上，立刻被牢牢粘住了。躲藏在一旁的蜘蛛立刻爬过来，得意地说：“啊哈，多么肥嫩的小蚊子！做我的午餐再合适不过了！”蚊子气愤地说：“快放开我！要知道，我可是打败过狮子的英雄！”蜘蛛毫不在意地说：“不管你有多么了不起，在我看来只是盘中的午餐而已！”蚊子又气又急，拼命地扭动挣扎，用尽了全部力气也无法挣脱蜘蛛网。眼看蜘蛛步步逼近，蚊子伤心地说：“我战胜了强大的狮子，却败给了小小的蜘蛛，这都是因为我骄傲自负，才犯下这致命的错误啊！”

（四）过度自卑

与自负相反，有的大学生过度自卑。过度的缺乏自信就会产生自卑。过度的自信与过度的自卑都会影响大学生心理的健全和完善，都是不容忽视的自我意识缺陷。

自卑表现为对自己的能力评价过低，看不起自己。自卑是由自我否定而产生的内心体验。因为人无完人，所以人类普遍存在自卑感，只是程度不同而已。过度自卑的大学生过分关注自身短处，否定自己的长处或对自己的长处没有足够的认识，对自己缺乏信心，常表现出胆怯、畏惧、怀疑，因害怕失败而放弃努力，因害怕拒绝而不敢与人交往，因害怕承担责任而不敢接受挑战。他们往往降低人的社会需求水平，对自我过分怀疑，压抑自我的积极性，并可能引发严重的情感损伤和内心冲突。他们的心理体验常伴随较多的自卑感、盲目性、自信心丧失和情绪消沉、意志薄弱、孤僻、抑郁等现象。

十几年前，他从一个仅有20万人口的北方小城考进了北京的一所大学。上课的第一天，与他邻桌的一个女同学问他："你是从哪里来?"，而这个问题是他最忌讳的，因为在他的逻辑里，出生于小城，就意味着小家子气，没见过世面，肯定被来自大城市的同学瞧不起。就因为这个女同学的问话，使他一学期都不敢和同班的同学说话，以致一个学期结束的时候，很多同班的女同学都不认识他！很长时间自卑的阴影占据着他的心灵。

而他现在成为了经常对着全国亿万观众侃侃而谈的中央电视台著名节目主持人，他就是白岩松。他主持节目给人印象最深的特点就是从容自信。他没有一点"小家子气"或是"土气"，恰恰相反他很大气。自卑最根本的根源在于自己的内心，它并不是天生的，也不是源于现实的。

资料来源：http：//blog. tianya. cn/blogger/post_ show. asp? BlogID = 681128&PostID = 13269553

由此可见，自我意识的偏差容易导致严重的后果。知人为聪，知己为明。大学生应该对自己有充分的认识，把主观愿望和客观条件结合起来，抛弃自卑心理，培养自信乐观、自强不息、宽容豁达、开拓创新等良好的人格品质，改变那些不适合个人发展的不良的人格品质。在遇到挫折困境时，要相信自己的能力，正视现实，放眼未来，对自己抱有合理而坚定的信心，保持实事求是、知足常乐的心态，同时适时调整自己的不良心理。

摆脱自卑的自我暗示

面对自卑的攻击，我们应发挥自己的潜能，挖掘有效的方法。自我暗示就是一种非常有效的对抗自卑的方法。它非常简单，却有惊人的效果。

它起源于法国的一位药剂师鲍德茵。一天，有位客人到鲍德茵那里买一种要医生处方才能出售的药物。客人没有处方但他非要买到那种药物。鲍德茵没有办法，但又不能违法卖药，他灵机一动，给了那位客人数粒完全没有药性的糖衣片，并告诉他这就是他要的药物，还将其效力夸大了一番，然后将客人打发走了。

数天后，客人回到药房，大大地称赞了鲍德茵一番，说是鲍德茵的药治好了他的顽疾。鲍德茵糊涂了：从生理学的角度来说，糖衣片是无法治好这个人的疾病的，而实际上他又是因为吃了“药”才痊愈的。到底是什么治好了这个人的病呢？唯一合理的解释是，心理因素治好了他的病。这种心理的因素就是暗示的力量，再加上鲍德茵的大力推荐，糖衣片也成了灵丹妙药。

鲍德茵由此得出结论：自我暗示能激励潜意识的力量，使人的自我意识发生改变。自我暗示就像是一个控制站，我们可以有意识地运用创造性想象力去播下积极的种子，同时防止消极性的甚至破坏性的想法侵入我们的心灵。

在此基础之上，鲍德茵创立了心理暗示疗法。它主要有以下五大法则：

(1) 要简洁有力，如“我非常自信”或者“我是自信的”！

(2) 要积极乐观，如果你说“我不会自卑”，那么消极自卑将会移至你的自我意识里。所以，你应该说“我是自信的”。

(3) 信念：你的句子要有可行性。即它要使自己相信，而不会令你产生想抵触的念头。

(4) 观想：当你默诵或朗诵暗示的句子的时候，你要在自己的脑海里清晰地见到自己变成理想中的那个人，他的一举一动都是你所希望的。

(5) 感情：当你在观想的时候，你要对自己想象的角色满怀激情，充分接受。

对自我暗示的想法，你应勇往直前，切勿抱着试试看的心态，因为这首先会埋下自我怀疑的种子。

除了对自己进行正向的暗示外，我们还应承认自己的缺陷和不足。夸大自己的缺陷往往是为了预先给自己的失败找一个台阶，以此来逃避对失败的责任。但这种想法形成习惯之后，人往往就确信自己存在想象中的不足了。所以，要提高自己的自信心，首先就要学会接纳自己，它包括接受自己的缺点和优点。

资料来源：《青年心理》2010 年第 5 期

第三节 大学生自我意识的发现与培养

大学时期被称为是自我意识发展的转折期，也是自我意识高速发展的时期。大学生要在此时积极地发现与培养自己的自我意识，这对于以后的发展有着积极的意义。大学时期是人生的一个重要的转折期，能否形成一个积极的自我意识，大学时期起着关键的作用。所以大学生应该积极地利用一切资源，促进自己自我意识的发展。

一、大学生自我意识健全的标准

健全正确的自我意识是大学生心理健康的重要标志，培养大学生健全的自我意识对大学生的成长至关重要，它在大学生人格的形成、发展和优化中，始终发挥着强大的动力作用。

那么，什么是健全正确的自我意识？根据什么来评价一个人的自我意识是否健全呢？目前心理学家对于这一问题尚无统一的界定，看法不一。

普遍被人们接受的自我意识健全的标准为：

（一）正确地认识自己

人不仅能认识客观世界，对周围的环境有所反应，而且还能反观自照，把自己作为认识的客体，对自己的身体、欲望、能力、情感和思想有所反应和正确的认识。

（二）愉快地接纳自己

心理卫生要求一个人对自己保持一种接纳的态度，而且是一种满意而愉快的接纳态度。也就是说，大学生对自己的一切，不但要有充分的了解和正确的认识，还要坦然地承认与欣然地接受。

（三）自觉地控制自己

人能意识到自己的本能，并能驾驭自己的本能。本能一旦被意识到，他就要受意识的控制。大学生自我控制是自我心理结构中最重要的调节机制，是心理成熟的最高标准。

二、树立健全的自我意识

大学生健全的自我意识的培养，是青年大学生完善个性、实现自我价值的重要途径。培养大学生健全的自我意识应从以下几个方面进行：

（一）正确地认识自己

正确地认识自我是培养健全自我意识的基础。俗语说：“人贵有自知之明”，一个人真正的伟大之处，就在于他能够科学地认识自我。如果一个人能够全面正确地认识自我，客观准确地评价自我，他就能够量力而行，确立恰当的奋斗目标，并为实现这一目标而不懈努力。因此，大学生要从价值观、愿望、动机、兴趣、爱好、个性特征等多方面、多角度全面地认识自我，做到既不妄自尊大，也不妄自菲薄，获得客观而准确的自我评价。这样才能充分发挥自己的长处和优势，克服自己的不足和劣势，增长聪明才智，有效调控自我，提高自己参与社会的能力，协调自己与他人、与社会的关系，积极发展自我和完善自我，实现自己的人生价值。

“我是谁?”这个问题看似简单却很难回答，我们对自己再熟悉不过，但是却又永远不能给这个问题下一个准确的定义，正如本章开篇的例子所言。在不同的时期，我们总能发现自己不同的特征，优点或缺点。那么我们该怎么样去认识自己呢?

1. 通过自我反省来认识自我

大学生已具备了一定的自我反省和自我评判的能力，在自我意识的培养中，要学会自省，通过不断地对自己的心理活动进行反思来剖析自己和批评自己。经常检查自己的行为动机是否正确，行为过程中有什么不足，行为结果有哪些收获和缺陷等，这样就能使大学生更加全面地认识自己。通过自我剖析和自我批评，逐步加深对自己的了解，并在此基础上有的放矢地进行自我调整，增进自我心理发展的成熟。

孔子千百年来受到中外人民深深的爱戴，他曾对弟子说：“吾日三省吾身。”一天内多次的反省，足以让自己弥补不足，使自己更加完美。“见贤思齐焉，见不贤而内自省也。”将自己与他人对照，弥补缺漏，是改善自我的又一途径。日复一日，长期如此，一个人的错误便会越来越少，自己便会逐步走向完美。

2. 通过他人评价来认识自我

自己做某件事，若总得到别人的肯定，那么自己在这方面就是比较优秀的。相反，就是比较差了。当然，对他人的评价，我们也不能全盘接受或全盘否定，但要注意：首先，要特别重视与自己关系密切的人对自己的评价，因为他们对我们比较了解，评价也会较为全面、客观；其次，在大多数情况下要重视人数众多，异口同声的评价。有时，别人的意见我们的确难以接受，但“良药苦口，忠言逆耳”，而且，俗话说，“当局者迷，旁观者清”，所以，许多时候自己还是要多听听别人对我们的评价，对别人的评价要客观分析、虚心接受。

任何人关于自我的认识都不是与生俱来的，也不是凭空产生的，而是在社会交往中逐步获得的。一个人只有在社会交往中，才能充分表现自我、展示自我、认识自我。离开了社会交往，人们就难以获得关于自我的全面认识。正确地认识他人对自己的评价，是自我认识的一条重要途径。大学生应积极主动地投身于认识世界、改造世界的社会实践活动中，通过他人对自己的态度、期望、评价等信息进行分析、综合和比较，进一步认识自己。

3. 通过比较法来认识自我

俗话说，有比较才有鉴别。我们可以从自己与他人的比较中来了解自己的能力、水平、在团体中的相对位置以及自己的发展变化。与比自己优秀的人相比较，就会觉得人外有人，天外有天，从而找到差距，激发自己的动力；而与不如自己的人相比较，就会看到自己的长处，增强自信心。古人云："以铜为镜，可以正衣冠；以古为镜，可以知兴替；以人为镜，可以明得失。"通过比较，我们可以发现自己的长处和不足，扬长补短。

每个人在认识自我的过程中，总是不由自主地将自己和他人进行比较，他人是反映自我的一面镜子，与他人比较是客观、全面地认识自我的重要方式。有比较才有鉴别，有自知之明的人能够在比较中发现自己的优势、明确存在的不足，认识自己能力的高低、道德品质的好坏、追求目标是否恰当等。但是通过和他人比较认识自己，应该注意到比较的合理性和科学性。要选定恰当的比较对象、比较内容、比较方法，是与自己条件相类似的人比，还是与不如自己或强于自己的人比；是比可变的因素还是比不变的因素；是运用停滞不变的观点去比较，还是用发展的眼光、辩证的方法去比较。

我们还应注意到，比较法不仅包括通过与他人的比较来认识自我的横向比较法，还包括通过与自己的过去的比较来认识自我的纵向比较法。大学生运用纵向比较法培养正确的自我意识，要注意以下两个方面的问题：一方面应鼓励自己勇于超越自我，不要满足于现有的成绩；另一方面也要确立恰当的抱负水平，目标的确立不要过高，不要一味地跟自己过不去，从自己的发展历程中进行比较，从比较中认识自我。

4. 通过结果分析来认识自我

社会实践是人的自我意识产生和发展的重要条件，大学生在从事各方面的活动中可以充分展现自己的聪明才智、情感取向、意志特征和道德品质；通过对活动及其结果的分析来认识自己，用实践来检验自己。因此，在培养正确自我意识的过程中，要正确分析自己的活动表现和结果，特别是通过在活动中的成功和失败，客观地认识自己的知识才能、兴趣爱好，进一步发挥自己的长处，弥补自己的不足。

5. 通过心理测量来认识自我

测量法可以分为生理测量和心理测量。通过生理的测量或检查，我们可以了解自己的生理状况。而通过心理的测量（大多是心理测验）可以了解自己各方面的心理特征，包括智力水平、人格特征、心理健康水平等等。通过一些较为成熟的、信效度较高的测验来了解自己的心理状况是一种比较科学、准确的方法。选用心理测验时必须在专业人员的指导下测验并解释结果，不要随意使用心理测验。

当然，我们在认识自我、了解自我的时候，不要仅仅采用一种方法，而应该采用多种方法多角度、全面地来了解自己。

知道自己是一个什么样的人，知道自己内心真正需求的是什么，可以使自己不随波逐流，人云亦云。有些人根本不知道自己需要什么，看别人在追求或者在做什么的时候，他就跟着做什么，最后落入痛苦挣扎的深渊。一个人只有正确地认识自己，才能真正实现自己的人生理想。

（二）积极接纳自我

俗语说："金无足赤，人无完人。"每个人都有自己的优点和缺点、长处和短处，对自己的长处要充分发展，对自己的短处也要正确对待。在正确认识自我的基础上积极接受自我和悦纳自我，这是发展健全自我的核心和关键。接纳自我，首先是无条件地接受自己的一切，包括优点和缺点、成功和失败。其次要欣赏自我的优点，肯定自己的价值，对自己有自豪感、愉快感、满足感和成就感。再次要正确分析自己的缺点和不完美，这是完善自我的起点，也是充满自信的表现。通常情况下，人的短处有两种：一种是可以改变的，如不良习惯、缺乏毅力、脾气暴躁、情绪波动性较大等，对此要积极主动地完善；另一种是无法补救的，如身材矮小、相貌丑陋、四肢残疾等，对此要面对现实，勇于接纳自己的缺陷。同时要注意提高自己的学识水平和内在修养，以"内秀"补偿"外丑"，相信"我很丑，但是我很温柔"的道理。最后要经常总结和反省长处和短处，建立自我意识发展的动态平衡。

心理研究表明，大多数心理健康者都能够表现出对自我的积极接受和认可，但也有一些人不能很好地接受自我和悦纳自我。通常表现为两种情况，一种是片面夸大自己的优点而产生极度的自我肯定和自负心理，另一种是过分夸大自己的缺点而产生极度的自我否定和自卑心理。这两种情形都会导致人生发展最终走向失败，引起对自我的强烈不满和排斥，导致心理持续紧张和矛盾加剧，严重的还可能引发心理问题，甚至导致悲剧的发生。

（三）有效地控制自我

自我控制是人主动地改变自己的心理品质、特征及行为的心理过程，是大学生形成健全自我意识、完善自我的根本途径。很多大学生的自我期望较高，但由于主客观各种条件的限制，特别是缺乏足够的自制力和较强的意志力，经常遭受挫折和打击，无法实现预期的理想目标。大学生应根据自己的实际情况和社会发展的需要，确立适合自我的抱负水平，对理想自我实现过程中遇到的身心矛盾和困扰进行合理的控制与调节，通过努力奋斗，最终实现理想自我。

大学生在进行自我控制时，要处理好以下三个环节：

1. 确立合理的目标

合理的目标是人生发展的源动力，它能强化人的行为，挖掘人的潜力，并促使其指向预定的方向。合理目标的确立，要坚持“立足社会，发展自我”的原则。只有使自己的发展规划及行为符合社会准则和需求，将自身努力与社会发展保持一致，才能得到社会的认同。确立合理的目标，不要对自己过分苛求，而是做到从个人实际出发。有的人做事力求完美，把自己的抱负定得过高，不符合自己的实际能力，结果根本无力达到，整日过分自责与痛苦。如果把自己的目标和要求确立在自己的能力范围之内，并且通过努力不断地使目标得以实现，自然就会心情舒畅。

2. 制订行动计划，学会管理自我

这是大学生进行自我控制的核心内容。许多大学生有发展自我的良好愿望，却不能根据发展目标，制订完善的行动计划和实施程序；也有一些学生制订了切合自己发展的行动方案，但未能贯彻实施，这些都表明大学生缺乏科学地管理自我的能力。提高自我管理能力是锻炼和培养大学生自我控制能力的重要环节，它注重培养学生主动的、内在的自己对自己实施管理活动的能力，它包括学生合理规划自己人生的能力、制订行动计划与实施的能力、科学安排时间的能力、控制自己情感情绪的能力等，培养和提高自我管理能力对大学生具有十分重要的意义。

3. 培养健全的意志品质

大学生对自我的监督与修正，需要自制力和意志力作保障。因为在实现人生目标的旅途上，既有各种本能欲望的干扰，又有各种外部诱惑的侵袭，这就决定了一个人要想成就一番事业，必然要经历许多坎坷和挫折，甚至有时还要经历大风大浪的严峻考验。大学生只有提高自制力，培养健全的意志品质，才能够抵制各种诱惑，主宰自己的行为，做到对自我进行强有力的调节与控制，以保证理智地约束自己的情感与行为，把握好自我前进的方向。

（四）不断完善和超越自我

自我完善是个体在认识自我、认可自我的基础上，自觉规划行为目标，主动调节自身行为，积极改造自己的个性，使个性发展适应社会要求的过程。

大学生的自我完善与自我超越的过程，实质上就是大学生寻求“自我同一性”的过程，是实现现实自我与理想自我积极统一的过程。所以，大学生在不断完善和超越自我的过程中，关键要处理好以下三个环节：首先要确立一个正确的理想自我目标；其次是努力提高现实自我，重塑自我；再次是进行自我探究，逐步获得积极的自我统一。

1. 确立正确的理想自我

确立正确的理想自我，是不断完善自我和超越自我的前提条件。正确的理想自我是在自我认识、自我认可的基础上，按社会需要和个人的特点来确立自我发展的目标。大学生要积极探索人生，思考人生，树立正确的世界观、人生观、价值观和道德观，为理想自我的确立寻找合适的人生坐标和支点，从自己与他人、个体与社会的关系中认识有限人生的真正意义和价值，并通过实现这一目标而努力地完善自我和提升自我。

2. 努力提高现实自我

努力提高现实自我，是不断完善自我和超越自我的重要途径。现实自我是一个矛盾复杂的统一体，其中有进步与落后的矛盾，创新与保守的矛盾，肯定与否定的矛盾等。大学生提高现实自我，就是要勇于挑战自我，剖析自我，改变现实自我中不完善、不成熟的保守与落后的一面，发扬创新与进步的一面，从而不断战胜旧的自我，重塑新的自我。当然，提高现实自我是一个长期的过程，必须坚持不懈，持之以恒，付出一定的艰辛与努力，才能使现实自我不断地向理想自我靠拢，并最终实现自己的人生目标。

3. 获得积极的自我统一

通过探究逐步实现积极的现实自我与理想自我的统一，是不断完善自我与超越自我的最高境界。自我统一意味着“主体我”与“客体我”的统一，自我认识、自我体验和自我调控的统一。大学生在认真探索人生的过程中，逐步获得积极的自我统一，不仅要实现人生的自我价值，而且更要服务他人，服务社会，实现人生的社会价值。大学生在获取自我统一的过程中，首先要分析和确认理想自我的正确性和可行性，然后再与现实自我相对照，分析二者之间存在的差距，最后要有针对性地、有计划地解决二者之间的矛盾，缩小理想自我与现实自我之间的距离，最终使现实自我逐步趋向于理想自我，达到二者之间相对完美的统一。

总之，塑造健全的自我意识关系到大学生的健康成长，关系到大学生人格的成熟。由于人的发展是没有止境的，培养健全的自我意识也必将是一个循环往复、永无止境的过程。因此，大学生要在成长过程中不断进行自我探究，不断完善自我、发展自我、超越自我，追求一个独立的、完整的自我，迈向理想的成功之路。

思考题

1. 全面的自我意识包括哪几个方面？
2. 大学生自我意识发展的特点有哪些？
3. 如何树立健全的自我意识？
4. 结合实例说明大学生存在哪些自我认识的偏差。

附录：自卑测量表

请回答下列问题，不要做过多的考虑。如果回答“是”计 1 分，回答“否”则计 0 分。

1. 你是否对别人对你的看法感到担忧？
2. 假如走进商店逛一圈后却不买东西，你会感到不好意思吗？
3. 你是否总是尽量不做使别人感到不安的事情？
4. 假如有人偶然地看见你赤裸着身体，你会感到羞耻与不安吗？
5. 星期天早晨你是否不愿意躺在床上睡懒觉？
6. 你觉得自己内心总是本能地拒绝与外界接触吗？
7. 你是否会违心地给你并不太喜欢的人赠送贺卡或生日礼物？
8. 你是否会依据别人的好恶来选择自己的服装？
9. 假如你使别人难堪，会不会感到内心不安？
10. 你是否常常花很多时间去做自己并不喜欢做的事情？
11. 如果你明知不是你的过错，你会不会仍然向别人道歉？
12. 你认为自己使父母失望了吗？
13. 你是否犯过不可原谅、无法弥补的过错？
14. 你经常觉得自己的表现不如别人吗？
15. 当你做错事后，很久都不能忘记吗？
16. 当你和别人闹了别扭后，通常会责怪自己吗？
17. 你是否做过令自己终生遗憾的事？
18. 你是否愿意为自己的过失而受任何惩罚？
19. 你是否有时会对别人的恋情感到嫉妒？
20. 你是否有时会对自己的性冲动感到厌恶？
21. 你听到色情故事时，是否会感到羞耻？
22. 你是否经常祈祷上天降福保佑你？
23. 你的老师对你的学习成绩感到失望吗？
24. 你是否经常回忆并检讨自己过去曾有的错误或不良行为？
25. 你觉得和周围人相比，你显得微不足道吗？
26. 你是否曾受到良心的谴责？
27. 你是否认为失败总是跟随着你，你总是碰不上好运气？
28. 你是否曾有过难以原谅的不良习惯？

29. 你是否认为自己所得到的爱与感情，比自己应该得到的要少得多？

30. 你是否经常花时间回想过去？

请你根据你的答案情况把总分计算出来，然后对照下面的解释对自己的测试结果进行分析：

15—30 分：你常常愧疚、自卑，并往往将自己的感情世界封闭起来，还习惯于不切实际地否定自己，夸大自己的过失与弱点。试一试，将自己看成一位成功者，消除内心深处的无能感与内疚感。积极的自我评价能免除很多身心疾病。当然，对自身的缺点亦应正视，但别让思想走极端，因为如果把自己的价值和某一件事的成败画上等号，那更会无形中增添心理压力。

8—14 分：基本上你是自信的，但过失感在你的生活中扮演着重要的角色。其实，自卑心理人人都有，只不过程度不一样，自省程度亦不同罢了。心理学家阿德勒提出过“因自卑而追求卓越，扬长补短进行代偿”的理论。有自卑心理并不可怕，关键是怎样看待它，又如何将之转化为财富。所以，清醒而客观、全面地看待自己，别忘了经常鼓励、嘉奖自己。

8 分以下：你全身上下充满了自信。自信是你生命中的阳光，让自卑在你的心中无处可藏。

第三章

大学生的人格发展

【学习目标】

通过学习本章内容，熟悉人格相关的概念和理论，了解人格障碍的原因、分类和表现，并掌握健康人格的培养方法。

试想一下，如果你的周围，一个人有17个不同的名字、17种不同的装扮、17种不同的发型、17种不同的声调和面孔、17种不同的性格、17种不同的生活，你会有怎样的感觉？

你一定会感到非常的惊异和迷惑，这怎么可能，这太超乎我们的想象了。但是，这恰恰就是心理分析小说《人格裂变的姑娘》中主人公西碧尔的现实。这是一部被誉为文学和精神病学上重要里程碑的心理学纪实小说。除了人名是假的，其他事实几乎都是真实、未加修饰的。西碧尔就是一个存在着17种不同装扮、声调、面孔、性格的人，一个活生生的人。心理学上，把这种一个人具有多种人格的现象，称作“多重人格”。

西碧尔17种人格中的每一个人格，都有自己的名字、面孔、发型和独特的性格。其中既有“未发育的婴儿”，也有“其他16个自我的混合物”，她既可以是一个“自信世故的金发女郎”，也可以是“易激动的画家和作家”或“无精打采，到了神经衰弱的地步，苍白、胆怯的西碧尔·安”，除了可以是“婴儿和不同年龄的女人”，还可以是作为木工或建筑工的“男人化身”。她的多重人格五花八门、丰富多彩、而又相互矛盾。

人格是我们日常生活中经常使用的词汇，人格一词有多种解释：有时是指人品，与品格同义，在日常生活中人们常常是从伦理道德出发运用“人格”一词对人的行为进行评价。如说某某人格高尚，某某人格卑劣，某某缺乏人格；有时是指权利义务主体的资格，这是法律上的一般解释，如说侵犯了某人的人格……

我们来看看心理学对人格是怎样解释的。

第一节 人格的概述

一、人格的定义

人格（Personality）的词源来自于拉丁文的“面具”（Persona）。

“面具”原指古希腊罗马时代的喜剧演员在舞台上扮演角色所戴的假面，它代表剧中人物的角色和身份，表现剧中人物的某种典型心理，如清纯可爱的人、阴险狡诈的人、忠厚老实的人等等。

心理学沿用其含义，把一个人在人生舞台上扮演的角色的种种行为的心理活动都看作是人格的表现。因此，各种心理学著作中都把人格看成是使人与人区别开来的独特的心理特性。但是关于人格的定义却因其关注点不同而各不相同，有的心理学者将人格与性格等同，有的心理学者将性格纳入人格的一个分支内涵。在整理各家学者对人格的定义之后，我们取以下定义：

人格是个体在遗传素质的基础上，通过与后天环境的相互作用而形成的相对稳定和独特的心理行为模式①。

二、人格的基本特征

人格具有以下特征：

（一）整体性

人是极其复杂的，人的行为具有多元化、多层面的表象特征。人格表现绝非静水一潭，各种人格结构的组合千变万化，使人格的表现千姿百态。但是人格不是散漫的行为整合，它是由多种成分构成的一个有机整体，具有内在统一的一致性，受自我意识的调控。当一个人的人格结构在各方面彼此和谐统一时，他的人格就是健康的。否则，可能会出现适应困难，甚至出现人格分裂。所以说，人格整体性是心理健康的重要指标。

（二）独特性

一个人的人格是在遗传、环境、教育等因素的交互作用下形成的。不同的遗

① 郑雪．心理学（第二版）．北京：高等教育出版社，2006.

传、生存及教育环境，形成了各自独特的心理特点。所谓“人心不同，各如其面”，讲的就是人格的独特性。人格的独特性并不意味着人与人之间的个性毫无相同之处，如每个国家、民族和集团的人都有其共同的心理特点。

（三）稳定性

人格具有稳定性。个体在行为中偶然表现出来的心理倾向和心理特征并不能表征他的人格。一位性格内向的大学生，在各种不同场合都会表现出沉默寡言的特点，这种特点从入学到毕业都不会有很大的变化。这就是人格的稳定性。俗话说，“江山易改，禀性难移”，这里的“禀性”就是指人格。当然，强调人格的稳定性并不意味着人格是一成不变的，随着生理的成熟和环境的变化，人格也有可能产生或多或少的变化，这就是人格可塑性的一面。

（四）功能性

人格决定一个人的生活方式，甚至决定一个人的命运，因而是人生成败的根源之一。当面对挫折与困难时，坚强者能奋发图强，懦弱者会一蹶不振，这就是人格功能性的表现。当人格正确发挥其作用时，表现为健康而有活力；而当人格功能失调时，就会表现出软弱、无力、失控，甚至变态的行为。

三、人格的基本结构

人格是一个复杂的结构系统。人格并非由单一特征构成，它是受一定个性倾向性制约的心理特征组合而成的一个复杂的结构系统，其中包含着许多成分，如需要与动机、意志与情感、能力与智力、气质与性格等等。

弗洛伊德认为人格结构由本我（Id）、自我（Ego）、超我（Super－Ego）三部分组成。

（1）本我（Id）又称伊底，位于人格结构的最底层，是由先天的本能、欲望所组成的能量系统，包括各种生理需求、欲望。本我是无意识的、非理性的、不被个体觉察的。本我不理会社会道德、外在的行为规范，遵循快乐原则。

（2）自我（Ego）位于人格结构的中间层，是自己可意识到的执行思考、感觉、判断或记忆的部分。自我是从本我中分化出来的，其作用是调节本我和超我的矛盾，在满足本我冲动的同时保护整个机体不受伤害，遵循现实原则。

（3）超我（Super－Ego）位于人格结构的最高层，是人格结构中代表理想的部分，是个体在成长过程中通过内化道德规范，内化社会及文化环境的价值观念而形成，是道德化的自我。它的作用是抑制本我的冲动，对自我进行监控，追求完善的境界，遵循道德原则。

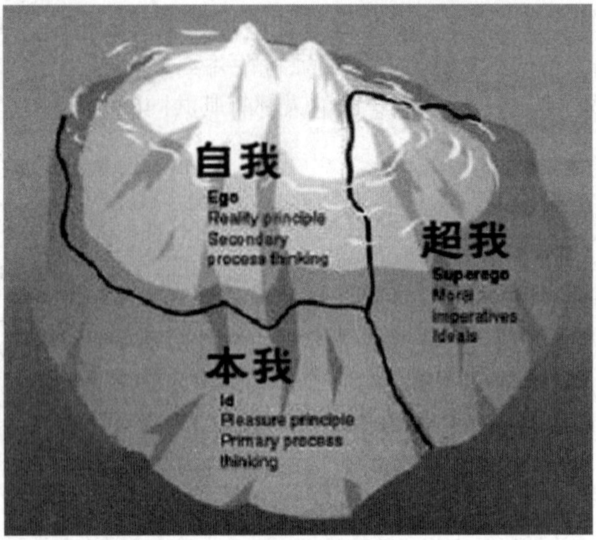

图 3－1　弗洛伊德的人格“三我”结构

一个人在社会化过程中要想保持心理健康，三个部分必须始终是和谐的。弗洛伊德把自我比喻为三个暴君统治下的臣民，它要尽力满足专横本我的欲求，要应付严酷的现实环境，还要遵循神圣超我的规范。自我在“三个暴君”之间周旋、调停，力图使三者的要求都得到满足，以便达到一种相对平衡的状态。①

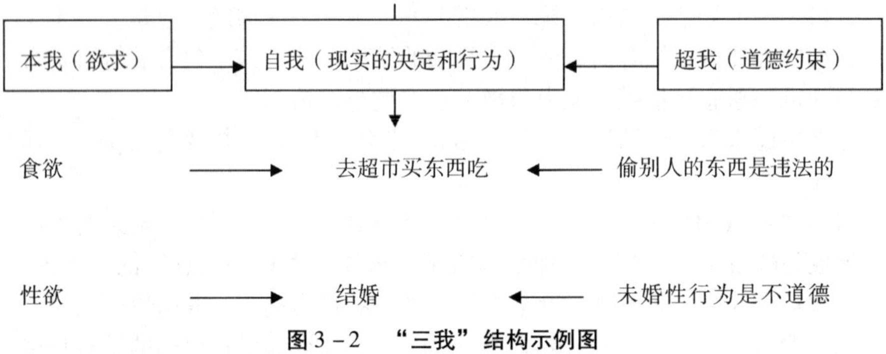

图 3－2　“三我”结构示例图

四、气质与性格

在人际交往中，人们经常用气质来评价对方，如形容男性用“仪表堂堂”、“气宇轩昂”、“风度翩翩”；形容女性用“貌美端庄”、“亭亭玉立”、“高洁优

① ［奥］弗洛伊德．精神分析引论新编．高觉敷译．北京：商务印书馆，2004.

雅”等。一个人持久的、高贵的美莫过于气质美，因为这种美不会随着韶华逝去而不复存在，反而如美酒一般因年深日久越发香醇。所以，这里的气质是一个人文化、知识、修养、道德品质、涵养的外在体现，有好坏之分。那心理学对气质又是如何定义的呢?

人格结构的底层是气质。气质是人的心理活动的动力特征，是性格形成的自然基础。

（一）气质

气质指的是个体行为活动的动力特点，包括其心理活动及行为的速度特点（如慢条斯理或急如星火）、强度特点（如情绪的强弱和对刺激的耐受程度等）、稳定性特点（如注意力的长短、情绪的稳定）和指向性特点（指向外部世界或个人内部）等①。

气质类型有很多种，比如希波克拉特的“体液说”、精神病学家克雷奇默（E. Kretschmer）的“体型说”、日本学者古川竹二的“血型说”、巴甫洛夫的“气质的高级神经活动类型学说”等。最深入人心的要数希波克拉特的“体液说”。该理论认为气质的不同是由于人体内不同的液体决定的。他设想人体内有血液、黏液、黄胆汁、黑胆汁四种液体，并根据这些液体混合比例哪一种占优势，把人分为不同的气质类型：体内血液占优势属于多血质，黄胆汁占优势属于胆汁质，黏液占优势属于黏液质，黑胆汁占优势属于抑郁质。虽然这种划分是建立在设想人体内有四种液体的基础上的，但这种划分一直沿用到现在。

（1）胆汁质：这种气质的人直率热情，兴奋性高，精力旺盛；情绪明显表露于外，来得快去得快。兴奋时能以很高的热情埋头事业，决心克服一切困难，精力耗尽时，情绪又一落千丈。脾气急躁，易于冲动；反应迅速，智慧敏捷，但准确性差。

（2）多血质：这种气质的人热情活泼，精神愉悦，善于交际；机智灵活，容易接受新事物，适应性强，但注意力易转移，富于幻想，体验不强，情绪表露于外。

（3）黏液质：这种气质的人安静稳重，交际适度；善于克制忍让，情绪不外露；生活有规律，注意稳定不易转移；埋头苦干，有耐久力，坚忍执拗；严肃认真，但不够灵活，容易因循守旧。

（4）抑郁质：这种气质的人沉静，做事坚定，能克服困难；观察细致，体验深刻，有很高的感受性；敏感，多愁善感，易受挫折、感到孤僻；外表温柔，怯懦，情绪情感不易外露。

---

① 彭聃龄．普通心理学．北京：北京师范大学出版社，2001.

气质的分类是相对的，在现实生活中，并非每个人都只具有某一种气质类型特点。对大多数人来说，他们可能同时兼有几种气质类型的特点。同时需要指出的是：气质是父母给的，是天生的，没有好坏之分。

（二）性格

1. 性格的定义

性格是个体在对现实的态度及其相应的行为方式中表现出来的稳定而有核心意义的心理特征。由于人对现实的态度及行为总是受一定的立场观点和价值取向影响，因此，性格主要反映一个人的品行道德与风格，有明显的道德评价意义。

2. 性格的特征

（1）稳定性。人的性格是个性心理特征的一个重要方面，它不是一个人一时性的偶然表现。只有当它们巩固下来，成为对现实的稳定的态度或习惯化的行为方式时，才能称之为性格。

例如，一个人因为偶然的原因而撒谎，我们不能认定他“不诚实”。但如果他经常撒谎，则可以认定这个人具有“不诚实”的性格。一个人在他受辱的情况下发了脾气，我们不能就此断定他性格粗暴，对人不友善。但如果他经常发脾气，我们就可以推断他的性格中有粗暴的一面。

（2）核心性。性格涉及一个人对现实的稳固的态度和行为方式，即反映出一个人的道德品质及世界观，反映了个体道德品质的好坏。所以，它在个性中具有核心意义。

例如，勤劳、勇敢、坚定、大公无私，对社会有积极作用，就是优良的性格特征；而懒惰、怯懦、动摇、自私自利，对社会有消极影响，就是不良的性格特点。

3. 性格的类型分析

性格的分类因其分类标准不同而不同。下面列举三种常见分类：

（1）以个体心理活动的不同指向为标准而作的区分——内倾型和外倾型。

①内倾型：内倾型的人好静不好动，不善交际。凡事先计划，三思而后行，严格控制自己的情绪情感，很少有攻击行为；性情较孤僻、内省、生活有规律；对书的爱好甚于对人的交往，除亲密朋友外，对人总保持一定距离；很重视道德标准，但有些悲观。

②外倾型：外倾型的人好动不好静，喜欢交际，爱交朋友；追求刺激，喜欢变化，勇于冒险；无忧无虑，随和，乐观，爱开玩笑，易怒也易平息，不加思考地行动；喜欢与人说话，好为人师，容易冲动。

（2）以不同性格对身心健康的影响而作的区分——A 型性格、B 型性格、C 型性格。

①A 型性格：A 型性格的人对时间有紧迫感，行动匆忙，脾气暴躁，总想同

时做几件事，每天大部分时间都处于紧张忙碌的状态；争强好胜，锋芒毕露，对环境和他人有很强的控制欲；遇到挫折容易产生敌意和攻击性，缺乏耐心和忍耐力。A 型性格的人是高血压、冠心病的高发人群。

②B 型性格：与 A 型性格相反，其特征是悠闲自得，不爱紧张，一般没有时间紧迫感；不喜欢争强好胜，有耐心，不着急，能容忍；凡事想得开，拿得起，放得下。

③C 型性格：C 型性格的人过度克制自己，压抑自己的悲伤、愤怒等情绪，不让其发泄；行为上表现为与别人过分合作，原谅一些不该原谅的行为，尽量回避各种冲突，屈从权威等等。这样的负面情绪长期作用于大脑会导致内分泌紊乱，降低人体的免疫功能。所以，C 型性格的人是癌症的高发人群。

（3）以个体在认知外界事物时所依据的不同参照物为标准而作的区分——场依存型和场独立型。

①场依存型：场依存型的人在认识和适应周围环境的过程中，多以外部参照物为依据，受外界事物的影响较大。在人际交往中，他们的行为是社会定向的，他们更多地利用外在的社会参照来确定自己的态度和行为，比较注意别人提供的社会线索，优先注意他所参与的人际关系的状况，对其他人有较大的兴趣，表现出善于与人交往的能力。

②场独立型：场独立型的人更多地利用自我内部的参照来认识和适应环境，很少受外界事物的影响。在人际交往中，其行为是非社会定向的，对社会线索不敏感，喜欢安静的非人际情境，较关心概念和抽象原则，社交能力较差。

第二节　人格障碍

人格是人类心理行为的基础，同时也是个体人格与环境相互作用的反映。人格的面貌会影响个体自我评价及其对他人以及个体与社会之间关系的评价，进而影响自己的心理健康状况。因此，我们经常说同一个事件对不同人的影响是不一样的，有些人格类型的人可以轻松面对，有些人格类型的人却会出现身心不适应的状况，严重人格缺陷的人则会出现心理疾病，而那些严重的人格缺陷本身就是一种心理疾病，又称人格障碍。

一、什么是人格障碍

所谓人格障碍，是指人格特征明显偏离正常，形成了一贯的反映个人生活风格和人际关系的异常行为模式。这种模式显著偏离特定的文化背景和一般认知方式，明显影响其社会功能和职业功能，造成对社会环境的适应不良。如果人格偏离正常是由躯体疾病（如脑病、脑外伤等）所致，或继发于各种精神障碍，称为人格改变。

二、人格障碍的类型

根据中国精神障碍分类与诊断标准（第三版）（CCMD－3），典型的人格障碍有以下一些常见类型：

（一）偏执型人格障碍

主要特点是：以猜疑和偏执为特点，始于成年早期。有极度的感觉过敏，思想、行为固执死板，坚持毫无根据的怀疑。对别人既非常羡慕，又特别嫉妒。对自己过分关心，无端夸大自己的重要性。把由于自己的错误或不慎产生的后果归咎于他人，从来不信任别人的动机和意愿，认为别人居心不良。这种性格的人在家不能与家人和睦，在外不能与朋友、同事很好地相处，别人只能对他敬而远之。这类病人一般男性多于女性。

案例：吴某，男，26岁，从小学习成绩优异。虽常与人交往，但总觉得别人嫉妒他的才能，并用一种异样的眼光看他，怀疑任何人，怕自己信任别人而被别人利用甚至遭陷害。平时一向我行我素，说话办事全凭个人意愿，认为自己比他人有更强的能力和智慧。最近，他被调离机关去一个下属公司当了一名普通工人，感觉到自己被陷害，肯定是背后有人搞鬼，嫉妒他的才干。他决定要给上级部门写信，直述他所蒙受的耻辱，直述他对领导的看法，非把他们搞垮不可。

（二）分裂型人格障碍

主要特点是：以观念、行为和外貌装饰的奇特，情感冷漠及人际关系有明显缺陷为特点。性格明显内向，与家庭和社会疏远。明显的社会化障碍，行为怪癖而偏执，几乎没有朋友，没有社会往来，对别人的批评或鼓励毫无感觉。强烈的自我向性思维，但一般还能认知现实；常做白日梦，沉溺于幻想。他们在表达攻击和仇恨上显得无力；在面对紧张和遇到灾难时，又是超然的、满不在乎的。此类病人男性略多于女性。

案例：李某，男，28岁，从小性格内向、孤僻，爱呆在家中看书，不愿出门，没有社会交往，几乎没有朋友。情感冷漠，家里来客人从不打招呼。衣着打扮不讲搭配，胡乱裹在身上，不修边幅，行为举止非常怪异。脾气古怪，不合群。对别人的建议或批评毫无感觉，反应迟钝。常做白日梦，沉溺于自己的世界。有奇异的信念和想法，相信自己有心灵感应。

（三）反社会型人格障碍

主要特点是：以行为不符合社会规范，经常违法乱纪，对人冷酷无情为特点，时常做出不符合社会要求的行为。妨碍公众，不负责任。行为冲动，缺乏羞耻心和自责感。易被激怒，并有暴力行为。对挫折的耐受性小。犯错误后，没有后悔的感觉，也不能从中吸取经验教训，常把一切责任归罪于他人。这是文献报告较多的一种人格障碍类型，往往在童年或少年期（18岁前）就出现品行问题，成年后（18岁后）习性不改，此类病人男性多于女性。

案例：陈某，女，15岁，初中二年级学生。在家排行老二，有一个哥哥，性格较倔犟，成绩优良。前些天，因哥哥生病住院，父母把更多的时间都放在哥哥身上。一天，她放学回家见没有饭吃，就大发脾气，把碗摔了，把冰箱里的东西搞得乱七八糟，厨房一片狼藉。父母回来后批评她，她置之不理，还说父母从来都不喜欢她，当初就不该把她生下来。她对哥哥的病漠不关心，对家里人也很冷漠。有一天，她突然没有回家，告诉家人说去了同学家。第二天同学捎来一信，信的内容只有两句话："你们从来就没喜欢过我，我是多余的，我已服了毒药。"父母急死了，动员所有熟人去找，当找到她时，她却正在同学家舒舒服服地看电视，不愿意和父母回家，还说父母找她是多事。

（四）冲动型人格障碍（攻击性人格障碍）

主要特点是：以情感爆发，并伴有明显行为冲动为特征。有突发的愤怒和暴力倾向，易与他人发生争吵和冲突，对导致的冲动行为不能自控。具有不稳定和反复无常的心境。自我形象、目的及内在偏好的紊乱和不确定。容易产生人际关系的紧张或不稳定，时常导致情感危机。经常出现自杀、自伤行为。此类病症男性案例明显多于女性。

案例：徐某，女，30岁，中年妇女。她就是家里的晴雨表，她高兴，一家人平安无事。她不开心，就发脾气。一发脾气，家里就一片狼藉，她还打骂孩子和丈夫。在单位里，谁得罪她都没好果子吃。谁都不敢招惹她，否则就要在公众中出尽洋相。

（五）表演型（癔症性）人格障碍

主要特点是：以过分的感情用事或夸张言行吸引他人的注意力。这种人具有浓厚而强烈的情绪反应，行为特点是自吹自擂、装腔作势；喜欢引起他人的注意和关心，爱虚荣，常把自己的感觉和情感加以夸张化，从而加深他人对自己的印象；善变、爱挑逗；要求别人多，内心真情少；自我中心，依赖性强，暗示性高；常需别人的保证与支持；有时也善于玩弄或威胁他人。

案例：华某，男，28岁，工人。14岁的时候，不明原因逐渐地爱模仿京剧演员的动作，身着戏装，头扎鲜花，抹口红，打扮自己，行为举止女性化。和家人一起聊天，自己总是要成为关注的核心，爱听表扬的话，如果家人谈及其他问题，他就会千方百计地把话题转向自己，对别人的讲话内容心不在焉。与别人争论，总是要占据上风，即使理亏，也要编造谎言，设法说服别人。若别人不听他的，就与别人争吵。

（六）强迫型人格障碍

主要特点是：以过分的谨小慎微、严格要求与完美主义及内心的不安全感为特征。强烈的自制心和自我束缚。他们过分注意自己的行为是否正确、举止是否适当，因此表现特别死板、缺乏任何灵活性。过多的清规戒律，极度地墨守成规，他们对任何事情都谨小慎微、顾虑多端、怕犯错误。他们还要求别人根据自己的思维方式和习惯行事，妨碍他人的自由。此类病人男性多于女性2倍，约70%的强迫症病人有强迫型人格障碍。

案例：王某，男，18岁，待业。出生在农村家庭，家境贫寒。从小就非常懂事，知道父母辛苦不容易，对自己要求极为严格，一点儿时间也不许浪费，成绩一直名列前茅。初三考高中，很紧张，怕考不上重点高中，辜负父母的期望。考前一夜未眠，中考落第，自感愧对父母，内疚自责。家里添置了沙发，一次母亲说别坐坏了，以后不准坐在沙发上看书。从此果真再也不敢坐沙发，后来发展到看见椅子也害怕了。最近总是想着椅子该不该坐，泡在盆里的衣服是现在洗还是过一会儿洗，出了门要反复看是否关好锁好等等。与他人交往时，总害怕别人笑话，认为好多双眼睛都在看自己。

（七）焦虑型人格障碍

主要特点是：以经常感到紧张、提心吊胆、不安全及自卑为特征，总是需要被人喜欢和接纳，对拒绝和批评过分敏感，除非得到保证被他人所接受和不会受到批评，否则拒绝与他人建立人际关系。习惯性夸大日常处境中的潜在危险，而且有回避某些活动的倾向，但无恐惧性回避。因“稳定”和“安全”的需要，生活方式受到限制。

案例：刘某，男，18 岁，高中。自幼懦弱胆小、敏感害羞、有自卑感、对任何事情都表现出惴惴不安，不断追求受人欢迎，对排斥和批评过分敏感，生活中惯于夸大潜在的危险，以回避某些活动，个人交往十分有限，缺乏与他人建立亲密关系的勇气，持续地体验着一种忧虑的感觉。每当考试走进教室，都会很紧张，心慌、手发抖、出汗、小便急、全身绷紧、脸色苍白、注意力不能集中，由此导致成绩不理想。

（八）依赖型人格障碍

主要特点是：以过分依赖为特征，极度地依赖他人。他们虽然有较好的工作能力，但由于缺乏自信，自觉难以独立，不时地需要别人的帮助。他们不果断，也缺乏判断力，总是依靠别人为自己做出决策或指出方向。过分服从他人的意志，感到自己无助、无能。在应对逆境时，经常把责任推给别人。

案例：琳琳，女，18 岁，独生子女。从小受父母百般宠爱，是父母的掌上明珠，上了大学，没有父母照顾生活，感到非常不适应，要求妈妈去陪读。做事缺乏自信，没有主见，感到自己软弱无力，必须依靠父母或身边的同学做决定。过分在乎别人对自己的看法，无意识地倾向于以别人的看法来评价自己。

（九）其他类型的人格障碍

1. 被动攻击型人格障碍

主要特征是以被动的方式表现其强烈的攻击倾向。表面上唯唯诺诺，背地里却不予合作。例如，故意晚到、故意不回电话、故意不回信、故意拆台使工作无法进行，顽固执拗、不听调动、拖延时间、暗地破坏和阻挠。他们的仇视情感与攻击倾向十分强烈，但又不敢直接表露于外，他们虽然牢骚满腹，但心理又很依赖权威。

2. 自恋型人格障碍

过分地自我关心、自我中心和自夸自尊。常幻想自己了不起、有才学、有美貌。期待别人的欣赏，总希望有人特别对待自己，不能接受别人的建议和批评。以极端的眼光看人，不是说得很好，就是一无是处。很难设身处地地理解别人的困难和痛苦。

案例：李先生，男，30岁。从小被父母视为掌上明珠，衣来伸手饭来张口，家中的一切活动都以他的好恶为转移。为了让他学习自己喜欢的小提琴，全家人节衣缩食十多年。从小学到大学，张先生学业优秀，同时自私、吝啬、高傲、自命不凡、孤芳自赏，以自我为中心，淡漠、势利。要求妻子承担一切家务，家庭生活以他的好恶、情绪和心愿为中心；拒绝承担家庭责任。夫妻关系冷漠，同事关系紧张。

三、人格障碍的成因

人格障碍的成因比较复杂，大量的研究资料和临床实践表明，生物、心理、家庭、社会环境等方面的因素都会对人格的形成产生影响。目前一般认为，人格障碍是在遗传素质的基础上，受到环境因素影响的结果，特别是心理社会因素。

（一）生物遗传因素

根据对人格障碍者的家谱调查、双生子调查以及染色体调查，认为人格障碍与生物遗传有关。人格障碍的发生率与血缘关系呈正比，血缘关系越近，发生率越高。双生子与寄养子的调查结果都支持遗传因素起一定作用的观点。

（二）神经系统发育因素

研究发现情绪不稳定型性格障碍的人有较多的神经系统软体征，神经心理学测验也提示轻微脑功能损害。神经系统疾病如脑炎、癫痫及脑外伤等可能成为人格障碍的诱发因素。人格障碍患者皮肤电反应活动程度比正常人低，对紧张刺激的反应程度也比正常人低。

（三）家庭环境因素

国内外研究表明，恶劣的家庭环境和不良的养育方式容易使子女形成不良的人格特征，罹患精神疾病及儿童行为问题的危险性增加。如婴幼儿时期父母离异、母爱的缺失，会让孩子形成缺乏感情的性格，对社会冷淡、情感冷漠、缺乏信任，长大后难以建立亲密关系。家长酗酒、性格粗暴，常给孩子幼小的心灵强烈的精神刺激，对孩子的个性发展带来巨大危害。父母对孩子的教养方式也直接影响孩子的人格形成与发展。过分溺爱会养成孩子依赖、被动、自私、自我中心的性格。过于严厉、过分专制会养成孩子焦虑、胆小的性格。自由放任，孩子缺乏示范模仿的榜样，则会给孩子的人格发展带来不稳定和混乱。

（四）社会因素

人格障碍在西方国家或战乱国家和地区较为多见，可能与下列因素有关：家庭结构不稳定、离婚率高、犯罪率高、未婚先孕、社会风气恶劣、黄赌毒泛滥。社会的混乱影响社会规范的形成和稳定，让许多孩子无所适从，影响孩子的身心健康发展。

第三节　大学生健全人格的培养

人格的形成是一个长期的过程，其变化一般来讲也是渐进的，因突发的重大生活事件而导致的人格突变相对较少。大学生因其身心年龄正处于定型期，所以更要注意防微杜渐，要从小的生活习惯开始逐渐培养自己良好、健全的人格。

一、健全人格的标准

健全的人格是大学生心理健康的基础。对于大学生来说，了解人格健全的表现，对培养自己的健全人格以及维护自身心理健康十分重要。心理学界关于健全人格的标准也有多种版本，本书以阿尔波特提出的“成熟、健全人”为判断标准，主要从以下 6 个方面来判断：

（一）自我广延的能力

健康成人参加活动的范围极广，他们有许多朋友，许多爱好，并且在政治、社会活动方面也颇为积极。

（二）与他人热情交往的能力

健康成人与别人的关系是亲密的，但没有占有感、嫉妒心，且富于同情心。他们能容忍别人与自己在价值与信念上的不一致。

（三）情绪上有安全感和自我认可

健康成人能忍受生活中不可避免的冲突和挫折，经得起一切不幸遭遇。他们对自己也具有积极的意象。

（四）表现具有现实性知觉

健康成人看待事物是根据事物的实际情况，而不是根据自己希望的那样来看待事物。这种人看待情境及顺应情境都是“明白人”，不是“糊涂人”。

（五）具有自我客体化的表现

健康成人对自己的所有和所缺都十分清楚和准确。他们理解现实自我与理想自我之间的差别。他们也知道自己看待自己与别人看待自己之间的差别。

（六）有一致的人生哲学

健康成人需要有一种一致的定向，为一定的目的而生活，有一种主要的愿望。意识形态、哲学、生活的预感或前景都能对人的一切行动产生创造性的推动力。

二、健全人格的塑造方法与途径

（一）树立“以人为本”的全人教育理念，促进大学生的全面发展

国际教育基金会专家汤姆·菲利普斯先生在“科学与和平周大型报告会”中，就人格教育问题发表演讲“爱的人格是世界和平的基础”。他说：“本世纪初时，许多人以为凭着科学技术的发达，可以解决所有的社会问题。然而，今天我们非常清楚地看到：若不能培养出有爱心有良知的个人及稳定家庭，就无法期待美好社会。科技不能解决所有的社会问题。社会需要人格教育。”综观我国当前的高校教育，在大学生的培养模式方面，多偏重于学科标准、知识灌输，理工科大学生往往缺乏人文知识，文科大学生多缺乏科学精神。

伟大的心理学家荣格有句名言：“文化的最后成果是人格。”学习科学文化知识，增长智慧的过程也是优化人格整合的过程。各学科的知识同处于一个庞大的系统中，其间既相互联系，又能在各自的发展中相互迁移、相互促进。所以，各学科的全面发展是人格健全发展的智力基础。培根对此有深刻的论述：“读史使人明智，读诗使人灵秀，数学使人周密，科学使人深刻，伦理学使人庄重，逻辑修辞之学使人善辩，凡有所学，皆成性格。”因此，当代大学生应做到科学与人文并重、文理科协调发展。大学教育应树立“以人为本”的全人教育理念，推行“一切为了学生，为了一切的学生，为了学生的一切”的“以人为本”教育模式，突出人格教育的重要性和关键性，从而为国家和社会培养出具有健全人格的高素质人才。

（二）营造和谐高雅的校园文化氛围，为大学生健全人格的塑造创设外部条件

人格心理学家阿尔波特认为：人格 = 遗传 × 环境。即人的发展深受周围环境的影响，校园文化建设对人格熏陶起着十分重要的作用，是塑造大学生健全人格的重要载体。

高等院校是培养人才的场所，因此，高校校园文化建设必须以和谐高雅为基调。要建设体现时代特征和学校特色的校园文化，形成优良的校风、教风和学风；要加强校园网络文化建设，充分利用校园网络文化传播速度快、影响范围广、渗透作用大的特点，拓宽学生学习成长的渠道；要积极建构大学主导文化，大力开展丰富多彩、积极健康向上的学术、科技、文化、艺术、体育等娱乐活动，把德育与智育、体育、美育等有机结合起来，寓教育于文化娱乐活动之中。例如，有计划地组织学生进行欣赏和评论各种富有深厚文化内涵的艺术作品，开展经典名片回顾展，引入重大历史题材的影片，提高同学们的审美情趣、文化品位和人文素质。一部好的作品，能使观众在消遣的同时感到人性的升华，体验到真、善、美的存在。高级的审美活动对于博大、高尚、健康人格的形成有十分重要的作用。著名教育家苏霍姆林斯基在谈到文学的美育作用时强调，阅读的目的不仅是增长知识，更主要是“吸取美的思想、欣赏人类文化的财富，提高自己的道德威望”。

（三）加强心理健康教育，帮助大学生理性地认识自我、悦纳自我、挖掘潜能、完善人格

健康不仅仅指身体没有疾病，还指一种在身体上、精神上和社会上的完善状态，既包括身体健康也包含心理健康。大学生中出现各种心理问题的比例有逐年上升的趋势，虽然心理问题有很多环境的诱因，但从内因上来分析是由于人格发展不健全造成的。所以，加强心理健康教育是塑造大学生健全人格的基础性工程。

心理健康教育是运用心理学的理论和方法，有目的地培养受教育者形成良好的心理素质，调节心理状态、开发心理潜能、协调心理行为，使其拥有健全人格、健康情感和良好适应能力的教育过程。心理健康教育是一项长期而艰苦的工作，高校应高度重视和切实加强学生的心理健康教育，积极探索提高学生心理健康教育实效的措施和对策，例如，建设一支以专职教师为骨干、专兼结合的高素质教师队伍；建立学校、学院、班级三个层次的心理健康教育工作系统；开设心理健康教育课程，开展心理健康调查、测试和心理咨询活动，建立和完善学生心理健康档案等。对于大学生的人格建设而言，心理健康教育起着培养和保健的作用，心理咨询和治疗起着人格矫正和重建的作用。心理健康教育帮助学生理性地认识自我、悦纳自我、挖掘潜能、完善人格，对于人格有障碍的人是“雪中送

炭”，对于想自我完善的人则是“锦上添花”。

（四）鼓励学生积极参加社会实践，以更广阔的视角来认识社会、适应社会的发展

无论是知识的获取、能力的形成，还是意志的磨炼都离不开实践，一个人的勤奋、坚韧、乐观、细致等人格特征都是长期实践锻炼的结果。实践教育的丰富性、深刻性和持久性是其他教育途径和方式无法比拟的。所以，社会实践是塑造大学生健全人格的重要环节，是人格发展的必由之路。

大学生应走出校门，深入工厂、街道、社区、农村，积极参加各种有益于成长的社会实践活动，如青年志愿者活动、“三下乡”、暑期实践、大学生“挑战杯”创业设计大赛等。在亲力亲为的活动中，学会合作与分享，学会关心、理解、尊重他人，提高人际沟通的技巧。在学习与实践活动中，切身感受社会、全面了解社会、深刻认识社会，并透过社会实践这面镜子充分了解自我、客观评价自我。增强社会责任感和使命感，实现道德内化，自觉地规范自己的行为，逐步确立起适应社会发展和社会进步的人生观和价值观，为形成良好人格提供重要的社会参照系。

思考题

1. 人格的基本特征是什么？
2. 人格障碍产生的原因是什么？
3. 健全人格的标准是什么？
4. 试述如何培养大学生健全的人格。

附录：非尔人格测试

1. 你何时感觉最好？

A. 早晨　B. 下午及傍晚　C. 夜里

2. 你走路是：

A. 大步地快走　B. 小步地快走　C. 不快，仰着头面对着世界

D. 不快，低着头　E. 很慢

3. 和人说话时，你是：

A. 手臂交叠站着　B. 双手紧握着

C. 一只手或两手放在臀部　D. 碰着或推着与你说话的人

E. 玩着你的耳朵、摸着你的下巴或用手整理头发

4. 坐着休息时，你是：

A. 两膝盖并拢　B. 两腿交叉　C. 两腿伸直　D. 一腿蜷在身下

5. 碰到令你发笑的事情时，你的反应是：

A. 欣赏地大笑　B. 笑着，但不大声　C. 轻声地笑　D. 羞怯地微笑

6. 当你去一个聚会或社交场合时，你是：

A. 很大声地入场以引起注意　B. 安静地入场，找你认识的人

C. 非常安静地入场，尽量保持不被人注意

7. 当你非常专心工作时，有人打断你，你会：

A. 欢迎他　B. 感到非常恼怒　C. 在上述两极端之间

8. 下列颜色中，你最喜欢哪一种颜色？

A. 红或橘黄色　B. 黑色　C. 黄色或浅蓝色　D. 绿色

E. 深蓝色或紫色　F. 白色　G. 棕色或灰色

9. 临睡前的几分钟，你在床上的姿势是：

A. 仰躺，伸直　B. 俯卧，伸直　C. 侧躺，微蜷

D. 头睡在一条手臂上　E. 被子盖过头

10. 你经常梦到自己：

A. 落下　B. 打架或挣扎　C. 找东西或人　D. 飞或漂浮

E. 你平常不做梦　F. 你的梦都是愉快的

评分标准：

	A	B	C	D	E	F	G
1	2	4	6				
2	6	4	7	2	1		
3	4	2	5	7	6		
4	4	6	2	1			
5	6	4	3	5			
6	6	4	2				
7	6	2	4				
8	6	7	5	4	3	2	1
9	7	6	4	2	1		
10	4	2	3	5	6	1	

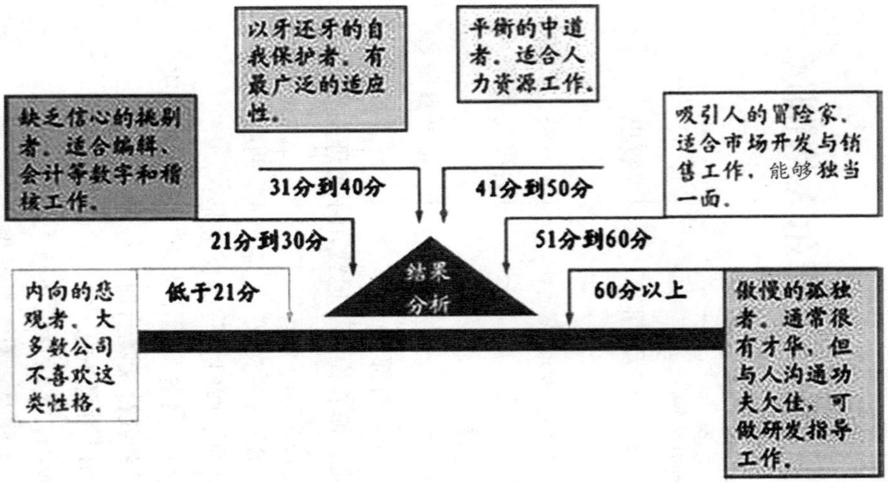

第四章 大学生情绪管理及挫折应对

【学习目标】

通过学习本章内容，熟悉情绪和挫折的相关概念，加深对大学生情绪特点、常见情绪问题和挫折类型的认识，了解大学生情绪问题或挫折的成因，掌握情绪管理和挫折应对的方法。

有专家曾断言，100%的成功 =20%的 IQ + 80%的 EQ 和 AQ。所谓的 EQ 就是情绪智商，是一个人自我情绪管理以及管理他人情绪的能力指数。所谓 AQ 就是逆商，是指人们面对逆境时的反应方式，即面对挫折、摆脱困境和超越困难的能力。对即将走入社会的大学生来说，要让自己未来有更好的发展，生活更美好，懂得情绪管理和挫折应对就显得尤为重要。

第一节 了解我们的情绪

课外阅读

在电影《七宗罪》中，新手警探米尔斯就像一只小野兽一样，血气方刚，冲动易怒，自尊自信，不容许别人怀疑他。他和资深刑警沙摩塞碰到了一连串离奇的凶杀案，凶手依照天主教中的七种死罪，策划了一场离奇的连环杀人案，受害者都是死于这七宗罪中的一种。五桩命案过后，凶手奇迹般自首，此时凶手的“七宗罪”还差两宗，分别是“嫉妒”和“愤怒”，难道凶手会善罢甘休？结果出乎意料，凶手正是利用米尔斯易怒的特点，杀了他妻子来激怒他，让身为警察的米尔斯因愤怒失去理智，而把狡猾的凶手杀了。凶手因嫉妒米尔斯的幸福家庭而成为“嫉妒”的代表，米尔斯则中了凶手的圈套成为了“愤怒”的代表……虽然这部电影有其特别的寓意，但从中我们也可看到，情绪深深影响着我们的行为乃至生活。

每个人都有七情六欲，有时开心、有时悲伤、有时气愤、有时幸福……面对同一件事，不同的人有不同的情绪反应，同一个人面对不同的事，也会产生不同的情绪状态。情绪可以说是人心理状态的晴雨表，它能够反映每个人内在的心理状态。无论我们是喜还是忧，是悲还是乐，我们都在体验着各种各样的情绪。情绪就像大海的波涛，太平静就了无生气，太汹涌则会如脱缰野马冲垮一切。

大学生正处于青年期，情绪波动较大，情感体验丰富细腻而又复杂，经常会因为这样或那样的原因面临各种各样的情绪困扰。如果我们不能很好地了解自己和他人的情绪状态，就不能有效地引导情绪和合理地表达情绪，从而会影响我们的行为和身心健康。有心理学研究显示，情绪成熟度较高的人，在人生各个领域都处于优势地位，对生活的满意度也较高。但是我们也并非情绪的奴隶，情绪是可以管理的，也很有必要进行管理。

一、情绪的概述

（一）什么是情绪

说到情绪，很多人就想到喜、怒、哀、惧等等。一般意义上讲，情绪（emotion）[①] 是以个体愿望和需要为中介的一种心理活动，是对自身需要是否得到满足的一种主观体验，例如，考试得了高分，有成就感，体验到满足、快乐等正性情绪；相反，考试达不到自己的期望时，便容易产生失落、受挫、苦闷等负性情绪。

从心理学对情绪的研究上看，情绪包含三个方面：主观体验、生理唤起和外在表现。

想象自己是爱丽丝误入了仙境，起初很欣喜和好奇，也会略带紧张。突然从林深处闯出来一只体型硕大的怪兽，随着一声吼叫，你吓了一跳，同时感觉到心跳加速、肌肉紧张、口干舌燥，也许会怔在那里，然后回过神来拼命逃跑，心里感到非常害怕，甚至毛骨悚然。

1. 情绪是一种主观体验

情绪是由个体对外在环境和现实的认知产生的一种内心感受。如与老朋友聚

---

① 彭聃龄．普通心理学．北京：北京师范大学出版社，2004.

会，会发自内心地觉得快乐；情侣分手感到内心受伤，体验到痛苦。像误入陌生仙境的爱丽丝，面对突如其来的怪兽，以她的经验来判断，她知道自己不能与怪兽对抗，怪兽威胁着她的安全，所以她产生了恐惧感；但她后来认为这不过是梦境，一切都不是真实的时候，她内心反而镇静下来。但如果爱丽丝是一个斩妖除魔的勇士，面对怪兽觉得正是显示身手的好时机，这时她说不定不但不会害怕，而且会产生兴奋的情绪。

2. 情绪包括生理唤起

情绪的产生还会包括一系列的生理变化，包括心率、血压、呼吸、汗腺、内分泌、消化系统等的改变，也就是生理唤起。像上述例子中的爱丽丝在紧张状态下的心跳加速、肌肉紧张等就属于情绪的生理唤起。不同情绪的生理唤起也不一样。例如，人在愉悦满足时，心跳正常、肌肉放松；在焦虑时，会呼吸加速、肌肉紧张，甚至胃痛；在愤怒时，会面红耳赤、血压升高；在恐惧时，会瞳孔放大，身体震颤。这些变化是人体自主神经支配的结果，并不由自己的意识所控制。

情绪可以引起生理唤起，而内在的生理变化也有可能引起情绪。生理因素如激素分泌及其改变、疾病等，都可能影响情绪，女性月经前期易怒就是由雌激素的分泌变化引发的情绪失常。

3. 情绪有其外在的表现

情绪最主要的外在表现就是人的表情，包括面部表情、姿态表情和语调表情。人的喜怒哀惧都可通过面部表情来表现，开心时眉开眼笑、伤心时愁云满面、烦恼时眉头紧皱；姿态行为也能反映一个人的情绪，紧张时坐立不安、兴奋时活蹦乱跳。同时一个人说话的语气、音调、音速、音响也能传达个人的情绪，如高兴时语调激昂，节奏轻快；悲哀时语调低沉，节奏缓慢，声音时断时续且高低差别很小；愤怒时语言生硬，态度凶狠。所以，根据对人的面部、姿态和语调的细致观察和辨别可以判断其背后的情绪状态，美剧 *Lie to Me*（《别对我说谎》）就是一个典型的例子。

写一写：

事件	你的情绪	你的生理和外在表现
面临一场重要的考试		
坐过山车		
听欢快的音乐		
旁边同学说话，老师却批评了你		
心爱的宠物死了		

（二）与情绪相关的内容

1. 情绪与情感①

日常生活中，大家经常会把情绪和情感混为一谈。但在心理学中，情绪与情感是既有联系又有区别的两个概念。

（1）从需要角度来看，情绪与个体的生物性需要密切联系，如口渴而不能喝水时感到烦恼、能畅饮时感到快乐，这些都属于情绪；情感则与人的高级需要相联系，如知己分离的失落感，老友相逢的亲切感。

（2）从产生的时间来看，情绪发生较早，为人与动物所共有；情感体验出现较晚，为人类所特有，而且还是个体社会化进程经过相当阶段之后才出现的。

（3）从稳定性角度来看，情绪多与情境相关，随着时间的推移和环境的变化，情绪会随之发生变化；情感则相对稳定，在较长时间内持续控制着个体的心境。

但情绪与情感又密切相关。一方面，情绪是情感的基础，情感是在情绪不断稳定化的基础上发展形成的；另一方面，情绪离不开情感，情绪是情感的具体表现。情感的深度决定着情绪表现的强度，常言道“爱之深恨之切”便是这个道理。

正是因为情绪和情感的不可分割性，所以情绪和情感常常通用。

表 4－1　情绪与情感的比较

	情绪	情感
区　别	与生物需要相关	与高级需要相关
	出现早，与动物共有	出现晚，人类特有
	情随景迁	深刻稳定
联 系	情绪不断稳定形成情感，情感深度决定情绪强度	

例子：

	情绪	情感
母亲对孩子	孩子取得进步，妈妈感到**开心**、**兴奋**、**快乐**	亲子之情 母爱之情 母子亲密感
	孩子做错事情，妈妈感到**气愤**、**伤心**、**自责**	
	孩子要参加重要的比赛或考试，妈妈感到**紧张**	
	孩子出远门读书，妈妈感到**欣慰**、**失落**、**担心**	
	孩子找工作，妈妈感到**焦虑**、**担心**	

① 张世富．心理学．北京：人民教育出版社，2001.

2. 情绪与情商

情商[①]（Emotional Quotient，简称 EQ），由哈佛大学的心理学家丹尼尔·戈尔曼教授提出，戈尔曼教授认为“情商”是个体重要的生存能力，是一种发掘情感潜能、运用情感能力影响生活各个层面和人生未来的关键品质的因素。也就是说，EQ 是一个人自我情绪管理以及管理他人情绪的能力指数，包括认知自身的情绪、妥善管理情绪、自我激励、认知他人的情绪及人际关系管理几个部分。

在大学生中，成绩优秀并不一定代表日后的事业有成。一个人的学习能力和智力固然重要，但在竞争日益激烈并需要不断与人打交道的现代社会中，徒有聪明是不够的，情商的重要性绝不亚于智商。情商高的人容易对自身的情绪进行调节，不容易气馁，更有可能攀升专业领域的高峰。情商高的人能更好地与人相处，更容易在人际、恋爱和工作中成功，有更高的生活满意度，生活态度更积极。相反，情绪容易失控的人，需要花更多的能量消耗在内心冲突中，反而会削弱他应对事情的思考能力和执行力。

课外阅读：软糖实验

实验人员把一组 4 岁儿童分别领入空荡荡的大房间，只在一张桌子上放着非常显眼的东西：软糖。这些孩子进来前，实验人员告诉过他们，允许你走出大厅之前吃掉这颗软糖，但如果你能坚持在走出大厅之前不吃这颗糖，就会有奖励，能再得到一块软糖。结果当然是两种情况都有。专家们把坚持下来得到第二块糖的孩子归为一组，没有坚持下来只吃一块糖的孩子归为另一组，并对这两组孩子进行了 14 年的追踪研究。结果发现，那些向往未来而能克制眼前诱惑的孩子，在学业、品质、行为、操守等方面，与另一组相比有极其优越的表现。这说明，决定人生成功的因素并非只有传统智商理论所认定的那些东西，非智力因素特别是情绪智力，如自控能力，对个人的成功有着极为重要的影响。

资料来源：http：//www.sdlunzhong.cn/xlxh/Read.Asp？PPNewsID = 150

二、情绪的分类

我们的情绪复杂多样，其类别的划分没有一个统一的说法，一般可划分为以下几类：

---

① ［美］理查德·格里格，菲利普·津巴多．心理学与生活．王垒等译．北京：人民邮电出版社，2003.

（一）基本情绪

《礼记》中记载："何为人情？喜、怒、哀、惧、爱、恶、欲，七者不学而能。"① 而其中的"喜怒哀惧"是人类的四种基本情绪。快乐是指需要或期望得到满足，期待的紧张感同时解除所产生的情绪体验；愤怒是由于个人愿望受阻或受到威胁、羞辱等，使个体的活动受到挫折，尊严受到伤害时产生的情绪体验；悲哀指由于喜爱的对象被损坏或失去，或是期望破灭所诱发的情绪体验；恐惧是指在主观感受到的危险情境下，个体产生的一种情绪反应。

这些基本情绪来自先天遗传，在婴儿或者某些动物身上也能发现类似的情绪表现。而人类随着成长而形成的善恶感、羞耻感、内疚感、荣誉感等情绪情感，则是后天在基本情绪的基础上、在社会生活中习得的，同时又以基本情绪表现出来，称为社会性情绪。

（二）正性情绪与负性情绪

从功效上来划分情绪，开心、愉快、幸福、平静等给人带来良好感觉的情绪称为正性情绪；而悲伤、愤怒、恐惧、紧张等给人带来不好体验的情绪称为负性情绪。

无论是正性情绪还是负性情绪都是人类具有的正常情绪，而且正性情绪与负性情绪是可以并存的。例如，面对即将到来的期末考试，你可能会感到紧张焦虑，因为你重视这场考试；但同时可能会感到兴奋，甚至开心，因为考完试就可以放假了。一般来说，相比负性情绪，处于正性情绪时，人的各项生理指标比较正常，较为有利于身心健康。但并不能简单认为正性情绪是好的，负性情绪是不好的，情绪没有绝对的对错好坏之分。经历太强烈的正性情绪会给人的健康带来伤害，如范进中举；负性情绪能让人对抗外来的危险环境，采取行动保护自己，如在森林中遇到野兽，恐惧会让你逃跑。此外，如果负性情绪得到合理释放，能减轻积聚的压力，并不会给身心带来严重影响。

三、情绪的功能②

（一）自我保护

情绪是人类进化而来的，所以情绪帮助人们适应环境，趋利避害，保护人类

---

① 张进辅．现代青年心理学．重庆：重庆出版社，2007.

② 桂守才．基础心理学．北京：人民教育出版社，2007.

得以生存下来。一个人没有了快乐，便不懂追求更适合生存的生活环境和生活方式；一个人没有了恐惧，便不会逃避对自身生命有威胁的处境；一个人没有了愤怒，便不会维护自己的领域和界限，不会反抗；一个人没有了悲伤、喜爱和讨厌，便失去了与周围人群和环境的情感连接，成为一个孤独冷漠的人，孤独地生存。

情绪跟感觉有密切联系，先天痛觉缺失症患者，由于缺少了疼痛感，从而不会对使自己受伤的环境产生恐惧、紧张的情绪，甚至做出伤害自己的行为时也不自知，他们的生存状况是很危险的。

（二）人际沟通

人非草木，孰能无情。人与人的交往与沟通，除了有信息的交换和工作的协调外，还需要有情绪情感的宣泄、满足与共鸣。试想一下，当你兴高采烈地与朋友谈论一件趣事，而你的朋友却绷着一张脸，冷冷地听完，你有什么感受呢？又或者，同住一个寝室，大家却互不表露情绪，天天只是冷眼相对，你会舒服吗？我们都对情感交流有渴望，没有情绪的沟通和交流，我们很容易感到孤独、寂寞和难受。

同时，情绪在人际沟通中起着调节和反馈作用，像宽容、欣喜、热情、微笑、开心等情绪更容易让他人接纳，成为促进人际交往沟通的润滑剂；而猜忌、嫉妒、愤怒、厌恶等情绪容易引起他人的防御，成为阻碍人际沟通的拦路虎，这时就需要我们对自己的人际关系进行反省。

（三）信息传递

我们可以通过情绪及其表现来进行信息的传递。同样，通过对他人情绪的洞察，我们也可以了解到很多信息。例如，上课时你精彩地回答提问，老师面露欣喜，对你微笑和点头，你能感受到老师对自己的肯定和赞赏；面对心仪的异性，你会流露出不一样的眼神和表情，传达着你对他的喜爱；默契的密友间甚至简单的一个姿势、动作就能彼此间心领神会；当你闯祸时，父母严厉或失望的眼神，就让你读懂自己犯了错误，自己所做的不是父母所期望的。另外，情绪还可以感染，快乐的人会感染身边的人，调动起他人的情绪；而失望沮丧的情绪，也容易扩散，容易使得身边的人也一起郁闷。

课外阅读：负性情绪影响身心健康

有个著名的医生叫阿维林纳，他对动物的生存环境做过一个试验。他把两只小羊同样喂养，其中一只放在离狼笼子很近的地方，由于经常恐惧，这只小羊逐渐消瘦，身体衰弱，不久即死了；而另一只因为放在比较安静的地方，没有狼的恐吓，它健康地生存了下来。

医学心理学家还用狗作嫉妒情绪实验：把一只饥饿的狗关在一个铁笼子里，让笼子外面另一只狗当着它的面吃肉骨头，笼内的狗在急躁、气愤和嫉妒的负性情绪状态下，产生了神经症性的病态反应①。

美国生理学家爱尔玛做了一个实验，他将人在不同情绪状态下呼出的气体收集在玻璃试管中，冷却后变成水发现：在心平气和状态下呼出的气体冷却后，水是澄清透明的；在悲伤状态下呼出的气体冷却成水后，水中有白色沉淀；在悔恨状态下呼出的气体冷却成水后，水中有乳白色沉淀；在愤怒、生气状态下呼出的气体冷却成水后，水中沉淀物却呈紫色，再将其注射到大白鼠身上，几分钟后大白鼠就死亡了。研究人员随后发现人在生气时，会分泌出有毒性的物质，一个人生气十分钟所耗费的精力，不亚于参加一次3 000米的赛跑。因此，生气的心理反应是十分强烈的，它的分泌物比任何情绪都复杂，更具有毒性。

可见，恐惧、焦虑、抑郁、嫉妒、敌意、冲动等负性情绪，是一种破坏性的情感，长期被这些心理问题困扰就会导致身心疾病的发生②。

四、大学生情绪的特点③

大学生正处于青春期的中后期，具有青年人共有的情绪特点，如热情、活泼、思维敏捷、接受新事物快、自我意识强烈等特点。大学生情绪的特点主要有：

（一）稳定性与波动性④

相比青少年，大学生的情绪情感日趋稳定。但与成年人相比，大学生的人生经历尚浅，情绪情感仍不成熟，变化大且频繁，会不时闹点“小孩子脾气”。

（二）外显性与内隐性

处于青春期的大学生很多崇尚个性的张扬，遇事反应强烈，情绪情感写在脸上、言在嘴上、发生在行为中。但有时大学生也会把自己的情绪隐藏起来，不想让他人洞悉，情绪情感的外部表现与内在体验不一致，甚至恰恰相反。

---

① 王晓刚．大学生心理健康．北京：清华大学出版社，2008.
② 蔡秀玲，杨智馨．情绪管理．合肥：安徽人民出版社，2001.
③ 冯正直．大学心理素质教育．重庆：西南师范大学出版社，2004.
④ 刘淑娟，上官凤．大学生心理健康教育．北京：中国铁道出版社，2004.

（三）冲动性与理智性

人们经常都说大学生最不缺的就是激情，大学生可能会对某些事物表现出狂热的追求，也可能因为一个不经意的玩笑或一件小事而大打出手，造成伤害。另一方面，大学生的自我意识逐渐发展与成熟，理智感也随之增强，其自我控制情绪情感的能力也有一定的提高。

（四）矛盾性与复杂性

大学生需要独立地在集体中生活，需要独自做出很多决策，在与周围人相处时，大学生常常呈现矛盾和复杂的情绪状态。比如，既想要独立面对，又想要依靠他人的帮助；既想自己有所改变，又不想承担改变带来的痛苦等。

第二节　大学生常见的情绪困扰与调适

大学生的情绪困扰，一般是指大学生的消极情绪，指因生活事件或学习等方面的问题引起的悲伤、痛苦且长时间持续不能消除的状态。大学生面临着来自学习、生活、人际中的各种压力，不可避免地会产生情绪困扰。

一、大学生常见的情绪困扰

（一）焦虑

引导案例

大三学生张某，一直学习优秀，对自己要求严格，正为出国准备 GRE 考试。随着考试临近，他觉得自己没有准备充分，总担心考不好，感觉自己极度紧张，学习时出现心跳加速、甚至身体颤抖的现象，经常觉得头痛和胃痛，学习效率低下，总觉得想学但学不进去。

焦虑是一种类似担忧的反应或是自尊心受到潜在威胁时产生担忧的反应倾向，是个体主观上预料将会有某种不良后果产生的不安感，是紧张、害怕、担忧混合的情绪体验。

焦虑广泛地存在于大多数人的生活中，同时也是其他心理或情绪问题共有的因素，如抑郁症与恐惧。焦虑作为一种情绪感受，可以通过身体特征体现出来，如肌肉紧张、出汗、嘴唇干裂和眩晕等，同时也伴随认知成分，主要是担心将来会发生不愉快的事情。

大学生在学习过程中经常出现的情绪困扰是焦虑，当他们在学习、工作、生活各方面遭遇挫折或担心需要付出巨大努力的事情来临时，便会产生这种体验，如学习焦虑、考试焦虑等。那焦虑是否就是学习的敌人呢？心理学家用实验方法研究发现，焦虑程度与学习成绩的关系呈“倒U型曲线”（如图4－1①）。

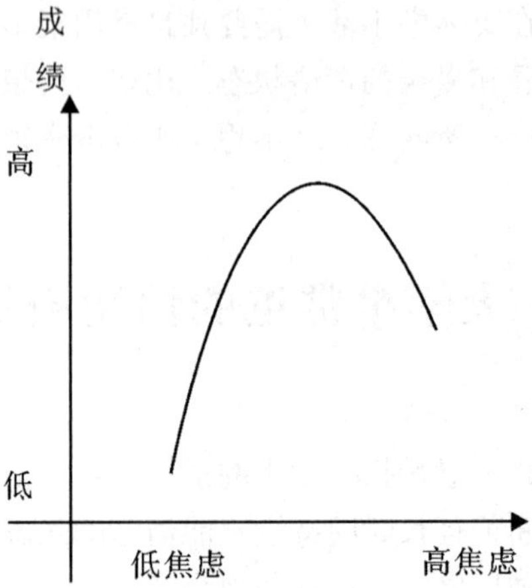

图4－1　焦虑与成绩的关系图

从上图可知，适度的焦虑能使大学生维持适度的紧张状态，集中注意力，促进学习从而取得最好的学习效率；焦虑程度过高或过低，均难以取得优异的学习成绩。比如，有的学生对考试不以为然，没有一点紧张感和焦虑感，由此导致考试成绩不好。也有的大学生在考试时过分紧张，结果出现“晕场”现象，或者在临考前夜失眠，这多是高度焦虑所致。被高度焦虑困扰的大学生，常常会感到内心极度紧张不安、惶恐害怕、心神不定、思维混乱、注意力不能集中，甚至记忆力下降，同时还容易产生头痛、失眠、食欲不振、胃肠不适等不良生理反应。

除了学习焦虑外，大学生常见的焦虑还有：自我形象焦虑、社交焦虑和就业焦虑。自我形象焦虑是担心自己不够漂亮、没有吸引力、体形过胖或矮小等，也有的因为粉刺、雀斑等影响自我形象而引起的焦虑；社交焦虑，是与他人接触和交往时觉得不舒服、不自然，感到紧张和局促不安；就业焦虑，是因担心自己找不到工作或找不到理想工作而引起的焦虑，一般来说高年级同学的就业焦虑比低

① 段鑫星，赵玲．大学生心理健康教育（第二版）．北京：科学出版社，2008.

年级同学的程度要高。

总的来说，无论什么形式的焦虑，控制在适当的范围内会激发起我们的动力，让我们为了更美好的追求而积极改进、积极生活，但是焦虑过度会对我们的身心造成伤害，不利于我们的学习、生活和工作。

（二）抑郁

引导案例

女生小李，以当地第一名的成绩考入北京某重点高校。第一学期期末，本来踌躇满志准备获取奖学金的她未能如愿。从此她的情绪一落千丈，变得郁郁寡欢，心情低落，无心学习，经常以泪洗面，原来爱运动爱漂亮的她对一切事物都不感兴趣，经常失眠，渐渐还出现动作迟缓、思维呆滞的现象。大家都觉得她变了个人，将她送去医院，后被诊断为抑郁症。

抑郁是大学生常见的情绪问题，是一种感觉无力对抗外界压力的消极情绪，一般表现为闷闷不乐、心情低落压抑、沮丧，觉得自己不能胜任正常的工作和学习等。如当遇到学习成绩不理想、不喜欢所学专业、失恋、人际问题等负性生活事件时，有的学生便会因为承受不了而出现抑郁情绪。

人生总是起起落落，人在生活中遇到负性事件而产生抑郁情绪也是正常的，大部分人的抑郁情绪会随着事情的解决或者时间的流逝而减弱乃至消失，但有的个体会长期处于抑郁状态从而引发抑郁症。抑郁症最明显的症状是心情极度压抑，表现为仿佛掉入了一个无底洞或黑洞之中，对所有活动失去兴趣，回避与人交往，而且自我评价消极，很难回忆起美好的记忆，对未来感到悲观。抑郁症也伴随着个体思维方式的转变，比如注意力不集中、记忆力衰退、思维迟缓、反应迟钝等。与此同时，还伴随着身体不适的症状，如常常感到乏力，更严重时睡眠方式都将改变，出现失眠、早醒，而且早上情绪较晚上低落。也可能出现饮食紊乱、食欲下降，并且体重剧减。

抑郁症是导致大学生自杀的常见原因，所以身边若有同学出现抑郁症的症状要多加注意，及时送其就医。

（三）愤怒

引导案例

21 岁的苏州女大学生王某，在某夜闯进一家银行自助区，砸碎 4 台 ATM 取款机和两台多媒体咨询机。当晚，王某在街头不过 500 米的直线距离内，还砸毁了8辆汽车的挡风玻璃和两家店铺的玻璃。

是什么原因让这个皮肤白净、身材娇小的女学生如此“愤怒”呢？新闻晚报的记者采访了王某。“我也不知道为什么要这样做，可能是想发泄情绪，不过没有找对方式。”她为自己辩解。

“我是独生女，但是我爸爸妈妈不太理我，他们最在乎的是我的学习，我的学习好了他们就有向外人炫耀的资本。他们以前总是打我，打完以后还逼我承认自己不对，但是，我有时候不这么认为，又不能说。现在上的这个专业我是不喜欢的，太死板，一点灵性都没有。最近学校里在期末考试，我不想去，他们非要逼我去，是妈妈把我押回学校的，我受不了，就从学校里跑出来，想到上海静一静，但路没问到，就觉得所有人都在骗我，所以就生气了……”①

愤怒是由于客观事物与人的主观愿望相违背，或因愿望无法实现时，人们内心产生的一种强烈的情绪反应。心理学家卡洛尔·伊泽德（Carroll Izard）曾经描述：你可曾记得，在你感到愤怒的时候，你心跳加速，血液涌上脸和你身体的每一块肌肉，由于肌肉过度紧张，你有要爆发的冲动。心理学研究表明，当愤怒发生时，可能导致人体心跳加快、心律失常、高血压等躯体性疾病，同时还会使人的自制力减弱甚至丧失，思维受阻、行为冲动，甚或做出一些事后后悔不已的蠢事或造成不可挽回的损失②。

处于青年时期的大学生，精力充沛、血气方刚，愤怒是他们十分常见的一种消极情绪，他们在情绪情感发展上往往容易产生好激动、易动怒的特点。如有的大学生因一句刺耳的话或一件不顺心的小事而暴跳如雷；有的因人际关系受阻而怒不可遏、恶语伤人；有的因别人的观点或意见与自己相左而恼羞成怒；有的因一时的成功、得意而忘乎所以；有的因暂时的挫折或失败而悲观失望、痛不欲生。如此种种遇事缺乏冷静的分析与思考，图一时之快，逞一时之勇的好激动、易动怒的不良情绪特点，在一些大学生身上时有体现。

课外阅读：研究证实愤怒情绪确可影响心电系统导致猝死

位于美国康涅狄格州纽哈芬市的耶鲁大学的雷切尔·朗佩特博士对62名心脏病患者进行了研究，这些患者都携有可以探测到危险性心律或心律失常，并能释放电刺激使心律恢复正常的植入式心脏除颤器（ICD）。

朗佩特的研究小组让患者进行一项练习，即讲述最近发生的一件令自己生气的事情；同时，他们通过一项名为“T波交替”的试验来测量患者心电的不稳定

---

① ［新西兰］K. T. Strongman. 情绪心理学：从日常生活到理论. 王力主译. 北京：中国轻工业出版社，2006.

② 邱鸿钟. 大学生心理健康教育. 广州：广东高等教育出版社，2004.

度。朗佩特称，研究人员特意询问一些问题，让患者回忆愤怒的情节。她说："我们在实验中发现，愤怒的确会增大这些患者的心电不稳定性。"此后，研究人员对患者进行了为期3年的跟踪回访，调查哪些患者出现了心脏骤停并需要ICD的电刺激。她说："回访发现，由愤怒所导致的心电最不稳的患者，心律失常的几率是其他人的10倍。"

朗佩特称，这项研究表明，愤怒可能会致命。她说："研究表明愤怒的确会以特定的方式影响心电系统，从而导致猝死。"

资料来源：《中国中医药报》

（四）嫉妒

引导案例

A同学和B同学是好朋友，经常形影不离地一起学习和生活，并一起相约考研。后来，A同学如愿被名牌大学公费录取，而B同学则名落孙山。B同学内心产生巨大的失落感，强烈的嫉妒心让其极度不平衡，开始在其他同学面前说A同学的坏话，散布谣言说A同学能考上研究生是通过"潜规则"才取得的。A同学得知后，两人绝交。

嫉妒是指因他人在某些方面胜过自己所引起的不快甚至是痛苦的情绪体验。它是自尊心的一种异常表现，在大学生中普遍存在。具体表现为当看到他人能力、获奖、消费层次超过自己时内心产生的不平、痛苦、愤怒等感觉；当别人身陷困境、失利时则幸灾乐祸，甚至恶语中伤。嫉妒是一种情绪障碍，它会扭曲人的心灵，对人与人之间正常真诚的交往造成妨害。

嫉妒对人的心理健康不利。一方面破坏人际关系的和谐，另一方面嫉妒者本人也很痛苦。嫉妒者常表现出自己办不到的事别人也不要办成，自己得不到的东西，别人也不要得到的心理状态。因此，当一个人嫉妒另一个人的时候，就不会对那个人友善，两个人的关系必然冷淡，同时自己却常常陷入苦恼之中不能自拔。时间长了不但会产生自卑，甚至可能采取不正当的手段去伤害别人。

（五）冷漠

引导案例

无论大家是在寝室打打闹闹、畅谈八卦，还是互相诉说烦恼苦闷，小陈总是置身事外，认为寝室的其他人、其他事与己无关，仿佛自己只是寝室里的一名住客。每当小陈回到寝室，把自己座位的帘子一拉，帘子外的世界便是别人的世界，除了必要的交谈，小陈和其他同学没有更多的交流，大家对小陈的世界也一无所知。“冷冰冰”、“清高”便是大家对小陈最多的评价。

冷漠是指人对外界刺激缺乏相应的情感反应，对生活中的悲欢离合都无动于衷。具体表现为：凡事漠不关心、冷淡、退让的消极情绪体验。如有的大学生对周围的人和事漠不关心，对集体和同学态度冷淡，对自己的前途命运漠然置之，似乎已看破红尘、超凡脱俗，独来独往，对各种刺激无动于衷。

具有这种情绪的人从表面上看虽然平静、冷漠，但是内心却往往有强烈的痛苦、孤寂和压抑感。如果大学生长时间地处于这种情绪状态下，被压抑的心理能量积聚过多而无法释放，当超过了一定限度时，就会以排山倒海之势爆发出来，致使心理平衡遭到破坏，影响身心健康。

二、产生大学生情绪困扰的原因

情绪活动是人类生活的一部分，人只要活着就会有情绪的困扰。情绪对人的影响具有双面性，既是人类生活的发动机，又会因发动机故障而影响人的正常生活。导致大学生不良情绪产生的原因错综复杂，其中既有内部生理心理特点的影响，亦有外部来自社会、学校、家庭诸方面因素的影响。

（一）个体因素

个体原因主要是指个体的生理因素。在生理因素中，除了神经类型因素外，人体内部的生物节奏也会影响情绪。

1. 生理方面

有研究认为，人的体力、情绪和智力呈现一种周期性的盛衰节律，它们的周期分别为 23 天、28 天和 33 天。当三者均处在高峰期时，人就处于身心最佳状态，精力充沛、生机勃勃、愉快豁达、头脑清醒、思维敏捷；而当三者均处于低谷期时，人的各种机能效率都降低，情绪不佳，而体力和智力的不佳亦会加强已有的低情绪状态；当三者处于临界状态时，则是一个极不稳定的过渡期，机体协调性差，易出差错，情绪易波动。

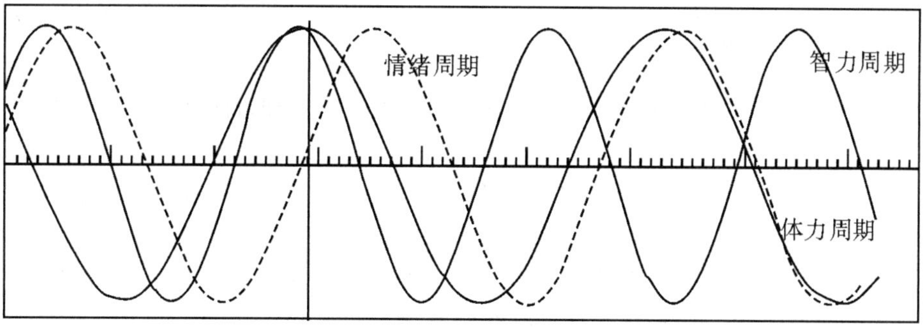

图 4－2　人体体力、情绪和智力周期曲线

有些女孩子在例假前会出现心情郁闷、易怒、烦躁等情绪，也有可能跟其在这段时期里体内雌激素、孕激素比例失调有关。

2. 遗传方面

课外阅读

美国明尼苏达大学的行为遗传学家利坚博士，经过分析 1 500 对双胞胎发现，即使他们中的一个做大学校长，另一个做水管工人；或一个有博士学位，另一个连高中都没毕业，同卵双胞胎对人生的满意程度完全是相同的。利坚判断，这跟同卵双胞胎遗传基因完全相同有关；如果换做异卵双胞胎，遗传基因雷同的程度跟一般同胞兄弟姐妹无异，感受幸福的能力则差异很大。美国健康营养检测中心对6 000 名男女志愿者进行了长达 10 年的实验，研究显示，一个人的典型情绪不会随时间而改变。换言之，相对比较快乐的人，10 年后还是会比较快乐，悲观的人也会继续相对悲观。

资料来源：http：//dept. xgu. cn/tuanw/xin/bencandy. php？ fid = 9&id = 24

遗传因素对个体情绪会有一定的影响，但并非决定性的影响，遗传与情绪不是一对一的关系，即不是某种特定的情绪对应着某种基因。关于精神疾病的研究发现，遗传与精神疾病有一定的关系，某些具有某种遗传基因的个体对环境中的刺激更具有敏感性，更容易诱发精神疾病，但这并不代表具有这些基因的个体就一定会罹患精神疾病①。

在个人成长过程中，由遗传因素决定的反应模式，进一步受经验和环境的影响，塑造出独特的情绪唤起方式。于是每个人在情绪的基本活动水平、反应的紧张程度、适应能力等方面表现出较大的差异性。

① 陈学诗，李国榕．当代心理卫生．北京：中国社会科学出版社，1992.

（二）环境因素

环境因素主要包括社会环境、家庭环境、生活事件和自然环境四个方面。

1. 社会环境

近年，一部折射社会现象的电视剧《蜗居》引起了大家的热议与追捧，不少大学生也因此为自己未来的工作和生存而担忧。每一年，大学生失业率总会牵引着不少大学生的心，面对就业难的问题，大学生们或担忧或着急或坦然。“富二代”、“拜金”等字眼大量地涌现在网络里，总不可避免引起网民们的吐槽，他们借由网络平台宣泄着心中各种复杂的情绪。

人总是要走入社会，尤其大学生随着年龄的增长，逐渐从学生转变为社会人，慢慢地意识到社会形势、社会政策、社会情况与自己的现状和未来的生存息息相关。社会竞争的激烈、生活节奏的加快、社会治安的不稳定和贫富差距的加大等社会问题出现，这些社会刺激给社会阅历浅、心理应对和承受能力弱的大学生带来了很大的冲击，容易引发大学生的心理与行为的严重失调，产生不良情绪。

2. 家庭环境

父母是孩子的启蒙老师，家庭是培养孩子健康情绪的沃土。孩子对事物的态度在很大程度上是从亲密家庭成员身上习得的，一个人形成的情绪模式与其家庭的经济状况，家长教育的态度、内容与方式，家庭成员之间的亲疏关系有着密切的联系。试想一下，一个孩子从小看着父母如何善待他人，合理看待生活中的负性事件，他在人际交往中便更倾向与人融洽相处，更少人际摩擦和冲突，与人相处时也更少愤怒和悲伤；如果家庭重要成员对人总是充满怀疑和不信任，孩子在父母身上也得不到安全感，也不容易对其他人产生安全感；如果家长对子女总是有过高的期望值或要求，总是恨铁不成钢，其子女很容易就处于沉重的心理负担中，更多地体验焦虑不安。

一般认为，在温馨和谐的家庭中成长，个体易养成良好的情绪反应模式；若家族成员关系紧张，过于苛求或放纵的养育模式则会影响个体的情绪唤起方式、程度和持续时间。虽然“问题家庭”的大学生并非都会出现情绪障碍，但有情绪障碍的大学生，大多可以找到家庭因素不利影响的痕迹。

课外阅读：父母处理幼儿情绪的态度和方式的不同影响

父母处理幼儿情绪的态度和方式是影响幼儿未来情绪发展的重要因素。当孩子处于悲伤、压抑、愤怒等消极情绪时，父母是采取积极鼓励、耐心引导的处理方式还是对立打骂、漠视忽略的处理方式？或者是袒护溺爱、消极讨好的处理方式？不同的处理方式代表着父母对情绪和行为抱有不同的态度，因此对儿童产生的影响也随之变化。

例如，孩子因为玩具被其他小朋友弄坏了而大发脾气，摔东西，甚至把自己关在房间里，不讲话、不吃东西。此时，父母不同的处理态度与方式可以强化或者弱化孩子的行为，改善或加剧孩子的不良情绪。

打骂的方式向孩子传递的信息是“孩子，你错了，你一定要承认错误，不承认也要打得你承认!”如此处理，只能迫使孩子屈打成招，勉强在口头上承认错误，心不甘、情不愿。由于惧怕家长的“棍棒”，孩子便不愿意表达自己的情绪、不敢与父母沟通交流。长此以往，孩子的不良情绪便越积越多，得不到排解，阻碍其形成良好的情绪体验。

漠视忽略的方式向孩子传递一种“你想干什么就干什么，我不会管你”的信息。孩子由于不知道父母明确的态度，认为“无言便是默许”，孩子便认定自己强烈的情绪反应理所应当。结果导致强化了孩子的消极情绪，当再遇到同样或类似的问题时，他甚至会变本加厉，产生更大的情绪波动。

袒护溺爱、消极讨好的处理方式就是告诉孩子“乖，你做得对，快别哭了，妈妈爸爸很心疼你!”孩子会认为自己的确做得对，不但无法明辨是非，甚至日后遇到同样问题时，第一个情绪反应就是大发脾气，因为这样可以换来家长的关心、溺爱。这样的一个“避风港”会阻碍孩子自己去积极地调节情绪。

积极鼓励、耐心引导是比较合适的处理方式，因为父母传递给孩子的信息是“妈妈爸爸理解你的感受，可是你的行为是错误的，妈妈爸爸相信你可以变得更好!”首先让孩子明辨了是非，其次父母情感的支持给了孩子力量去面对并调节消极情绪。当孩子再次面对同样的情境，他会自己主动地调节情绪。如果自己无法掌控，便会寻求父母的帮助，因为父母在他心中是一种积极鼓励、体贴、高大的形象，能够倾听自己的感受，也能够帮助自己解决困难。

资料来源：黄大庆、陈蒲晶《影响幼儿情绪发展的家庭环境因素》

3. 生活事件

人的情绪很多时候是由各种生活事件诱发的，例如，同学为自己庆祝生日时感到开心，失去亲人则觉得很悲伤等。每个人每天都面对着生活环境中的各种刺激，有的刺激很小甚至不引起注意，对个体不会产生影响；能够引起注意的刺激，若个体有能力从容面对，也不会对个体造成很大的压力；但如果个体没有足够的能力去应对，或预想到要付出很大的努力，这些生活刺激便会对个体造成很大的心理压力和威胁，从而产生各种情绪体验。这种压力到一定程度便会引起个体的应激，也就是在出乎意料的紧急和危险的情况下所引起的高度紧张的情绪状态。个体若持续处于高度应激状态下，会有损身心的健康。

导致大学生情绪问题的生活事件通常有：因离开家庭上大学、毕业在即走向社会等带来的生活环境变化，因同学之间矛盾、失恋等人际关系问题，或因考试成绩不好、所学专业与兴趣爱好不一致等学业问题，或因身体健康与体源性自卑问题，或因家庭矛盾、生活费用等问题。这些生活事件极其普通正常，但却对大学生的情绪具有很大的影响。

4. 自然环境

一早起来，看到屋外或是阳光灿烂、或是阴雨连绵，你的心情会不会也有所不同呢？文学上早就把自然与情绪联系起来，例如，古人的“伤春悲秋”，海子表达幸福的名句“面朝大海，春暖花开”，连天后张惠妹也会唱“外面下着雨，犹如我心血在滴”。好的天气条件，如风清气爽、阳光明媚等，会使人心旷神怡、精神振奋、心情舒畅；而不好的天气，如高温闷热、多云阴沉、梅雨天气等，会让人烦躁不安、情绪低落、动力下降。

医学临床上发现，在灰霾阴雨的天气期间，抑郁症患者就诊人数会明显增加。也有研究发现，日照会影响人的激素分泌，尤其是大脑中的松果体褪黑素的分泌，褪黑素分泌得越多，人的亢奋情绪就会被抑制得越多。而松果体的分泌受阳光抑制，多晒晒太阳，褪黑素的分泌便会减少。另外，风景优美或壮丽的自然环境，如大海沙滩、高山流水、原生态山林等，比繁华美丽的都市更适合旅游，更容易让人感觉放松从容，仿佛把生活中的苦恼都抛于脑后。所以，情绪低落时多晒晒太阳，多接触大自然，自然的力量能缓解你的萎靡阴郁。

三、大学生情绪的调适

（一）健康的情绪标准

什么样的情绪状态是健康的呢？不生气、不悲伤就是健康吗？其实不一定，在生活中任何一种情绪都会不可避免地产生，都存在有积极和消极的两面性。

一般而言，情绪的目的性恰当、反应适度，不带有幼稚的、冲动的特征，并且符合社会规范的要求，就是健康的情绪。大多数心理学家认同情绪健康标准主要包括五大点①：

1. 保持积极乐观的心态

包括保持好奇心，善于关注和发现生活和学习中积极的事物，并能够充分地享受愉快，主动地创造能使自己感到快乐的生活和事业。快乐不是等待和被赐予，而是一种发现和创造。

2. 接纳自己的情绪变化

喜怒哀乐人皆有之，不能也不必过分压抑。接受自己的情绪，使情绪获得适

① 樊富珉，王建中．当代大学生心理健康教程．武汉：武汉大学出版社，2006.

当的表现，不放纵自己，也不过于苛求自己，以平常心来面对自己情绪上的波动，尤其当负面情绪出现时，要学会坦然面对，及时调整。

3. 善于及时调整自己的不良心态

能够保持正确、客观的理性认知，善于采用多种方式及时宣泄自己的情绪，在遇到生活的挫折时能够积极地自我暗示，或使自己的情感得到升华。

4. 宽容别人增加愉快体验

保持良好的人际沟通，并能够理解和宽容别人，尤其在对方有过失时，不去怨恨别人，更不拿别人的错误来惩罚自己。正所谓好话一句三冬暖，怨恨是一把双刃剑，既会伤人，更会伤己。宽容别人首先是为了让自己释然。

5. 掌握有效的情绪调适方法

能够运用幽默的方法、自我认知的方法、行为调适的方法、自我积极暗示的方法、转移升华的方法和自我宣泄的方法来适当合理地调适情绪。

（二）情绪调适的方法

课外阅读

有一个男孩脾气很坏，于是他的父亲就给了他一袋钉子，并且告诉他，当他想发脾气的时候，就钉一根钉子在后院的围篱上。第一天，这个男孩钉下了40根钉子。慢慢地，男孩可以控制他的情绪，不再乱发脾气，所以每天钉下的钉子也跟着减少了，他发现控制自己的脾气比钉下那些钉子来得容易一些。终于，父亲告诉他，现在开始每当他能控制自己的脾气的时候，就拔出一根钉子。一天天过去了，最后男孩告诉他的父亲，他终于把所有的钉子都拔出来了。于是，父亲牵着他的手来到后院，告诉他说："孩子，你做得很好。但看看那围墙上的坑坑洞洞，这些围篱将永远不能恢复从前的样子了，当你生气时所说的话就像这些钉子一样，会留下很难弥补的疤痕，有些是难以磨灭的呀！"从此，男孩终于懂得管理情绪的重要性了。

资料来源：钉子的故事．http：//camiao. blog. soho. com

每个人都会有各种各样的情绪，各种情绪让我们的生活变得多姿多彩。然而，关于情绪的产生和表达，不同的人会产生不同的想法，有人会觉得人不应该有消极情绪，焦虑、生气等都是不好的情绪；有人会害怕表露情绪，怕别人认为自己是一个情绪化的人；有人认为情绪不应该隐藏，就是要发泄出来，不管三七二十一，该骂就骂、该哭就哭……情绪本身并没有是非好坏之分，情绪是我们诚实的朋友，我们能体验到的快乐和痛苦是确确实实存在的，它本身并不是问题，真正的问题是情绪的表达方式，如果能以恰当的方式表达自己适度的情绪，符合社会规范，掌控自己情绪不伤及自己和他人，就是健康的情绪管理。

1. 接纳自己的情绪

健康的生活应该以积极的情绪为主色调，但这并不代表要把消极情绪统统否决，扫地出门。然而，生活中有的人会夸大情绪的消极影响，排斥负面情绪的存在，对它敬而远之。例如，有位男同学因失恋而走进咨询室，他很恨自己在失恋过后的沮丧和伤心，觉得自己堂堂男子汉怎么如此没用，会因为失恋而什么事都做不成。的确，消极情绪会让我们产生不愉快的体验，而且还会让我们生活的其他方面的运作和表现受到影响。但是，我们没有人能做到永远快乐，完全没有伤心、难过和愤怒，我们应该明白情绪具有"钟摆效应"。

课外阅读：情绪的钟摆效应

我们发现在生活中有些人随便讲个笑话他就哈哈大笑，很容易高兴，我们同时也发现这种人往往也很会哭，他的情绪摆动幅度很大。在生活中也有另一种人，他们对很多事似乎都比较"麻木"，对于同一个会使别人哈哈大笑的笑话，他可能会说："这有什么好笑的，只不过是一个笑话而已。"

当一个人在某种情绪上调减了反应的强度时，他在所有其他情绪上也会有同样的减少。也就是说，当他体验到的负面情绪减少了，他所能体验到的正面情绪也会同样地减少，就像钟摆一样，左右摇摆能够达到的最高限度是一样的。所以，当我们在限制自己的负面情绪时，我们对正面情绪的体验程度也会降低，最终变为一个对任何事都提不起兴趣的冷漠的人。

2. 疏导宣泄法

通常人们处理自己的情绪会有三种途径：忍，把情绪隐藏在心里；发，把情绪发泄出来；逃，使自己忙碌而避免想起有关的事情。忍气吞声，会造成情绪抑郁，过分压抑情绪，则会影响健康，甚至会导致身体上的疾病，如胃溃疡、高血压、癌症等。而有的人，在强压情绪时会把情绪投向自己，打自己耳光、摔自己东西，甚至上吊、自杀。也有人选择非理性地发泄情绪，如伤害他人或损坏财物、暴饮暴食或疯狂购物等行为，发泄者经常会觉得每次发泄后还是不能缓解负面情绪，经常要重复发泄，造成很大的后遗症。逃避痛苦，使自己不去想有关的事情，短时间会有效果，能起到一定的缓解作用，但如果只是一味逃避，害怕面对问题本身，逃得了一时逃不了一世，每当独自一人静下来时，那些引起困扰的事情和情绪便会"才下眉头，却上心头"。

管理好自己的情绪，重要的是学会在接纳自己情绪的基础上加以合理的疏导和宣泄，不掩饰自己的不满或气愤情绪，在不违背社会伦理道德和不触犯法律的条件下直接表达出来，这才是合理的宣泄。有人可能会担心对惹自己生气的人愤怒是不好的，但每个人都有愤怒的权利，被人伤害后，可以马上提出来，直接告诉对方自己很生气和不满，但需要控制自己的愤怒程度，而且要能对事不对人，尽量不伤害攻击对方，攻击只会让矛盾加深，自己陷入更大的愤怒中。

引导案例

一种情境：

小A和小B在同一个实验小组，由于小A疏忽犯了错，导致小组实验结果很不好，小B因此很气愤。

小B："你是猪吗？这也能弄错，猪都比你聪明！"（对人不对事，攻击人格）

小A："你说什么？有种你再说一次啊，你以为你多了不起啊……"（防御反抗）

一场唇枪舌剑开始了……

另一种情境：

小B："你在实验中犯这样的错，是因为你在做实验时开小差！"（对事不对人，批评对方错误）

小A："呃，对不起，我知道错了。"（坦诚接受指责）

双方总结经验……

此外，还可以把自己的苦闷和痛苦写出来、喊出来，或挑一首很能表达自己情绪的歌把心情唱出来，甚至可以到宣泄室发泄一下。

总之，就是把自己的情绪表达出来、疏导出来，但记住要使用理性的和合乎社会道德的方式，否则非理性的宣泄方式会把自己引入到新一轮的麻烦中，让自己再次陷入负面情绪的漩涡中。

3. 活动转移法

活动转移法是指在处于情绪困境时，暂时将问题放下，从事所喜爱的活动以转变情绪体验的性质，从而达到调控情绪的目的。

活动转移分为消极转移和积极转移。消极转移是指情绪不佳时，把情绪转向消极方面，如吸烟、酗酒、自暴自弃等消极行为。积极转移是指把时间、精力从消极情绪体验中转向有利于个人未来发展的方向，如勤奋学习、从事研究。积极转移更有利于健康生活。

积极转移的活动方式多种多样，其中音乐和美术书法是调控情绪的最佳方式之一。欢快有力的节奏可以使情绪消沉者振奋，感觉充满力量，轻松优美的旋律让紧张不安者松弛。沉浸于挥毫舞墨中，也可以陶冶人的情操，化解各种不良的情绪。

体育和旅游活动也是转移调控情绪的良好方法。当情绪状态不佳时，游山玩水、打球下棋都是极好的情绪调控手段。体育活动既可以松弛紧张情绪，又可以消耗体力，使消沉者活跃，激愤者平静，实现情绪平衡的目的。另外，看电影、钓鱼、摆弄花草等兴趣爱好，也是很好的情绪转移方式。

4. 改变认知法[①]

宣泄法和活动转移法，能在一定程度上缓解情绪困扰，但那些其实是“治标”的方法，而真正“治本”的方法是改变对造成困扰问题的看法和态度，也就是改变认知。

无论是“治标”还是“治本”的技巧都是有效的，使人重新成为自己情绪的主人，掌控自己的人生。如果情绪困扰不严重，也许经过宣泄和转移很快就能好了，但如果情绪困扰严重，或者受情绪困扰的人很固执，不肯改变自己的想法，宣泄和转移只能是暂时性的调节。这并非代表宣泄和转移没有用，人经过宣泄和转移后，会减轻负面情绪的强度甚至会恢复平静，会减少因负面情绪过强而引发可能有害的冲动行为，也可能更容易以理性的角度来重新审视问题，重新看待问题和处理问题，重塑新的理性观念，问题也能够更快消失，以通俗的话来讲就是“换个角度看问题”。

课外阅读：理性情绪疗法的 ABC 理论

美国心理学家艾利斯提出了合理情绪法。合理情绪法中最核心的便是 ABC 理论，用来解释人的情绪困扰和不适应行为的产生。其中 A（Activatiating events）指诱发性事件；B（Beliefs）指个人在遇到诱发性事件后产生的相应的信念，也就是他对这个事件的看法、解释与评价；C（Consequences）指在特定情境下，个人的情绪体验及行为结果。

艾利斯指出，情绪（C）不是由某一个诱发事件本身（A）所引起的，而是由经历了这一事件的个人对这一事件的解释和评价（B）所引起的。因此 A 只是 C 产生的间接原因，B 才是 C 产生的直接原因，是 B 决定了 C 的性质。例如，一个学生考试不理想（A），相对应出现的情绪是郁闷、难过、沮丧等（C），而其信念（B）也许是“我是个好学生，我不应该考试不及格”或者“我努力了，就一定要考好，否则我是一个无用的人”。如果，另一个同样成绩的学生他的信念（B1）是“考得好不好无所谓”或者“对于我来说，这是一个不错的成绩了”，也许这位同学的情绪（C1）就会很不一样。

在此基础上，艾利斯提出了通过改变信念进而改变情绪与行为的方法，即合理情绪疗法，也被称之为 ABCDE 模式。其基本程序如下：

---

① 孔晓东，揭水平．大学生心理健康导引．成都：电子科技大学出版社，2007.

（1）找出使自己产生异常紧张情绪的诱发事件（A），比如别人不理睬自己。

（2）分析自己在遇到诱发事件时对它的解释、评价和看法，即由它引起的信念（B）。从理性的角度去审视这些信念，并且探讨这些信念与所产生的紧张情绪（C）之间的关系。从而认识到异常的紧张情绪之所以发生，是由于自己存在不合理的信念，自己应当为自己失之偏颇的思维方式负责。例如，碰到别人不理睬自己（A）就认为（B）“他人不理睬自己，是不喜欢自己的表现”，但其更深层次的信念可能是“每个人都应该喜欢自己”、“自己应该得到每个人的接纳”，抱着这样的信念遇到A这件事，就会感到很不舒服、很紧张拘谨，甚至很失落（C）。

（3）扩展自己的思维角度，与自己的不合理信念进行辩论（Dispute），动摇并最终放弃不合理信念，学会用合理的思维方式代替不合理的思维方式，还可以通过与他人讨论或实际验证的方法来辅助自己转变思维方式。例如，“凭什么每个人都应该喜欢自己？有这样的可能吗”？“现实中有可能得到每个人的接纳吗”？“他人不理睬自己就是不喜欢自己吗”？（D）

（4）随着不合理信念的消除，异常的紧张情绪开始减少，并产生出更为合理、积极的行为方式。行为所带来的积极效果，又促进了合理信念的巩固与情绪的轻松愉悦。

（5）最后，个人通过情绪与行为的成功转变，从根本上树立起合理的思维方式，从此不再受异常的紧张情绪困扰，即达到了合理情绪的效果（Effects）。

概括起来就是：诱发事件（A），有关的信念（B），不良情绪和不适当的行为（C）与不合理信念进行辩论（D），在情绪和行为上产生积极的效果（E）。

练一练：请你也试着利用这样一张表格梳理一下自己的烦恼。

A	B	C	D	E
别人不理睬自己	（1）他人不理睬自己，是不喜欢自己的表现。 （2）每个人都应该喜欢自己。	不舒服、很拘谨，甚至很失落，可能很气愤，也有可能会逃避与人接触。	（1）他人不理睬自己就是不喜欢自己吗？ 新的信念：他人不理睬自己不一定就是不喜欢自己，可能有别的原因，如正沉思于自己的事情。 （2）凭什么每个人都应该喜欢自己？现实有这样的可能吗？ 新的信念：即使他人真的不喜欢自己，现实中我们也没有可能让所有人都喜欢自己。肯定会有不喜欢、不接纳自己的人存在。	坦然面对生活中人们的各种反应。

课外阅读

这是曾经在网上非常流行的一段话，很好地说明了如何改变认知让自己的生活更轻松。这教会我们，凡事都能从积极的一面去思考。

人生不过如此，快乐过日子吧！

一大早被响起的闹钟吵醒，因为那表示我还活着。

有巨额的电费账单，因为那表示我冷气吹得很爽。

能找到最远的那个停车位，因为那表示我还能走路，而且还有幸能有辆车。

一天结束的疲劳和肌肉酸痛，因为那表示我有拼命工作的能力。

有各种对政府不满的抱怨，因为那表示我们有言论自由。

我缴税，因为那表示我有工作。

有一堆衣服要洗烫，因为那表示我有衣服穿。

教堂礼拜时我身后有位五音不全的女士，因为那表示我还听得到。

有待修整的草地，待清理的窗户和待修理的排水沟，因为那表示我有个家。

衣服越来越紧，因为那表示我吃得很好。

有阴影陪伴我的劳动，因为那表示我在明亮的阳光下。

第三节　大学生的压力与挫折

课外阅读

根据美国知名黑人投资专家克里斯·加德纳的真人真事改编的美国电影 *The Pursuit of Happiness*(《当幸福来敲门》) 感动了许许多多的观众。影片讲述的是已近而立之年的克里斯·加德纳事业不顺，生活潦倒，只能每天奔波于各大医院，卖测骨密度的扫描仪来勉强维持着生计。偶然间，他了解到做证券经纪人并不需要大学文凭，凭借自己的执着、非凡的妙语，并在一个小小的魔方的帮助下，得到了一个实习的机会。但是实习生有 20 人，他们必须无薪工作六个月，最后只能有一个人录用，竞争、工作与生活带来的压力对贫困的克里斯·加德纳来说实在是难上加难。这时，妻子因为忍受不了穷苦的生活，离开了他和儿子，成为单亲爸爸的克里斯·加德纳和儿子亦因为极度的贫穷而失去了自己的住所，过着东奔西跑的生活。他一边卖扫描仪，一边做实习生，还必须天天去教堂排队，争取得到教堂救济的住房，甚至因排不上救济住房而住进了公共厕所。但是克里斯·加德纳一直很乐观，并且教育儿子，不要灰心。尽管遭遇数不清的挫折，但克里斯·加德纳最终凭借自己的不懈努力，脱颖而出，获得了股票经纪人的工作，后来创办了自己的公司。

我们总会祝愿别人“一帆风顺”、“事事如意”，但事实上，事事顺利的人生是不存在的。古语云“人生不如意十之八九”，现代社会的快速发展，给人们带来了快节奏、高消耗的生活，大学生们除了学习的压力外，还要为渺茫的前景担忧，在承受各种压力的过程中免不了要遭遇挫折。

没有压力的生活也就没有挑战，没有困难要去克服，没有新事物想去尝试，也没有运转自己大脑、挖掘自己潜能的机会，没有了压力，也许我们什么都不是。只要我们生存在社会上，来自自己需求和外界环境的压力肯定会伴随我们的生活。

挫折是每个人都会遇到的，我们总是在挫折中成长，在经历风雨后才能看见彩虹。初出茅庐的大学生，以往的经历大多是顺境多而逆境少，他们向往着充满明媚阳光的未来，但事实上走向未来的道路却处处隐藏着障碍和陷阱，挫折是不可避免的，学会面对挫折，远比接受顺境更加重要。

一、压力与挫折

（一）什么是压力

压力①是压力源和压力反应共同构成的一种认知和行为体验过程。它是一种反应模式，当需要面对的刺激事件超出个体的应对能力时，便会对个体心理造成负担，使个体心里不舒服、很沉重，有时还会导致身体出现不适，如胃痛、长痘等，这就是压力的体现。电影《当幸福来敲门》中的主人公便承受着生活压力甚至是生存压力、抚养和教育孩子的压力、实习中的竞争压力等等。对大学生来说，日常要面对的事件主要是学习、生活、人际、恋爱、就业等方面，而这些方面都是压力的来源。

（二）什么是挫折

挫折②是指个体的意志行为受到无法克服的干扰或阻碍，预定目标不能实现时产生的一种紧张状态和情绪反应，也就是俗话所说的“碰钉子”。挫折可使意志薄弱者消极、妥协；也可使意志坚强者接受教训，在逆境中奋起。例如，上述电影《当幸福来敲门》中的主人公克里斯·加德纳遇到事业不顺、生活潦倒、妻子离去、居无定所等的不顺，便是克里斯·加德纳的挫折。

一般来说，挫折情境越严重，挫折反应就越强烈；反之，挫折反应就轻微。

---

① 中国就业培训技术指导中心，中国心理卫生协会．国家职业资格培训教程——心理咨询师（基础知识）．北京：民族出版社，2005.

② 彭聃龄．普通心理学．北京：北京师范大学出版社，2004.

但是，只有当挫折情境被主体所感知时，个体心理才会产生挫折反应。如果出现了挫折情境，而个体没有意识到，或者虽然意识到但并不认为很严重，也就不会产生挫折反应，或者只产生轻微的挫折反应。因此，挫折反应的性质、程度主要取决于个体对挫折情境的认知。

二、大学生常见的压力与挫折的类型

挫折与压力密切相关，如果在压力环境下调适不当，则极易产生挫败感，同时挫败也会使得大学生承受的压力更大。大学生常见的压力来源也是大学生常见的挫折情景，主要有以下几个方面：

（一）自然变故带来的压力与挫折

引导案例

某大学学生杨某入学前是一名阳光开朗的大男孩，可是上大学后不久身体却频频出现状况，先是头发脱落，后来皮肤出现白斑，去医院诊断发现的确是身体出现了问题，而且需要很长时间的治疗。杨某积极配合医治，但由于生病，外表变得有点吓人，他也感觉到身边的人似乎也不敢太靠近他，而且自己也不太愿意出去见人，怕引来他人异样的眼光。杨某心里很郁闷，想起以前的自己是多么的健康开朗、受人欢迎，结果现在却天天抱着药罐子，别人还不敢靠近，心里很难受，也一度很抑郁和无助。但最终杨某并没有选择自暴自弃，而是一边坚持治病，一边坚持正常的学习和生活。尽管异样的眼光和不友善的言论依然存在，但身边的同学有部分也开始慢慢接受他并与他有更多的接触，杨某知道自己需要与病魔进行长期抗战，但是既然生病已经成为现实，与其难过退缩，不如积极面对上天安排的一切苦难。

自然挫折，是由个人能力所不能控制的自然因素导致的挫折，如疾病、天灾人祸、家庭重大变故等。这些变故必然给个体带来巨大的心理压力，有时甚至导致个体无法像过去一样正常生活。由于自然变故并非我们所能控制的，所以很多时候没有一个可以指责的对象，会让我们更难以接受，有的人会埋怨上天不公，也有的人会拿出巨大的勇气与此抗争。

（二）学习的压力与挫折

引导案例

小丽以高分考上某名牌大学。学校开设了大学物理课，这让物理基础并不好而且对物理兴趣不大的小丽很头痛。老师讲课小丽总是听不懂，大学老师讲完课就离开，不会像中学老师一样经常督促学生学习，课后自学不知该如何去学，也学不明白，而且大学同学总是各忙各的，同学之间也很少讨论学习的事情。由于大学与中学的学习方法存在较大的差异，小丽却一味按照曾经的学习方法处理大学的学业，所以，尽管她非常努力，仍不能产生好的学习效果。对自己严格要求的小丽很担心自己会物理考试不及格，渐渐感到紧张焦虑，最后决定去学校心理咨询室求助。

学习是大学生常见的压力源。随着社会竞争愈演愈烈，大学生都希望自己日后在社会中更有竞争力，因而对自己的大学学习不敢掉以轻心。除了要保证正常课程的成绩和积点达到理想的标准，争取获得奖学金外，还要抽出时间与精力投入各种课外的学习与考试，四六级、GRE、第二学位、各种职业资格证的考试相信大家都不陌生，这些外界和自己施加的各种各样的学习任务，增加了大学生的心理压力。

大学学习环境并不同于中学，大学生（尤其是低年级）在这个新的环境中学习是需要时间适应的，当出现学习适应不良，不习惯大学的松散自由的学习方式，不懂得为自己的学习进程作规划、定目标，便会遇到各种各样学习上的挫折。比如，上课听不懂、成绩不理想等都是大学生常见的学习挫折。

（三）生活的压力与挫折

引导案例

你在大学生活中有没有听过这样的抱怨：“学校饭堂的菜实在难以下咽，这日子实在没法过了！”“我这个月没生活费了，剩下的日子怎么办呢？”“寝室的人怎么这么晚才睡，我在家里家人10点前都睡觉了，真不适应！”“在家都是父母洗衣服、做家务，这里样样都得自己来，好麻烦啊！”……

大学生来自不同地区，拥有不同的家庭背景，因此大家的生活习惯会很不一样。来自北方的学生也许对南方的气候、饮食不适应，因而影响正常的生活，甚至出现水土不服的症状。家庭经济困难的学生，可能因为生活费用的紧张，而担心自己在学校的衣食住行。那些上大学前没有独立生活过，总由父母操心自己生活上大小事务的同学，也许会因上大学后需要独自面对和解决诸多生活事件而不知所措。同寝室的同学们都带着在各自家庭中养成的生活习惯生活在一起，也难免会发生生活上的矛盾。比如，学校饮食不适应、同寝室同学作息时间不一致、经济上捉襟见肘等都是大学里较常见的生活挫折。

（四）工作和个人发展方面的压力与挫折

引导案例

外貌漂亮、学业优秀的19岁女生小倩是某大学经管学院国际贸易系的学生，在学院担任学生干部，负责2009级新生的迎新工作。但在迎新的工作中，小倩在某项工作上出了差错，受到了相关老师的严厉批评。小倩受不了，回到家不吃不喝，整夜失眠，甚至在家里莫名哭泣。没想到最后竟然会想不开，选择以自杀的方式离开了人世。

上大学后，很多同学开始有意识地发展学习以外的各种个人能力，所以不少同学会选择参加学生会、勤工助学等各种社团工作。但毕竟工作不是游戏，需要认真去对待，负责执行，需要互相配合，而且有上下级关系，需要受交代工作的上级监管，所以需要个体在兼顾学习的同时也要承受工作的压力。

大多学生是在大学才开始接触工作的，由于经验的缺乏，或者个人责任心不够，有的同学会出现工作纰漏，造成不好的影响，遭到上级批评，甚至辞退；有的同学工作不被肯定，方案不被采用；也有的同学无法管理自己手下的成员，无法与共事的同学合作等等。面对这些工作中的挫折，有的同学会因此感到自责和难过，有的同学会对管理他的上级以及反对他的人产生不服和愤怒的情绪，也有的同学在遭遇挫折后会出现一些幼稚和非理性的反应。所以，学会承受工作中的挫折对大学生来说是很有必要的。

（五）恋爱的压力与挫折

引导案例

从小学到高中，娜娜始终是学校的尖子生。当她成为全国知名学府的研究生后，与同班男生开始了幸福的初恋。一场风花雪月却没有带给她幸福一生的承诺。毕业以后，男友匆匆返回杭州，娜娜也如影随形。但娜娜却遭到男友母亲的排斥，这段感情之旅就此搁浅。由于无法忍受人生中的第一次挫折，娜娜终日以泪洗面，最终患上了抑郁症。

大学生正值青春年华，生理发育成熟，对爱情早就有了憧憬与期盼，渴望着与异性有亲密的接触，展开浪漫的爱情。然而，爱情就像带刺的玫瑰，追逐其芬芳美丽的同时，也可能会被其刺痛。

大学生也会因为恋爱影响正常的生活和学习。有些学生单相思，自己倾心于对方，却得不到对方的回报，遭受打击；有些学生择偶标准不切实际，选择对象太过理想化、虚荣心强；有些学生看到了身边同学纷纷谈起恋爱，而自己却没有男女朋友感到很没面子，有压力；有的同学谈恋爱遭到家里人的反对，但又不想放弃恋爱关系，感到内心冲突矛盾；最严重的是一些学生沉浸在失恋带来的悲伤痛苦中无法自拔。大量个案表明，大学生因恋爱所造成的情感危机，是诱发大学生心理问题的重要因素，也是大学生常见的压力源，有的人因此走向极端，甚至造成悲剧。所以，大学生的恋爱压力不容忽视。

失恋是不少大学生会面对的挫折。对待失恋，大多数大学生都能理智对待，但也有部分学生因此做出不理性的举动，对昔日对象诽谤报复，甚至伤己害人，又或者从此萎靡不振，甚至悲观厌世。爱情是两个人之间的缘分，任何一方的退缩都会造成恋爱失败，不能勉强。我们要学会从恋爱挫折中学习，学会如何更好地去爱，学会更好地经营下一段感情。

（六）人际交往的压力与挫折

引导案例

某大学男生张某与何某是同一个寝室的同学，两人因生活习惯不同，在生活上经常有小摩擦，某天因为一件事情两人激烈地大吵起来，还打起架来。从此，两人积怨加深，张某不时把垃圾故意藏到何某的抽屉里，而何某得知后很气愤，也不甘示弱，剪断张某的网线和电脑线。最后两人的矛盾进一步升级，辅导员也不得不出面干涉和教育。

其实这两位同学的情况反映了大学生中有相当一部分同学不知道该如何与人交往和沟通的问题，他们都缺乏人际交往和沟通的技巧。有的同学有自闭倾向，不愿与人交往；有的同学为交际而交际，不惜牺牲原则随波逐流，让人觉得其很不真诚而心生厌恶。

大学生中人际关系紧张更多地表现为宿舍的矛盾。很多学生过去都是自己独处一室，上了大学后，至少四人一屋，学习生活中难免发生各种矛盾，一些学生相互间又不能包容和谅解，致使矛盾激化。事实上，每个人都需要良好的人际关系，需要真心相待的朋友，都希望能愉快自由地与人互动。而交往和沟通的不畅、不愿相互包容、总希望别人迁就自己的心态，或者自卑、孤僻、好强的个性，都造成一些学生在人际交往上的挫败，从而在心理上产生极大的压力。

大学是集体生活的环境，在大学里学会如何与人交往十分重要，有的学生缺乏与人交往的技巧，或者以自我为中心，就很容易在人际交往中遭遇挫折。

（七）就业的压力与求职的挫折

引导案例

毕业于湖北某学院英语教育专业的郑克峰，因求职5年屡屡受挫，他一把火烧了大学毕业证书，并用手机将这1分57秒的“80后大学生火烧毕业证”的过程拍摄下来，上传到互联网上，在网民中引起了不小的震动。

近几年来，由于社会竞争的加剧，就业市场的不景气，面对严峻的就业形势，大学生找工作或是找比较理想的工作越来越困难。很多大学生对日后的就业前景充满不安全感，普遍存在着就业焦虑。“毕业即失业”说法的流传也引起了不少大学生对未来就业的担心，可见，就业问题对大学生造成了很大的心理压力。

三、大学生挫折承受能力的提升

既然我们知道人生不能一帆风顺、挫折依旧难以避免，提升自己的挫折承受能力，让自己在竞争激烈的社会中不会轻易被逆境打倒，这对于大学生来说极其重要。

（一）挫折承受力的概念①

挫折承受力，顾名思义是指个体应对挫折的一种耐受能力，是人们适应、抵抗、排解挫折的能力。挫折承受力是维护个体心理健康的一道防线。挫折承受力差的个体，心理比较脆弱，几经挫折打击后，容易失去心理平衡，出现心理疾病，甚至可能会出现自伤或伤人的非理性行为反应。

挫折承受力是后天学习来的。提升大学生的挫折承受力，除了要依赖学校和家庭的教育外，大学生自身也应该有锻炼自己的挫折承受力的意识，锻炼自己坚强承受日常的挫折，锻炼自己在挫折中总结经验教训，增强战胜逆境的勇气和信心。

---

① 段鑫星，赵玲．大学生心理健康教育（第二版）．北京：科学出版社，2008.

课外阅读：什么是逆商？

除了智商、情商外，近年来又流行一个新概念：挫折商（逆商）。IQ、EQ、AQ并称3Q，成为人们获取成功必备的不二法宝。有专家甚至断言，100%的成功=20%的IQ+80%的EQ和AQ。

逆商AQ来自英文Adversity Quotient，全称逆境商数，一般被译为挫折商或逆境商。它是指人们面对逆境时的反应方式，即面对挫折、摆脱困境和超越困难的能力。大量资料显示，在市场竞争日趋激烈的今日，大学生创业成功与否，不仅取决于其是否具有强烈的创业意识、娴熟的专业技能和卓越的管理才华，而且在更大程度上取决于其面对挫折、摆脱困境和超越困难的能力。因此，高校教育工作者在实施创业教育的过程中，应该把大学生的逆商培养作为着力点。积极进行大学生的逆商培养，使其在逆境面前，形成良好的思维反应习惯，增强意志力和摆脱困境的能力，从而提高大学生创业的成功率。

资料来源：百度百科

（二）提升大学生挫折承受力的途径

1. 增强挫折认知水平

想挫折承受力有所提高，首先对挫折要有正确而积极的态度。斯迈尔斯先生曾说过："如果生活只是晴空丽日而没有阴雨笼罩，只有幸福而没有悲哀，只有欢乐而没有痛苦，那么，这样的生活根本就不是生活——至少不是人的生活。"人生难免跌宕起伏，挫折是普遍存在的，是人生的必然。虽然它并不受欢迎，但却逃避不掉，因此要有充分的心理准备面对挫折的到来，遇到挫折不过是上天给你的再一次考验，而且这样的考验以后还会再有。

挫折一方面对人有消极的影响，会给人带来损失、痛苦，如挫折会影响个体实现目标的积极性，降低个体的创造性思维水平，损害个体的身心健康；另一方面也有积极的作用，如挫折能让个体变得成熟，增强个体的容忍力，提升个体对挫折的应对能力，有利于个体的成长。

另外，我们也应该认识到，虽然人生的道路总是崎岖不平，挫折不可避免，但挫折并不是人生的全部，挫折不可能总是发生，即使发生也不代表人生各方面都是失败的。我们应该相信，生活中还有很多快乐与幸福的事，而且坚信快乐和幸福是可以属于我们的。人生是多姿多彩的，一次的失败并不能够代表自己的全部，人生成才的道路、成功的机会是很多的，当挫折发生后，也应该看到自己其中积极的方面，看到自己的优势和成绩，只要自己努力，你是可以创造出属于你的崭新未来的。

课外阅读：有意识地锻炼自身挫折承受力

国外曾有人做过一个动物实验。他们对一组幼小的白鼠给予电击及其他挫折情境，使其产生紧张状态，然后让它们正常发育。长大以后，这组白鼠就能很好地应付挫折引起的紧张状态。而另一组没有受到这类挫折刺激的白鼠，长大后遭受电击等痛苦刺激时就显得怯懦和行为异常。

在人生早期承受适当挫折，可使自己在成年后对挫折的应对更有适应性和耐受性。相反，从小娇生惯养、成长总是很顺利、有较少失败经历的人，由于承受挫折的机会较少，就没有足够的机会学习和积累对待挫折的经验，他们的自尊心往往过于强烈，对挫折的承受力很低，一旦遭遇挫折，缺少庇护，就会备受打击，或者六神无主，或者一蹶不振，或者选择极端的应对方式。

大学生尚未完全走入社会，也尚未真正接触社会激烈竞争中的挫折，遇到的每一次挫折，都应当看作是对自己的磨砺，以锻炼自己对挫折的忍耐力，从而更好地应对日后在社会中、在未来学业中可能出现的更大强度的挫折。例如，要考研的同学复习效果不好，自怨自艾，可想想“以后做研究遇到的困难会更大，这次能稳住情绪挺过去，以后也能行”。在日常生活中或实习中遭受拒绝的同学可以想想“以后找工作时，遇到的拒绝更多，我现在受拒算得了什么，现在的难关能克服，以后我还怕什么?”

2. 正确认识自我，合理调整目标

引导案例

一个找工作的毕业大学生王某，在人才市场上屡屡受挫，身边的同学基本都找到工作了，但他还没消息，原因是什么呢？原来王某一直认为自己水平很高、很厉害、能力很强，很多工作都不屑去做，认为自己需要的工作应该是一上任就是单位里的中高层人员，月薪至少六七千，而且要福利好。但事实上，在旁人看来他只是一个很普通平凡的大学生，成绩一般，没做过什么兼职和实习，也没什么特长，相比其他求职者并没有多大的优势和资本。但他始终坚信，只有那些高薪高福利有权的工作才配得上他，其他免谈。毕业后一年，该生始终找不到理想的工作，干脆躲在家里“啃老”，不再找工作，意志消沉，天天埋怨用人单位有眼无珠，埋怨上天待己不公，觉得自己运气不好。

大学生人生经历较少，社会阅历不丰富，所以有时候会对自我认识不够客观，对自我做出过高或过低的评价。大部分大学生都对未来充满憧憬，希望能闯出自己的一片天地，出人头地，但是有的学生由于对自身能力以及社会环境、社会需求认识不足，导致对自己的目标定位过高，面对激烈的社会竞争和复杂的社会形势，目标与现实形成巨大的落差，导致连连“碰壁”。虽然说挫折是普遍的，但遭遇挫折后不懂得重新审视自己，调整自己的目标和抱负，依旧以一个固定的标准去衡量现实状况，导致接二连三无谓的“撞墙”。

那什么样的目标才是合理的目标高度呢？有人曾以“摘桃子”来作比喻，合理的目标高度应该是那个你跳一跳才能摘到的桃子，因为这个高度的桃子是要通过个人的努力才能摘到的。目标定得太低，毫无难度可言，发挥不出自身潜能和水平；如果不顾自身的弹跳能力的限制，一味要摘最高最大的桃子，那最终也只能“望桃兴叹”，备受挫败。正确认识自身的弹跳能力，才能定下通过自己努力能达到的目标，才能有信心挑战下一个高度，说不定在不断的追求这些合适目标高度的过程中，自身的能力会得到增长，最终能摘下那个最高最大的桃子。

大学生还应该根据客观情况，如学习能力、成长状况等，分析自身的长处与不足，找到自己的优势和弱势，扬长避短，根据自己的情况来调整自己的目标和方向，使得自己的目标切合自身的实际，实现的可能性就更大。例如，当年俞敏洪从北大毕业后，在出国留学的路上屡屡失败、连连受挫，他最终放弃留学梦，但凭借自身对出国留学流程和相关资讯的熟悉，俞敏洪开始创业帮助千千万万有留学梦想的学子圆梦，成为了中国没有留过学的“留学教父”。

3. 采取成熟的心理防御机制

心理防御机制是个体为减轻挫折引起的痛苦的适应性倾向，而在各种心理防御机制中，正视挫折、承认挫折，并能分析挫折产生的主客观原因，总结经验教学，采取积极的行为，最后战胜困难的反应方式，便是积极的心理防御反应，主要包括：坚持、升华、表同、补偿等等。这些心理防御机制使大学生在遭遇挫折后，把痛苦化为前进的动力，把精力转而投入到健康的生活中去，无疑是理想的应对方式。

挫折通常会引发消极情绪，所以要掌握有效的情绪调适方式，如宣泄、放松、积极暗示、调整认知等，由此化解因挫折产生的紧张、焦虑和情绪低落，不在消极情绪中沉溺，才更有力量与挫折对抗。

4. 争取社会的支持和心理咨询的帮助

正如人们常说的：“一个痛苦两人分担，痛苦就减轻了一半。”当一个人感到有可以依赖的人在关心、爱护和尊重自己时，就会减轻挫折反应的强度，对挫折的承受能力也会提高。所以，当你遭遇挫折时，除了自己努力克服困难外，还可以求助于社会支持系统中的人员，如父母、老师、朋友等，可以向他们倾诉，求得理解与支持，同时，听听他们的想法与建议。

除此之外，也可以寻求专业帮助，去专门的咨询机构进行心理咨询。专业的心理咨询机构里的咨询师都是经过专业学习和训练的，擅长心理疏导，并会辅助受挫者找出自身成长的力量来应对生活的困难。而且，心理咨询遵循保密原则，受挫者可放心地把难以向亲友交代的困难和秘密说出来。当遇到挫折时，寻求心理咨询帮助不失为一种好方法。

大学生活丰富多彩，顺境时切莫得意忘形，不要被冲昏头脑；逆境时也莫逃避，而应奋起直追，一如既往地追寻自己的目标，以自信阳光的心态去面对生活、面对挫折。

思考题

1. 举例说明情绪与情感、情商的区别和联系。
2. 大学生常见的情绪困扰及情绪调节方法有哪些？
3. 试述大学生常见的压力和挫折。

附录：情绪稳定性测试

对下列题目做出“是”或“否”的回答，每题选择“是”记1分，选择“否”记0分。

1. 尽管发生了不愉快的事情，仍能毫不在乎地思考别的事情。
2. 不计小隙，经常保持坦率诚恳的态度。
3. 习惯于把担心的事情写在纸上并进行整理。
4. 在做事情时，往往具体规定有可能实现的目标。
5. 失败时仔细思考，反省其原因，但不会愁眉不展，整天闷闷不乐。
6. 具有悠闲自娱的爱好。
7. 常常倾听别人的意见。
8. 做事有计划地积极进行，遇挫折也不气馁。
9. 无路可走时，能够改变生活方式和节奏，以适应生活。
10. 在学业上，尽管别人比自己强，但仍坚持“我走我的路”。
11. 对自己的进步，哪怕只是一点点，都会高兴地表示出来。
12. 乐于一点一滴地积聚有益的东西。
13. 很少感情用事。
14. 尽管很想做某一件事，但自己觉得不可能实现时也会打消念头。
15. 往往理智、周密地思考和判断问题，不拘泥于小节。

测试结果分析：

0—6分：你的情绪不是很稳定，经常患得患失，又不能很好地生活。常常拘泥于一些小事情，无论做什么事情都过分认真，总是忙忙碌碌、耗费心机。难于做出重大的决策，一丝不苟反而使自己感觉迟钝。

7—9分：情绪一般稳定。

10—15分：你的情绪很稳定，擅长处理事物的方法、判断及思考等，不拘泥于细微小节，能积极大胆地处理一些事情，在各种困难面前毫不动摇。

第五章

大学生的学习心理

【学习目标】

通过学习本章内容，进一步认识学习的含义和理论知识，了解影响学习的各种智力和非智力因素，掌握大学生常见的学习困扰以及相应的调适方法，从而更好地进行学习。

从小学到大学，学习、学业一直是学生生活的主旋律。本章将从心理学的角度，帮助大学生了解学习的内在规律以及影响学习的各种智力和非智力因素，排除大家在学习过程中出现的问题和困扰，学习和掌握更有效的学习方法，从而提高学习效率。希望同学们通过对本章的学习，珍惜大学这个黄金时期，体会到学习带来的快乐与成就感，为将来的发展打下良好的基础。

步入大学，你是否会有“专业抵触”，认为所学无用？在学期开始一段时间后，是否会感觉学习效率和成绩都很难提高，出现“高原现象”？在平时的学习中，你是否会感到自己思维固化，思维能力还局限于过去的应试学习中？在面对大量专业知识需要学习时，你是否能集中注意力，快速、有效地学习？在面对期末考试、考证、考研时，你是否会有时间不够用，并产生考试焦虑的情况？考试过后，你是否感到自己努力了，却未能取得相应的回报？关于这些问题，我们将在本章和你一起探讨。

第一节 学习与学习理论

一、学习的概念

“活到老，学到老”，学习是我们从小到大最为熟悉的概念。但我们是否真的知道什么是学习？在学生的眼里，学习就是看书、听课、做作业、参加考试，而在学习心理学家看来，这些只是人类学习的一种形式，学习还包括养成生活习惯、获得价值观等。在现代企业中，“终身学习”和“学习型组织”都具有非常重要的意义。学习与我们的生活早已密不可分了。

学习①是个体在一定情境下由于反复的经验而引起的行为或行为潜能的比较持久的变化。这个定义包含以下几层意思：

（1）学习是学习者通过获得经验而产生的某种稳定的变化。从不知到知，从不会到会，从不懂到懂，就是变化的过程。而且这种行为的变化是由经验引起的，那些由遗传、机体损伤等导致的行为变化不能称为学习。例如小孩到了一定年龄便会爬、坐、走甚至跑，这些都是生理的成熟，而不是学习。

（2）学习既包括获得可观察的外显行为，如读书、写字，也包括思想、观点等内潜行为的获得。

（3）学习的行为变化是比较持久的。由适应、疲劳、药物等引起的行为变化，如服用兴奋剂提高成绩，这样的行为变化是短暂的，不能称之为学习。而且行为变化既包括由坏向好的变化，也包括由好向坏的变化，养成好习惯和养成坏习惯都是学习。

学习是个体适应环境的生命活动。人只有通过学习各种知识技能，以及如何产生积极的心理变化，才能适应不断变化的现实世界，实现与环境的动态平衡。

二、学习理论

虽然我们对于学习是那么熟悉，但请你回想一下，你是如何学会解几何题的？又是如何学会组织文字材料写作的？这其中老师对我们每一步的指导和修正有多重要？另外，也请你思考一下，老师对我们的评价是如何影响我们学习的？

---

① 彭聃龄．普通心理学．北京：北京师范大学出版社，2004.

学习到底是如何形成的？学习中有哪些行为规律？在心理学中，很多学者对这些问题进行了深入的研究和探讨。下面我们将介绍五个现代心理学主要的学习理论，以帮助我们回答上述问题，了解学习的性质。

（一）巴甫洛夫的经典条件反射学习理论

当别人提到考试这个词语时，你会感到紧张吗？当听到下课铃声时，你会有“冲出教室”的下课冲动吗？当你看到电视上肯德基的香酥鸡腿广告时，你是否会忍不住咽口水？如果你会的话，你的这些反应就是经典性反射作用的结果。

课外阅读

巴甫洛夫是俄国著名生理学家，是最早提出经典性条件反射的人。他在研究消化现象时，观察了狗的唾液分泌。在巴甫洛夫的实验中，每次给狗喂食的同时摇铃。狗见到食物自然会分泌唾液。但巴甫洛夫发现，在铃声与食物配对反复出现后，狗在听到铃声时即使不给食物，也会分泌唾液。巴甫洛夫把这种现象称之为经典条件反射。

巴甫洛夫认为，我们的一切培育、学习和训练，一切可能的习惯都是通过一系列的条件反射形成的。学习就是暂时神经联系的形成。虽然这种说法有待商榷，但经典性条件反射在我们的学习中还是时有发生的。考试焦虑就是最常见的一种经典条件反射的表现。学生如果有考试失败的体验从而害怕考试，在考前就会过分焦虑，就很可能影响其他考试成绩，这样的结果会让学生更加害怕考试，对考试越来越焦虑和恐惧。但是，如果学生在考前进行一些放松训练和模拟考试，让考试与放松体验行为之间形成条件反射，就可以减弱考试时看到试卷和产生焦虑情绪之间建立的条件反射，让自己慢慢适应考试、习惯考试。

经典条件反射在生活中的其他领域也有广泛应用。例如，我们之前提到的肯德基广告以及一些利用魅力明星来激起人们追求美丽欲望的香水广告，还有一些利用恐怖场景以警示行车安全的交通安全广告等。这些广告都在努力建构某种事物和人们的反应之间的联结，从而达到影响并改变人们行为的目的。

（二）桑代克的联结主义学习理论

如果你要从一串钥匙中找出打开房门锁的那一把，你会采取怎样的方法？通常我们会从第一把钥匙开始尝试，如果不能打开锁，则会换另一把，这样依次尝试下去，直到打开门为止。而且，一旦我们找到了打开房门锁的钥匙，以后每次进入房间时都能准确、快速地找到钥匙。这就是一个尝试错误并主动学习的过程。

桑代克是美国著名心理学家，联结主义学习理论的创始人。他把人和动物的心理过程，特别是学习过程，定义为刺激与反应之间的联结，认为知识和技能是通过“尝试—错误—再尝试”这样一个往复过程习得的。

课外阅读

桑代克最著名的一个实验是“饿猫学习”实验。桑代克设计了一个“迷箱”装置，只要笼子里的动物拉一下绳或踏一下板，就能逃出笼外获得食物。桑代克将饥饿的猫禁闭于迷箱之内，把食物放在笼外看得见却够不着的地方。小猫刚进入笼子时，开始盲目地乱撞乱叫，东抓西咬。经过一段时间后，它碰巧做对了打开迷笼门的动作，逃出笼外。当第二次再把小猫放入迷箱时，它的表现和第一次差不多。但重复很多次以后，桑代克发现，小猫的那些盲目行为逐渐减少，它从笼子里逃出来所需要的时间也越来越短，最后只要把它放入箱子，它就能打开开关逃出。它显然已经“学会”了如何逃出迷笼。

（三）斯金纳的操作性条件反射学习理论

在日常生活中，我们也经常看到这样一种主动的学习：学生为了能顺利升学而努力学习，老师为了能评为教授而努力提升自己的学术水平。这些学习行为不再是为了适应环境，而是为了控制环境。这样的学习叫做操作性条件反射。斯金纳是操作学习理论的创始人和行为矫正技术的开创者。桑代克的理论只强调了一种被动学习（小猫只是被动地寻找开关），而斯金纳则认为，人的学习更多的是一种主动学习，因而其在桑代克研究的基础上提出了自己的理论。

课外阅读

斯金纳是通过对动物学习的实验研究，来探讨操作性行为的过程的。他改进了桑代克的迷笼，设计了“斯金纳箱”。这个装置去掉了所有无关的刺激，通常内设一个杠杆，杠杆与一个食物仓相连，小白鼠偶然地按一下杠杆，食物仓就会打开，一个食物小丸子落到食物盘内，箱外有一记录器，可记录白鼠按压杠杆的速度。实验中，动物从初始的混乱动作中无意地碰到杠杆而得到食物，从而学会了按压杠杆与得到食物之间的联结。通过更为复杂的设计，动物还可以学会分化行为，如当灯亮时按杠杆可以得到食物，而灯灭时按杠杆得不到食物，于是，动物学会了只在灯亮时按压杠杆。

（四）习得性无助[①]学习理论

课外阅读

大家都听过蝴蝶效应：一只蝴蝶在巴西轻拍翅膀，可以导致一个月后得克萨斯州的一场龙卷风。我们在生活中也会经常见到这样一些人：由于他们在一两次重大考试中成绩不理想，导致了他们对学业失去信心，从而遇事常常是以“听天由命”的心态来对待，对自己做任何事都信心不足。他们之所以会以这样的态度来面对挑战，只是因为他们形成了习得性无助。

习得性无助是指个体经历痛苦折磨而形成的一种绝望心态，纵使脱离苦难的机会摆在眼前，个体也不尝试去摆脱。奥弗米尔和塞里格曼（Overmier & Seligman，1967）从一个典型实验中发现了习得性无助的现象。

在第一阶段，将狗禁闭在吊床上，给予其无法预料的痛苦电击。有些狗推动嵌板就可以逃避电击，而另一些狗则无论如何都无法逃避电击。这样的训练持续一天。在第二阶段，将每只狗都放置在一个特制的箱子中，箱子中间由栅栏隔开。当声音信号出现时，箱子的一边出现电击，狗可以跃过栅栏躲避电击。结果发现，在第一阶段可逃避的狗很快就学会了回避声音刺激，但不可逃避的狗则表现出“自暴自弃”的状态。当声音信号响起时，它们宁愿坐着不动，忍受电击。

习得性无助理论认为，一个处于不可控情境下的人会感到他们对所处的情境无能为力，而且他们相信，将来他们仍然不能控制，从而感到压抑。“双差生”往往是由于在学校生活中形成了习得性无助，这种情况一旦产生，很难改变。因此，当代大学生应该有意识地培养自己承受挫折的能力，认识到“苦难是个经过伪装的礼物”，任何情况下都不失信心，避免落入习得性无助的恶性循环。

（五）班杜拉的社会学习理论[②]

在我们身边，我们常常会发现一些好朋友形影不离，为人处世的方式慢慢地都变得很接近；也常常惊叹有些人与他父母的相似性，不仅长得像，就连说话的语调、神态都非常像。其实，这些都是社会学习的结果。

班杜拉首先提出了社会学习这个概念。他认为个体并不是都要通过操作性程

---

① 张积家．普通心理学．广州：广东高等教育出版社，2004.
② 陈琦，刘儒德．当代教育心理学．北京：北京师范大学出版社，2007.

序才能形成行为，个体完全可以通过观察他人的行为或模仿榜样而学到新的行为反应。

课外阅读

班杜拉有一个经典研究。他让一群4岁的儿童单独观看一部电影，在电影中一个成年男子对充气娃娃表现出踢、打等攻击行为，影片有三种结尾。将孩子分为三组，分别看到结尾不同的影片。奖励攻击组的儿童看到的是在影片结尾时，进来一个成人对主人公进行表扬和奖励；惩罚攻击组的儿童看到另一个成人对主人公进行责骂；控制组的儿童看到进来的成人对主人公既没奖励，也没惩罚。看完电影后，儿童被立即带到一间有与电影中同样的充气娃娃的游戏室里，实验者透过单向镜对儿童进行观察。结果发现，看到榜样受到惩罚的孩子表现出的攻击行为明显少于另外两组，而另外两组则没有差别。在实验的第二阶段，让孩子回到房间，告诉他们如果能将榜样的行为模仿出来，就可得到橘子水和一张精美的图片。结果，三组孩子（包括惩罚攻击组的孩子）模仿的内容是一样的。这就说明通过观察攻击影片，儿童已学习了攻击的行为，只不过看到榜样受罚，而没有表现出来。

“榜样的力量是无穷的。”例如，教师希望学生树立环保的理念，他会通过自己的言行举止来引导学生，如给学生讲解环保的重要性，同时主动回收废纸，重复利用各种废旧物品等。又如体育明星通过汗水和泪水的浇灌而取得奥运金牌的成绩时，会给大学生很多的感动与激励。当然，坏的榜样也同样会给我们带来很糟糕的影响。例如，在父母吸烟的家庭中，孩子学会吸烟的可能性很大。常观看暴力片的儿童，暴力倾向也更明显，“近朱者赤，近墨者黑”说的就是这个道理。

第二节　影响学习的因素

影响学习的因素很多，我们平时说的IQ、EQ，都会影响到我们的学习。归纳起来，影响学习的因素分为智力因素和非智力因素。智力因素主要包括记忆和思维，而非智力因素包括兴趣、态度、情感和意志等。

一、影响学习的智力因素

（一）记忆

课外阅读

《三国演义》记载，杨修给张松一本古书，张松看完不久，就一字不漏地背出来，让在旁边的曹操极为佩服；法国拿破仑能记住每个士兵的面孔和姓名；日本新力公司右寄英哲能背出圆周率小数点后4万位数字；英国伊顿学院詹姆斯在一分半钟内，能记住整副杂乱扑克牌的花色与点数；保加利亚心理学家乔治能够在一天内背1 200个单字……大凡成功的人都具有良好的记忆力。培根曾说过："一切知识，只不过是记忆。"记忆是我们学习的基础。

记忆并非是与生俱来的。爱因斯坦死后，医学家解剖其大脑，做切片后发现他的脑皮质和化学成分并没有特别之处。研究还指出，人的大脑包含了一千亿个脑细胞。每一个脑细胞伸出两万个分支和一千个神经细胞连接，每个脑细胞每秒含200次左右的放电，构成一张无限量的通信网络，信息的河流永远填不满大脑的海洋，有人推断一个正常人脑的记忆储存量是目前世界上最快速的电脑——IBM深蓝电脑的一百万倍，相当于记忆一亿本书的容量。尽管世界上记忆力最好的人尚未达到自己记忆力的十分之一，但每个正常人如果都经过训练发挥其记忆潜能，人人都可以成为记忆大师。

如何成为记忆大师呢？下面我们就来揭开记忆的面纱。

1. 记忆的分类及过程

我们通常按照记忆中信息储存时间的不同，把记忆分为感觉记忆、短时记忆和长时记忆。长时记忆又可以分为程序记忆和陈述记忆两类。程序记忆是对习得行为和技能的记忆，如你骑自行车时所具备的记忆；陈述记忆以单词和符号来表达，如老师上课所讲的内容。

（1）感觉记忆。

感觉记忆是指凭感觉器官感受到刺激时引起的短暂记忆。它是最初和极短暂的记忆，大约保持0. 25—2秒。进入感觉记忆的材料要受到特别的注意才会进入短时记忆，若不被注意便会很快消失。

上海世博会开幕式上的烟花炫目灿烂，尽管烟花在绽放后的第二秒就开始消失，但你仍然记得它最初绽放时的样子。当然，如果没有用照相机拍下烟花，你对它的印象可能很快就模糊了。

（2）短时记忆。

短时记忆是指感觉记忆中的信息受到注意，从而能保存到1分钟以内的记忆。当你看到一个电话号码并拨打，所使用的就是短时记忆，也称工作记忆。又如，当有人给你介绍一个新朋友的名字“李理璐”时，你会复述并记住它。但如果复述次数不够多或没有对其进行加工记忆，你下次见到新朋友时仍然不能说出他的名字。

有关研究指出，人类短时记忆的容量大约为7±2个单位，但每个单位组块可大可小，到底短时记忆的容量有多大？这部分取决于信息的编码方式。例如，序列“2—0—0—7—5—1—1—2—1—5”由十个数字构成，即10个组块，超出了短时记忆的容量，一部分信息来不及被加工就丢失了。但是，如果把“2—0—0—7”看成年份，把“5—1”看成“劳动节”，把“1—2—1—5”看成十二点一刻，那么，原来的序列就变成了三个组块，组块的数量减少了，容量扩大了，记忆的广度就增加了。“一目十行”，其实是超级记忆大师能善用每个单位的容量。

（3）长时记忆。

长时记忆是指保持时间超过1分钟的记忆。长时记忆保持着你所知道的一切，如你所认识的人、事物，你所具有的知识、信念等。长时记忆的存储量是相当大的，不存在“超载”的问题。

记忆的过程可分成编码（Encoding）、储存（Storage）和提取（Retrieval）三个阶段（如图5-1）。首先，外部信息进入感觉记忆，并在感觉记忆中保持1至2秒。然后，受到注意的信息被送入短时记忆。如果这些信息没有及时被编码，则会被遗忘，只有被编码的信息会被长久地存储在长时记忆中，而在需要用时，就又会重新提取到意识中来。

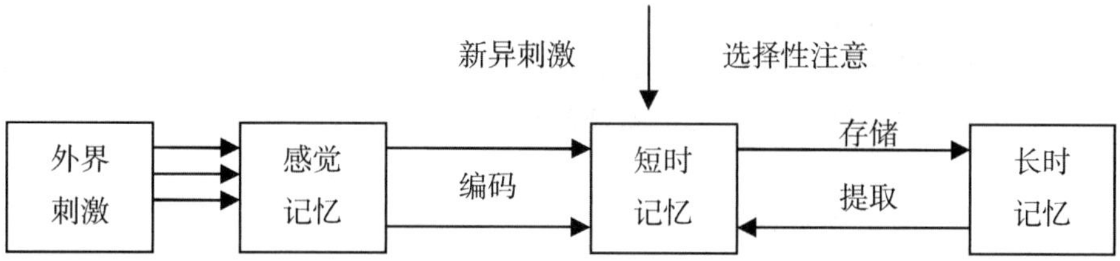

图5-1 记忆的过程[①]

我们在学校学习，其实就是一个吸收并记忆新知识的过程。在这个过程中，我们对自己感兴趣的、喜欢的东西会集中注意力学习，并很快将其纳入自己的长时记忆。而对于那些不太感兴趣但必须掌握的知识，我们会采用各种记忆方法，

① 彭聃龄．普通心理学．北京：北京师范大学出版社，2004.

如背诵、联想记忆等，努力将其存储进长时记忆，以便于将来能够提取。

2. 提高记忆的方法

记忆的对立面便是遗忘。因此，在我们讲述记忆的方法之前，先让我们来了解自己是如何“遗忘”的。

（1）遗忘及其原因。

遗忘是指不能回忆或再认，或者发生错误的回忆或再认。遗忘的原因有以下几个方面：

①干扰。这是指新的记忆对旧的记忆的提取和恢复造成损害性影响。例如，在你记住“李理璐”这个名字后，你朋友又向你介绍了他的一些个人爱好，你们进行了短暂交谈，这时你也许只记得他的兴趣，而对于他的名字只能“话到嘴边说不出”，这就是“后摄干扰”；在期末考试前你通宵复习了政治课内容，又开始复习心理学内容，这时往往会由于之前的复习而干扰了心理学的复习，这叫“前摄干扰”。

课外阅读：记忆的“前摄干扰”和“后摄干扰”

你是否有过这样的体验：一首诗词的第一句和最后一句总是能最先记住，但中间的部分则较难记住？这就是记忆的前摄干扰和后摄干扰。记忆的前摄干扰指当人们识记一系列事物时，对开始部分项目的记忆效果优于中间部分项目的现象。我们常说的“先入为主”就是这个原因。记忆的后摄干扰则刚好相反，指的是当人们识记一系列事物时，对末尾部分项目的记忆效果优于中间部分项目的现象。这是因为前面的信息在记忆中逐渐模糊，从而使近期信息在短时记忆中更为突出。前摄干扰和后摄干扰都在影响着我们的记忆。

②消退。这是指记忆的痕迹会随着时间的推移而减弱。例如，一周前你背诵了新概念英语中的一篇课文，一周后老师上课检查时，你却忘得一干二净。因为在这一周里你没有持续背诵，记忆就慢慢消退了。

课外阅读：遗忘的规律①

德国心理学家艾宾浩斯（Ebbinghaus H.）研究发现，遗忘在学习之后立即开始，而且遗忘速度是最初很快，以后逐渐减缓。他认为“保持和遗忘是时间的函数”，并根据他的实验结果绘成描述遗忘进程的曲线（如图 5－2）。

---

① 彭聃龄．普通心理学．北京：北京师范大学出版社，2004.

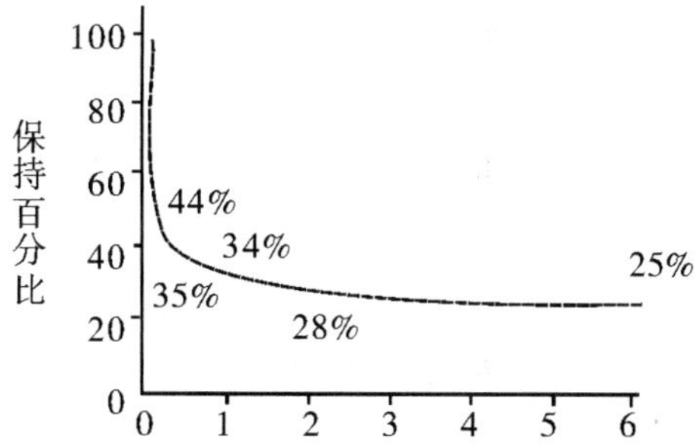

图 5－2　遗忘曲线

这条曲线告诉我们，在学习中的遗忘是有规律的，遗忘的进程并不是均衡的，不是固定的一天丢掉几个，第二天又丢几个，而是在记忆的最初阶段（几分钟至几个小时内）遗忘的速度很快，可达到50%以上的遗忘率。后来就逐渐减慢了，只有少量的减少。到相当长的一段时间后，几乎就不再遗忘了，这就是遗忘的发展规律，即“先快后慢”原则。观察这条遗忘曲线会发现，学得的知识如不抓紧复习，在一天后就只剩下原来的25%。随着时间的推移，遗忘的速度减慢，遗忘的数量也就减少。

③提取线索缺失。你是否有过这样的经历：考试时，明明看到自己很熟悉的题目，提起笔却忘记该怎么作答；见到一个老朋友时，竟一时喊不出他的名字。这种“舌尖现象”难免令人尴尬。但只要此时有人给你提个醒，你便能很快记起他叫什么。类似的现象就是由于我们的记忆在重新提取时出现了问题，回忆时缺少一些记忆线索。于是我们会想尽办法回想与之相联系的一些线索，例如复习时的场景，上次见到这个朋友时的情境等，以此来帮助我们提取更多记忆线索。

（2）记忆有术。

了解了遗忘的原因，我们可以对症下药，接下来谈一谈如何提高我们的记忆力。

①集中注意力。注意与记忆密切相关，任何心理过程都是从注意开始的，你对它的注意力越集中，你的记忆效果越好。因此在学习和记忆时，我们应减少分心刺激，让周围的学习环境尽量安静、简单。如在寝室学习，我们的注意力往往会被分散，影响记忆效果。

②分块。正如前面所述的短时记忆组块的例子，我们可以通过扩展每个组块，从而扩大记忆的容量及广度。例如，电话号码、信用卡号、社会保险号等总是被分成2至4个数字一组以便记忆。我们都可以运用自己的经验，将抽象的信息分成易理解的组块，增强自己的记忆。

③应用多重编码策略。多重编码策略是指在学习时要根据材料特点，予以多

种形式的编码。例如，记忆英语单词，我们不能单是看单词的形，同时也要多读，加强语义的编码，用耳朵来“背”单词。此外，还可以将需记忆的内容变成儿歌、童谣等带有韵律、节奏的声音，用耳熟能详的音韵来帮助我们记住那些易忘的东西。

④巧用联想法。联想记忆法是利用识记对象与客观现实的联系、已知与未知的联系、材料内部各部分之间的联系来记忆的方法。联想法有以下几种：第一，接近联想，用相互接近的事物进行联想。例如，历史上彼得一世的改革和明治维新。第二，相似联想，用相似的事物进行联想。例如，伊拉克的地图像靴子。第三，对比联想，由相反事物的一方想到另一方。例如，遗忘规律和记忆方法。第四，归类联想，从同类事物中来联想。例如，在学习发展心理学时，把青年人的心理特点和中年人的心理特点联系起来记忆。第五，因果联想，从原因想结果或从结果想原因。例如，遗传与变异。第六，创新联想，人为创造一种联系进行的联想。例如，上述的背单词法。

⑤间歇性学习。由于记忆有前摄干扰和后摄干扰，因此间歇性学习就是为了更多地创造“第一”和“最后”。依照学习材料的复杂性与学习者自身的特点，学习一段时间后就休息一会儿，或者每天找不同的时间段进行学习。如每天吃完早饭、午饭、晚饭后，都用20分钟边散步边背书。

⑥及时复习。了解了遗忘曲线，我们就知道了复习的重要性。没有复习，再好的编码方式都没有用。复习要及时，在刚学习后的一小段时间内便要进行一次，接着一天后再复习，以后可根据遗忘曲线延长复习的间隔时间。在最初学习后的十分钟复习，好过几天后的一个小时复习。遵循遗忘规律，可达到事半功倍的记忆效果。此外，复习可利用日历、便笺、随身笔记本等来进行，随时随地便能完成，也更有效地利用了琐碎的时间。

⑦状态依存学习。当学习时的状态与回忆学习内容时的状态一致时，会取得更好的成绩，这一现象就是状态依存学习。我们知道体育比赛讲究“天时地利人和”，就像北京奥运会，我们占据了优良的地方优势。为什么比赛、作战都要“天时地利”？这是因为这样的环境我们更熟悉，与平时训练时的状态更加接近。很多研究表明，如果人们处在与事件发生时的相同心境状态之下，他们会更容易回忆起这件事。

课外阅读

有这样一个关于记忆的实验。实验者首先将被试分为两组，一组在地面上学习一连串单词，而另一组在水中学习，之后让他们复述这些单词。在回忆时也有两个地点——地上和水中。结果表明，在地面上学习的人在地面上回忆效果更佳，在水中学习的人在水中回忆效果更佳。也就是说，当记忆状态和学习状态一致时，实验者取得的成绩更好。

除了学习的环境之外，学习时本人的状态对记忆也很重要。例如，一般喝酒会导致记忆力下降，但在喝酒时记住的东西，往往在喝酒时记得更清楚，酒醒之后反而想不起来了。因此，当你要回忆一些信息的时候，可以尝试让当前的状态和记忆时的状态相一致，例如，到教室或图书馆去学习，让学习环境更接近于考试的环境，这样会有利于考试时记忆的提取。又如，如果你记忆时是在喝着咖啡有些兴奋的状态下进行的，考试时也不妨喝一点，相同的状态下，记忆效果会更好。

⑧同伴学习。同伴学习是一种通过建立人际交往来复习材料的好方法。同学可以两人一组，然后对要记忆的内容进行复习。主要的方式包括：第一，提问策略，一方对内容提出问题，另一方作答；第二，角色扮演，如两个同学可分别扮演英语课文中的两个角色，并进行对话，这有利于在情景中记忆单词；第三，时间轴，对于一些具有时间顺序的内容特别适用，如企业的成长史、人物的经历等，同学之间对此进行交流，可有效地梳理所学的内容。

此外，我们还需要以充足的睡眠和合理的饮食来“保养”我们的记忆力。很多研究显示，切断睡眠中的快速眼动阶段（此时人们正在做梦），会使人的记忆力下降。因此，“做梦”对于我们的记忆力也是有帮助的。另一些研究表明，即使减少不到两个小时的夜间睡眠，第二天人的记忆力也会下降。那么，饮食方面我们又该注意些什么呢？①多吃富含蛋白质的食物，如鱼类、蛋类；②多食富含维生素的食物，如大豆、鸡肝、香蕉和小麦类食品；③饮用足够量的水，这有助于我们的消化和呼吸，且能增加血液含氧量，保持细胞的健康。

（二）思维

记忆是为了在积累知识的基础上进行思维。从小老师就教育我们“要勤于思考，勤于动脑”。到底什么是思考？这个过程是怎样的？

1. 思维的定义和分类

思维就是我们常说的思考。思维是利用记忆和想象来处理抽象事物，从而理解其意义的心理过程，它是一种较高层次的认知活动。思维有多种形式，问题解决和推理是思维，闭着眼睛沉思也是思维。

思维可以分为常规性思维和创造性思维。常规性思维是指人们运用已获得的知识经验，用惯常的方法，固定的模式来解决问题的思维方式。例如学生用已学的单词和语法来造句。创造性思维是指用新异、独创的方式来解决问题的思维。例如，莎士比亚创造《王子复仇记》，卡梅隆创造电影《阿凡达》，上海世博会中国馆的外形创意等。我们的生活可谓是充满了创意。

2. 问题解决与创造性思维

问题解决是指一系列有目的和指向性的认知操作过程，是人类思维活动的重要方式之一。我们的学习、工作和生活，都离不开问题的解决。例如学生要完成老师布置的作业，技术人员要解决生产中遇到的各种问题，生活中我们要处理各种各样的人际关系问题……可以说，我们总是在寻找解决问题的方法。那么，到底哪些因素会阻碍我们的思维，从而影响我们解决问题？

(1) 影响问题解决的思维因素。

①定式。定式是指在过去经验的影响下，对解决新问题带有一定的倾向性，也就是在从事某种活动时的一种内部准备状态。这种倾向性有时对问题的解决有利，有时则会妨碍问题的解决。例如，我们形成了英文作文的写作套路后，在参加四、六级考试时便能很快运用模板写出作文。但定式往往是新思维的克星。

课外阅读：量水实验①

陆钦斯（Luchins，1942）设计了一个实验来说明定式对问题解决的消极影响。该实验要求被试用不等量的杯子量出定量的水（见表5－1）。

表5－1　量水实验数量表

题序	3个杯子的容量			要求量出的容量
	A	B	C	
1	21	127	3	100
2	14	163	25	99
3	18	43	10	5
4	9	42	6	21
5	20	59	4	31
6	23	49	3	20
7	15	39	3	18

实验组从第1题一直做到第7题，控制组则只做6、7两题。实验结果表明，实验组在解1至7题时，大多采用B－A－2C的方法计算，在解6、7题时，算法重复。而控制组做6、7题时，都采用了简便方法。实验组更多地受先前的定式影响，而控制组则不受影响。

① Luchins，A. S. *Mechanization in Problem Solving*. Psyhological Monographs，1942.

②功能固着。功能固着是指个体在解决问题时只看到某物的通用功能，而看不到它的其他可能的功能。功能固着可以看成是一种特殊类型的定式。在解决问题时，它往往影响灵活性和变通能力的发挥。例如笔是用来写字的，计算器是用来进行算术的，但在接电话时，手边没有笔却想不到用计算器来记录电话号码。又如电吹风，一般人只认为它是吹头发用的，其实它还有多种功能，如可以做衣服、墨迹等的烘干器；砖，它的主要功能是用来建筑，然而我们还可以用它来当武器、坐凳等。

课外阅读：蜡烛实验①

蜡烛实验验证了功能固着对问题解决的影响。该实验材料包括一个开口的纸盒，盒内装有图钉，另外有一盒火柴和一支蜡烛。

被试者需要解决的问题是：如何使蜡烛像壁灯一样固定在墙上。将被试者分为两组：对其中一组提供材料时，将图钉、火柴与蜡烛分别装在盒里，目的是使其原有功能受到限制。对另一组提供材料时，则将三种材料都散放在桌面上，目的是使其脱离“盒装”的心理限制。实验结果发现，两组被试者最后都能将问题解决，都会利用图钉将纸盒底部钉在墙上，在纸盒上面点蜡烛（如图5-3）。但第一组被试者所用的时间较长。这说明第一组被试者受到功能固着的影响，在解决问题时更加费力。

图5-3 蜡烛实验的解决方式

① ［美］查尔斯·莫里斯，阿尔伯特·梅斯托．心理学导论．张继明，王蕾等译．北京：北京大学出版社，2007.

③迁移。学会了乘法口诀和数字的运算规律，我们就会计算任何数字的加减乘除；学会了骑自行车，我们就很容易学会骑摩托车。当已有的知识经验和技能对解决问题起有利影响时，发生的是正迁移。举一反三、触类旁通，就是这个意思。但是，有的知识和技能却会阻碍我们学习。如羽毛球打得好，会对网球的学习产生阻碍作用；学会了骑自行车反而会影响学骑三轮车；同时初学两种性质相近的外语，两种学习很可能会起到互相干扰的作用。当已有的知识经验和技能对解决问题起干扰作用时，便产生了负迁移。

在大学学习中，我们应学会将知识进行迁移，善用联想思维将不同学科串联起来（思维联想法在后面会作详细介绍）。很多新兴学科都是通过知识的迁移产生的，如心理学和经济学交叉产生了行为经济学，神经学和心理学交叉产生神经语言学等等。知识的正向迁移也能让我们在生活中学以致用，例如我们可以将管理学原理运用于社团管理中并检验我们所学的知识。

课外阅读

在上海世博会上，绚丽的激光表演吸引了很多人的眼球。这是由孙文的楚天激光集团公司推出的。以激光科研出身的孙文，于 1985 年从激光研究院辞职，贷款了 10 万元，跟伙伴一起走上了自己的创业之路。孙文说："这些在研究所里的科学技术，并没有很好地发挥出其功能，再好的构思设计不能变成产品，也没有太大的价值。"于是他开始了激光技术的运用之路。

他先后将激光技术运用于心脏起搏器的焊接器、电池焊接器、航天焊接器等，其专利累计达三百多项，成为"东方激光之父"。孙文在 1997 年，开始思考把激光技术变成创意产品。他在湖北的一个山洞里开设了大型激光表演项目，这让单色的激光变得五彩缤纷，让没有生命的激光变得生机勃勃。无形的激光变成了有形的产品，变成了激光艺术的盛宴。2009 年楚天激光的创意激光业务量首次突破了亿元大关，这不但让楚天激光赚了大钱，还让普通百姓在欣赏演出的同时，近距离地接触了激光，认识了激光。让人们意想不到的是，孙文还有着一个更浪漫的梦想，他想开设一个叫做激光迪斯尼的大型演出项目，让激光演奏出更为复杂、辉煌的交响乐。

资料来源：《商道》栏目 2010 年 5 月 14 日

（2）培养创造性思维。

创造性思维是人脑对客观事物进行有价值的求新探索，从而获得创造性结果的思维过程。创造性思维不单是指科学研究上的发明创造，解决问题时的新对策、改革制度的创新、主观认识和个人态度的转变等都属于创新。例如箭牌口香糖的易拉包装以及企业从以产品为本到以人为本的管理理念的转变等，这些都是创造。创造生活的人，生活也在为他创造更多新的增长点。

课外阅读

1952 年，《洛杉矶时报》刊登了一条广告："5 000 美元求购 1932 年洛杉矶奥运会上埃迪·托兰扔向看台的另一只阿迪达斯跑鞋。"在广告刊登后的半年时间内，有超过 100 只跑鞋被络绎不绝地送到广告刊登者加利的面前，但他们送来的鞋子跟加利收藏的那一只压根不是一双。加利再一次在报纸上发布广告，加价到 8 000 美元，另一只鞋子依然没有重出江湖。失望之余，加利将自己手里的那只鞋子以 4 000 美元出手了。但就在他卖出鞋子后不久，另一只鞋子却出现了。一位神秘卖家以 6 000 美元的价钱卖出另一只跑鞋。这个轰动一时的收购事件终于告一段落。

跑鞋的拥有者爱德华先生把他的收藏品陈列在当地的体育博物馆。但两年后，埃迪·托兰应邀参观这个博物馆时，却指出这双鞋比他的脚至少小了两个码。埃迪·托兰还证实，他当年夺冠的时候根本就没把鞋子扔向看台。

消息传出，舆论一片哗然，原来加利设下了不折不扣的骗局。至此，加利也只好出面承认，他卖出的第一只鞋子只是自己穿过的旧跑鞋，出售第二只鞋子的幕后主使人自然也是他。他先是依托名人编造了一个故事，然后用高价购鞋的广告间接证明自己手里的鞋子是真品，同时给它确定了一个比较高的市场价位。在成功地营造出声势之后，他以稍低的价位卖出第一只，马上又成功地以高价卖出了第二只。在这个收购过程中，他实际上从中获得了 1 万美元的收益。

明白自己上了大当的爱德华表示，他打算提起诉讼。但加利却通过律师告知他，自己愿意以双倍的价钱把那双鞋收购回来。爱德华最终还是采纳了他的建议，收回诉状。看起来加利为自己设置的骗局付出了 1 万美元的代价。但谁都没有想到的是，他马上又把那双赎回来的阿迪达斯跑鞋以 3 万美元的价钱送进了阿迪达斯公司的陈列室。公司负责人如此解释他们为什么愿意收购这双鞋子："奥运会百米冠军每四年出现一个，但这么精彩的策划方案却是百年不遇的。"这么一双经历离奇的鞋子，实际上已经给阿迪达斯创造了不下 30 万美元的广告效益，在社会上掀起了一股重视收藏的热潮，而这双鞋子所蕴含的营销、策划智慧，甚至远远超出这个价值。

资料来源：《读者》2010 年第 7 期

下面我们来探讨创造性思维需要哪些必备因素。

（1）知识的积淀。

对于创造性思维而言，知识和经验就像一把双刃剑，既能对创新产生阻碍，就像八股制下的老学究，只知吟诗颂词、照本宣科，却提不出什么新思想。有些大学生，在以前的教育中也习惯了应试，到了大学却无法适应创新、应用性的大学学习模式，成了“空有知识，却没有文化”的人。但同时创造性思维又离不开这些知识和经验的积淀。大到科学发明，小至生活创意，都必须建立在知识的基础之上。例如，原子弹是建立在质能方程的基础上研制出来的，抽水马桶是建立在对日常生活的观察和冲水阀原理的认识上创造出来的。有知识不代表有好的思维，但没有知识就一定不会有深刻、创新的思维。知识是我们产生创新思维的第一步。

（2）创新意识。

创新意识是指对发明创造的强烈动机和开放心态。具有创新意识的人不满足现状，不拘泥成法，不崇拜权威，他们相信客观世界中的任何事物在任何时候都不是完美无缺的，都有改良的空间和拓展的余地。创新意识的培养方法包括水平思考、假想状况设定法等。

课外阅读：假想状况设定法

麻省理工学院的阿诺德教授为了削弱学生受周围环境的影响，把他们从习惯性思考中解放出来，为学生构筑了各种假想条件，并让学生把这些假想条件当作真实情景来研究和设计情境问题。例如，他说：“假设你置身于一个星球上，这个星球与地球相比，重力大 11 倍，那里也有鸟一样的生物栖息，请你设计一辆能在这个星球上使用的汽车，一件生活用品，一种机械等等。”经过这样的训练，大多数学生都成了技术设计者，有的甚至成为了发明家。在平时的学习中，我们可以结合自己所学专业，利用假想状况设定法来向自己提问。请你想一想：如果科学家发明了一种神奇药丸，这种药丸服用后能使心情低落的人立刻变开心，这会引起什么后果？如果人每天只需要吃一顿饭，你作为饭店总经理会如何创造赢利点？

（3）创造技法。

随着创造学的产生和发展，人们提出了很多创造技法。据不完全统计，目前世界上的创造技法有 340 多种[①]。创造性思维是一种复合型思维，是运用创新意识将知识进行新的创造和应用。如果我们的思维深度比别人深，或是思维的视角不同于别人，都可以进行创造性思维。下面我们将介绍几种创造技法，给大家提供一些创造性思维的训练方法，帮助大家创造出更多创造技法。

①脑力激荡法。这种方法是利用集体思维的互激效应，组织多个思维者围绕某个确定主题，各自提出自己的观点和设想。大家在表达和讨论时，不允许批评

---

① ［美］艾伯特·L. 戴维. 超级思考力训练. 徐世明译. 哈尔滨：哈尔滨出版社，2004.

他人的观点，每个人都要自由思考、积极发言，这样才能集思广益，碰撞出创新思维的火花。主持人要积极引导大家发言，并且不要对参与者的观点下结论。例如，老师可以带领同学，围绕“如何提高大家在寝室学习的时间利用率”进行讨论。

②列举法。这种方法是遵照一定的规则，把研究对象的优点、缺点都列举出来，以此作为创造的基点。

我们先来看一个缺点列举法的例子。厨房里使用的锅，烧煮食物很方便，但是当用它烧煮汤、羹类的东西，就暴露了它的局限性，因为锅的上口太宽，不便倒入小碗。有人根据这个缺点，设计了“茶壶锅”。这种锅的外形很别致，它是由上口宽的锅与倒水方便的茶壶巧妙地结合在一起而制成的，似锅似壶，一物多用，尤其适合烧煮面食之用。

我们再来看一个优点列举法的例子。美国创造家艾克夫曾列举了其心目中理想的电话系统：不需用手接电话，在任何场合都能使用，不会接到错拨号码，可以留言，可以三人同时通话等。于是他和他的朋友就开始研制这样的电话，其中的每一项功能发明都能作为一个商业契机。

③联想法。这种方法是利用事物间的某些相似性来获得创造发明的启示。让我们来看一个简单的例子。

冬季上体育课时，方黎同学看到全班40多人只有一个篮球架可以练习投篮动作，投一次篮要等很长时间，同学们不仅没学会投篮，还冷得够呛。一天，她和三个同学坐在一个方桌上吃早点，四人各坐一方。这时方黎突然想到，做个东南西北四个方位都有球圈的球架，不就可以提高四倍的效率吗？后来，她又联想到家里的落地扇。如果球架也能像落地扇一样可升可降，不就可以适合各年级同学使用了吗？在老师和同学们的帮助下，“多用升降篮球架”诞生了，方黎在第一届全国青少年科学创造发明比赛中获得了二等奖。

所有的创意都离不开我们的生活。用心地生活，关注身边每一件事，独特的创意就能与我们的大脑不期而遇。

课外阅读：没什么事和你无关

意大利总理贝卢斯科尼被打了。老贝满脸鲜血，让电视机前的无数观众看得目瞪口呆。

一个玩具生产商却从热闹当中寻觅到商机，设计出一款新型玩偶。该玩偶夸张地用绷带将贝卢斯科尼的头部包裹得严严实实，脸上血迹斑斑。这款别出心裁的玩偶却受到广大顾客的追捧，为生产商带来了无数的订单。

印度的一个小伙子也被老贝的鲜血激发出灵感。他开发了一款“拳击老贝”的游戏软件。这款制作简单的小游戏很受上班族的欢迎，短短几周内，已有上百万人玩过这个游戏，为网站赚了个盆满钵满。

意大利北部小城的一名大学生，毕业后四处投简历，全都泥牛入海，不见回音。老贝被打之后，他灵机一动，将自己的简历背景图案做成“老贝受难记”，在招聘市场上赚足了眼球。一家接纳他的公司经理说，我们需要这样头脑灵活且富有创意的学生。

世界上每天都有出人意料的事情发生，而且没有什么事和你无关。任何事物都能为我们带来创造的灵感。

资料来源：《青年文摘》

二、影响学习的非智力因素[①]

（一）兴趣

两千多年前，孔子就提出“知之者不如好之者”。现代人民教育家陶行知先生从自己丰富的教育经验出发，认为“学生有了兴味，就肯用全副精神去做事，学与乐不可分”。个体兴趣与其学习态度密切相关，浓厚兴趣会提高学习积极性，推动他兴致勃勃地去学习。

当然，兴趣与努力是可以互相促进的，而不是两个对立面。认为只有顺从个人兴趣才能在学习上表现优秀，或是认为只要通过刻苦学习便能取得好成绩，都是很片面的。在学习中，学生可能对某些知识不感兴趣，但只要经过努力学习并获得了一定的肯定或成效，更容易激起他们对这些知识的兴趣。学习兴趣问卷见附录。

（二）态度

态度是指一个人对人、对事、对物和对某种活动所持有的一种接近或背离、拥护或反对的稳定的心理倾向性。

小强的英语成绩一直不好，学期考试只是勉强及格。但小强在电脑游戏中能够看懂好多日语单词，这些都是他在游戏中自学的。你认为小强的语言学习能力

① 李伯黍，燕国材．教育心理学．上海：华东师范大学出版社，1997.

好不好？“没有能力”和“没有把能力运用到这件事物上”是两回事。

“态度决定一切”，米卢这句话让这种积极思维传遍中国。很多研究结果都表明，学生的学习态度不仅直接影响其学习行为，而且还直接影响着其学习成绩。学习态度端正的学生，总是能上课积极思考，善于提问，学习效果也较好。相反那些学习成绩不好的学生，并非是他们智力因素有限，而只是因他们对待学习的态度不够认真。

（三）情感

对客观事物没有一定的认识就不可能产生什么情感。人的情感会随着认识的发展而发生变化，认识越丰富、越深刻则情感也会越丰富、越深刻。同时，人的情感又可以反作用于人的认识活动。例如人们更易记住那些快乐的事情，因此在学习、记忆中卷入积极情绪，会让所学更深刻。学生在学业上取得较大成就与他对学习活动的满腔热情密切相关。

（四）意志

马克思曾有这样一段名言：“在科学上没有平坦的大道，只有不畏劳苦沿着陡峭山路攀登的人，才有希望达到光辉的顶点。”所谓“不畏劳苦”，就是指坚强的意志力。著名教育家陶行知先生曾将育才学校的办学宗旨总结成“十字诀”，即“一个大脑、二只壮手、三圈连环、四把钥匙、五路探讨、六组学习、七（集）体创造、八位顾问、九九难关、十（誓）必克服”。“十（誓）必克服”，就是有了战斗的情绪与智慧，还必须有战斗到底的意志，才能克服大难，终至成功。

第三节　大学生学习的困扰及调适

美国心理学家韦克斯勒（D. Wechsler，1981）用标准化的智力测验研究了从7岁到65岁不同人的智力，结果发现，智力发展的高峰大约在22岁。也有学者认为：“人到18岁左右，智力已达到成熟时期（与成人接近），在此以后，随着知识经验的增长，总的智力能量虽然不会有显著增长，但在某一方面的智力可能还是以不同的速度在增长。”

由此可见，大学时期是人生智力发展水平的最佳时期，良好的教育条件和主观努力可以使大学生的智力水平得到进一步的提高。下面我们将对大学学习中的一些学习困扰进行探讨，并给出一些合理的建议，帮助提高大学生的学习能力和智力水平。

一、学习动机——你为何而学

你是否有“专业不好，学了无用”的想法？是否会因为不喜欢上课而经常逃课？是否常常拖延完成作业的时间，并为此找各种借口？是否会觉得课程没意思而无法集中精力看书学习？是否会因别人选了某课、考了某证而随大流？这些都是学习动机缺乏的表现。

（一）动机的定义和分类

动机①是由目标或对象引导、激发和维持个体活动的一种内在心理过程或内部动力。大学生的学习动机是直接推动学习的内部力量，也是一种学习的需要，这种需要是社会和教育对学生学习的客观要求在学生头脑中的反映。

动机从内部与外部的角度来看可分为内部动机与外部动机。

1. 内部动机

这是指大学生根据自身的意志、兴趣、爱好而产生的学习动机，如为了更了解自己与他人而努力学习心理学。

2. 外部动机

这与内部动机相反，是由外部因素引发的动机。例如学生由家长、老师所提供的赏罚手段或诱因来推动学习，如奖学金、考研、出国深造等。这种动机是短暂的，引起的学习是被动的。

研究结果和实践经验证明：内因与外因性动机，对大学生的学习和工作过程都具有重要的意义，两者结合会起到积极有效的作用。例如自身对专业很喜欢，又加上有了获得奖学金的目标，因此会更加努力地学习。

（二）动机缺失的原因

导致大学生学习动机缺乏的原因是多方面的，主要包括内部动机缺失和外部动机缺失。

1. 内部动机缺失

大学生内部学习动机缺少，主要有以下原因：

（1）对所学专业缺乏兴趣。许多大学生入学前，对专业认识不高，具有很大的盲目性，而专业的录取也有调配的随机性，因此，有相当部分学生入学后发

---

① 彭聃龄．普通心理学．北京：北京师范大学出版社，2004.

现对专业不感兴趣。

(2) 学习动机不明确。很多大学生在升入大学后，没有了升学压力，学习目标变得模糊，对大学学习抱有“混日子”的想法。

(3) 不能正确对待学习中的挫折。一些大学生在进入大学后，面对新的学习无所适从，于是在学习中逐渐落后，从而对学习产生了畏难情绪和厌学心理，不愿再努力。

(4) 不恰当的归因。归因是个体利用信息对自己及他人行为的原因加以分析和推断的过程。通常，人们会把学业失败归因于外部，如老师教得不好，而将成功归因于内部，认为是自己聪明、努力。这样的归因并不利于学生发现自己学习中存在的真正问题。

课外阅读：维纳的归因理论

心理学家维纳（B. Weiner）提出的理论，是归因理论中影响最大的理论之一。维纳认为，人们对自己的成功和失败主要归因于四个方面的因素：努力、能力、任务难度和机遇。这四个因素可以根据内外因、稳定与不稳定性和是否可控这三个维度进行分类。维纳的归因模式分类情况如表5－2。

表5－2 维纳的归因模式

归因维度 \ 归因	努力	能力	任务难度	机遇
内外因	内因	内因	外因	外因
稳定性	不稳定	稳定	稳定	不稳定
可控性	可控	可控	不可控	不可控

人们对工作成功和失败的归因模式对随后的心理感受和行为反应有很大影响。人们对自己行为的归因模式和相应的心理与行为反应如表5－3。

表5－3 人们的归因模式和相应的心理、行为反应

归因模式 \ 行为结果	成功	失败
能力、努力	满意、自豪	挫折、无助
任务难度、机遇	幸运、感激	不满、敌意
能力、任务难度	工作努力	降低努力
努力、机遇	积极性提高/降低	积极性可能提高

维纳认为，每一维度对动机都有重要的影响。在内外因维度上，如果将成功归因于内部因素，个体会产生自豪感，从而提高动机水平；归因于外部因素，个体则会产生侥幸心理。个体如果将失败归因于内部因素，则会产生羞愧的感觉；归因于外部因素，则会生气。在稳定性维度上，如果将成功归因于稳定因素，会产生自豪感，从而提高动机；归因于不稳定因素，则会产生侥幸心理。如果将失败归因于稳定因素，则会产生绝望的感觉；将失败归因于不稳定因素，则会生气。在控制性维度上，如果将成功归因于可控因素，则会积极地去争取成功；归因于不可控因素，则不会产生很大的动力。如果将失败归因于可控因素，则会继续努力；归因于不可控因素，则会绝望。将失败归因于内部、稳定、不可控的因素时，个体会产生习得性无助感。

例如，小刚认为好成绩是靠自己的能力和努力取得的，他在取得优异成绩后会自豪、满意，并努力学习。而在英语六级没通过时感到非常受挫折、无助。小敏从来对考试没信心，她总觉得考试成绩好是因为试题简单或是这次考试运气好，在取得进步时，她在一段时间内会提高学习积极性，但一段时间过后，她仍然对将来不抱信心，认为将来的成绩会有更多的不确定性。

2. 外部动机缺失

大学生学习动机缺乏除了自身的原因外，还有家庭、学校和社会的原因。

(1) 家庭原因。家庭的环境、父母对待学习的态度、家庭矛盾等均会对大学生的学习动机产生影响。例如，有的同学会为了改善家庭的经济状况努力学习，有的同学由于家里早已为自己安排好出路而无心学习，还有的同学因父母离异等原因长期处于消极情绪中，也会影响学习动机的激发。

(2) 学校原因。有的同学会因学校专业课设置、教学计划安排不合理，教师上课不吸引人等原因，而慢慢失去学习的动力。

(3) 社会原因。随着社会的发展，贫富差距的增大，一些大学生的功利化意识越来越浓，只想赚钱不思学习的浮躁之风在校园中比较盛行。这种功利主义、拜金主义对大学生的学习会造成相当大的负面影响。

(三) 学习动机的调适

1. 明确学习动机

很多心理学研究表明，带有目的的学习比没有目的的盲目学习更有效率，学习效果也更好。学习动机是学生学习的主观意图，是推动学习的内在动力。因此，大学生应该仔细分析外部环境和客观需求，从而制定出自己学习的目标，并在内心真正接受它，使之成为自己的学习动力。

2. 合理解决动机冲突

没有动机，无心向学，动机过多，会出现相互抵触的局面，即产生动机冲突的现象。动机冲突指的是当处于相互矛盾的状态时，个体难以决定取舍，表现为行动上的犹豫不定和相互冲击的心理状态。动机冲突主要有三种类型：

（1）双趋冲突。这是指同时出现两个对个体具有同等吸引力的目标，形成强度相同的两个动机，但只能选择一个目标，而放弃另一个目标。例如有的学生既想考研究生继续深造，又想找工作，但是“鱼与熊掌不可兼得”，这就需要我们认清自己真正的需要，果断地选取一个目标并努力为之奋斗。

（2）双避冲突。这是指同时出现两种对个体都具有威胁性的目标，个体对这两个目标都产生逃避动机，却只能逃避其中一个。例如有的同学不想落后于他人，所以想报考商务英语考试来证明自己的能力，但又害怕自己不能顺利通过考试，出现“前怕狼，后怕虎”的动机冲突。这时需要认清自己的目标，并积极培养学习的兴趣，形成良好的学习动机。

（3）趋避冲突。这是指某一事物对个体而言既具有吸引力的一面，又有想逃避的一面，使他产生两种动机态度：一方面好而趋之，另一方面则恶而远之。例如，有的大学生既想担任学生干部使自己得到锻炼，又怕占用时间太多，影响自己的学习，产生“想吃鱼又怕鱼刺”的心理。这时同学应该积极寻求老师或同学的帮助，勇敢面对目标实现中的各种困难，学会管理自己的时间。我们不妨尝试一下，让自己在工作会议之余抓紧记忆单词，在看书疲惫之时慢跑锻炼身体，在洗澡之时策划社团的活动……提高时间的利用率，是解决冲突的关键。

面对这些动机冲突，我们应学会管理自己的欲望和情绪，分清轻重缓急，理清做事的思路，同时提高效率，这样才能处理好各种问题。

3. 调整动机强度

在认清了自己的学习动机和目标之后，我们还需要调整自己动机的强度，因为人们从事活动的动机水平会影响学习的效率。研究表明，动机强度与学习效率的关系是一条倒 U 形曲线，如图 5－4①。

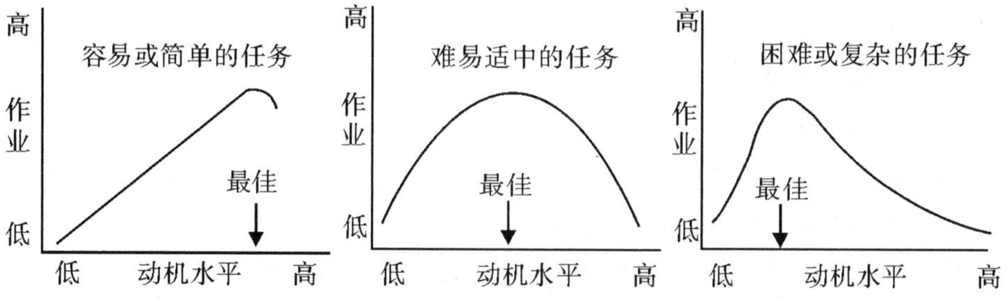

图 5－4 耶克斯—多德森定律

① 黄希庭．心理学导论．北京：人民教育出版社，2007.

从图 5 -4 可知，在一定范围内，学习的效率随着学习者动机的增强而提高，但动机过强，学习的效率反而越来越低。因此，太强或太弱的动机都不利于良好的学习；而中等强度的动机则最有利于学习。

引导案例

小高对托福考试很担心，害怕自己投入了这么多时间和金钱却未能取得理想成绩。这时她看不进书，满脑子都是考试的悲惨结果。向老师咨询以后，她明白自己动机过强，开始调整心态，降低学习动机，重新拿起了书本认真备考。

4. 目标管理

清楚了解自己的学习动机之后，我们还需要学会对自己的学习目标进行管理。

（1）我们需要将自己的一个长远目标进行规划，把它分解成若干个细小的目标。例如，我们会为了毕业后找到一份外企的工作而努力学习英语和专业知识，学习英语又可分解为练习口语、听力和锻炼读写公文的能力。

（2）我们需要为实现目标而制订详细的行动计划。“No one plans to fail，but everyone fails to plan。”有了动机的激励，我们还需要将动机转化成外部行为，从而保证目标的实现。学习计划应包括怎么做、在多少时限内做完等量化的要求。

（3）目标的实施。根据自己制订的行动计划来一步一步实现目标。

（4）在行动计划之后评估目标的实现情况。一个学期结束了，我们应该问问自己，这个学期的目标是否完成了？完成了多少？为什么没能完成？下个学期应有怎样的目标？以及应如何去实现目标？

课外阅读：目标设定的 SMART 原则

关于学习目标的设定，应该遵循以下原则：

S（Specific）表示，目标应该是具体的，例如期末考试加权平均分达到 85 分以上，一个月内背诵完四级词汇等。像“做一个好学生”这样的目标就是抽象的，没有激励的作用。

M（Measurable）表示，目标应是可衡量的，例如每天记忆 50 个单词。

A（Achievable）表示，目标应是自己能达到的，不能太高。例如一天背诵完新概念整册的课文，就是一个很难达到的目标。

R（Relevant）表示，目标应与其他目标相关联，即实现了这个目标也可帮助其他目标的实现。例如为了通过 BEC 考试而练好口语，同时这也有利于实现进入外企的目标。

T（Time - bound）表示，目标应具有时限性，不能无限地拖延目标的完成。例如，制定了练好书法的目标，还应该定下在多少期限内完成这个目标。

二、学习焦虑——担心学不好

你是否因学习成绩不突出而烦恼？是否会为拿不到奖学金而担心？大学是一个以自学为主的天地，但你是否会因自己学习方法不如人而焦虑？这些都是学习焦虑的表现。

（一）学习焦虑的表现

学习焦虑，是学生在学习过程中常见的一种心理现象，它是学生感到来自现实的或预想的学习情境对自己的自尊心构成威胁而产生的某种担忧的心理反应倾向。由于学习是一个艰苦探索的过程，难免经常有错误和失败的威胁相伴。因此，不论是学习优秀的学生，还是学习困难的学生，都会不时体验到学习所带来的各种压力，并由此引发不同程度的紧张和焦虑。学习焦虑测试见本章附录二。

学习焦虑表现在心理上的症状为忧虑、紧张、恐惧、易怒、情绪抑郁、思维迟钝、记忆力减退等，生理上则表现为肌肉紧张、呼吸急促、心率加快、头晕、多汗、睡眠不良、食欲不振等，而在行动上会出现坐立不安、慌乱、注意力不集中等现象。

（二）产生学习焦虑的原因

一般而言，适度的焦虑对人的学习不仅是有益的，而且是必需的。研究表明，焦虑与学习效率之间呈现倒 U 形的关系，具有适度焦虑的人往往在学习中伴有轻度的紧迫感、警觉感和忧患感，他们精神高度集中，思维活跃敏捷，行动积极努力，学习效率很高。但如果焦虑程度过高，就会产生学习焦虑，带来一系列的身体和心理问题。

大学生学习焦虑产生的重要原因是理想与现实的冲突。大学生由于社会阅历不足，容易对学业和个人发展产生急功近利的思想，对学习缺乏耐心。例如在英语学习中，有的同学坚持每天练听力，但在一个月后发现自己的听力水平并没有显著提高，于是就产生了学习焦虑，对学习失去了信心和兴趣。

此外，学习焦虑的产生也包括主观原因和客观原因。主观原因是指大学生个体的个性特点。研究表明，有的个体似乎“天生”就容易焦虑。有的大学生较敏感，对失败的承受能力较差，因此他们的学习压力也较大。客观原因是指由于家庭、学校的期待和社会环境的压力较大，许多优秀的学生从全国各地聚到一起来学习，学习竞争就更激烈。大学生面临的就业压力，也是造成大学生学习焦虑的一个原因。

（三）学习焦虑的调适方法

1. 制定合理的目标

在学习中，合理的目标和相应的学习计划是保持学习有条不紊、循序渐进的关键。按照自己的计划来开展每天的学习，学习就不会混乱而使人焦虑。如何制定目标以及目标实施计划，我们在动机调适部分已经详细介绍过。

2. 正视失败

有的大学生自信心不足，缺乏对自己的正确认识，认为自我的价值只有通过学习成绩才能体现，从而害怕在老师和同学面前失败，产生学习焦虑。伟大的心理学家荣格曾说过，“经历失败就是经历成功”，如果我们能在摔倒之后爬起来，找准方向继续前进，那么我们就比摔碎的杯子更坚硬。每次失败都是一个进步的机会，大学生应该学会从失败中站起来，多读一些励志书籍或名人成功传记，多结交一些达观上进的朋友和师长，这些都有利于提高自己的逆境商。

3. 掌握科学的学习方法

容易产生学习焦虑的学生，通常也是不会学习的人。正确了解学习的内涵，善于从生活中学习，“人生处处皆学问，人人皆可为师长”，这样才能正确体会到学习的乐趣，并运用科学的方法来进行学习，提高学习效率。

4. 合理宣泄焦虑情绪

面对较大的学习压力，大学生应该注意放松，宣泄自己的不良情绪。例如经常参加文体活动，向自己信赖的同学、老师倾诉等。研究表明，经常与他人接触、交流的个体，其抗压能力更强。此外，也可以借助学校心理中心提供的情绪调节途径来放松、调适自己。

三、考试焦虑——你害怕考试吗

考试前夕，你是否会感到坐立不安、信心不足？是否会期盼考试取消？就算你已经为考试准备了很久，你是否还是会对考试没有信心？你是否会极度害怕考试结果不理想？在进入考场后，你是否会觉得大脑一片空白？上述这些都是考试焦虑的表现。

（一）考试焦虑的表现和危害

考试焦虑可分为考前过度焦虑和考中过度焦虑。考前过度焦虑是对考试过于紧张，担心自己考试失败的高度忧虑。主要表现为考前紧张、恐惧、心烦意乱、喜怒无常，甚至出现某些机体反应，如肠胃不适、莫名腹泻、多汗、头痛等症状，同时伴有记忆力下降、注意力不集中、思维反应迟钝、学习效率低下。

考中过度焦虑又称为怯场。它表现为考场上个体心率加快、呼吸急促、冒虚汗、头昏、烦躁，四肢发软、思维迟钝、大脑出现空白，严重者昏厥、晕场等。

适当的考试焦虑可以给学习者一些心理压力，提高思维的张力，成为学习的动力，但是过度的考试焦虑就会降低考试效率，使“应考能力”下降，甚至会使身心健康受损。

（二）产生考试焦虑的原因

考试焦虑形成的原因是多方面的，主要包括：

1. 成就动机过强

心理学研究表明，考试水平的发挥与个体的动机也存在倒U形关系：考试焦虑低的学生能够在难度大的考试中取得好成绩，考试焦虑中等的学生在难度小的考试中成绩最佳，而考试焦虑高的学生在困难与容易的考试中成绩均不理想。这里的动机过强，可能是由于学生过度看重考试结果，害怕因为成绩不理想而说明自己学习不好，说明自己不如他人，害怕被父母、老师指责或是担心考试不能通过会影响前途等，这些都会造成考试焦虑。

2. 自信心不足

有的同学担心自己能力不如别人，智力比别人差，复习不如别人仔细，因此害怕考试。习得性无助也是造成学生自信不足，考试焦虑的一个原因。

（三）考试焦虑的调适方法

对于考试焦虑，自我调节是一种极为有效而且也是最根本的方法，它包括以下几个步骤：

1. 对考试有一个正确的评价

正确评价主要是指对考试结果的预期和评价，试想成绩最差会是什么后果，好的成绩又能为自己带来什么，是否对考试成绩看得过重，是否把自己的不足放大了，以及可以从哪些方面来避免考试成绩不理想，做到“从最坏处着眼，从最好处努力”。

2. 做好应试准备

（1）知识准备。认真复习老师上课的内容（特别是结课前几次课的内容），以及书本上的重点，并在考前进行模拟，以熟悉考试的各个环节和考场气氛。

（2）心理准备。要建立起应试的信心，从模拟考试中发掘自己的优势，为自己制定合适的目标，不要过高要求自己。例如在英语四、六级考试中，认真分析自己在每种题型上的优缺点，并估算自己每道题的得分，以及哪些题还有上升的空间，为自己加油打气。此外，也要调节情绪，在考前有意识地做一些放松训练，如适当地运动、深呼吸、和同学交流等，以转移注意力，缓解紧张情绪。

(3) 应试技能准备。尽量多了解有关考试的信息，如题型、题量、范围、难易程度、评分标准等，尽可能做到心中有数。在平时，有意识地训练自己掌握一些应试技能。例如，如何在拿到试卷后迅速浏览一遍，分出轻重缓急，掌握各题的时间分配，找出答题重点；如何抓住问题的实质，切中要害；遇到一时难以回答的问题时，如何在已知条件中寻找蛛丝马迹等等。

3. 考场调适

在考场上如果出现怯场情况，如手脚发抖、呼吸急促、头脑昏乱，以致思维混乱，注意力无法集中，可放下笔，做几次深呼吸，有意识地按从上到下的顺序使身体各部位的肌肉放松，逐步达到平心静气，从而将注意力和兴奋点集中到应试上。另外，在考完一门科目后，不要过分关注考过题目的对错与否，应将考过的课程暂时抛开，全力准备后面的考试。只有这样，才能保持平静的心情，而不至于出现过多的考试焦虑。

如果通过上述自我调节方法无法摆脱考试焦虑的困扰，就应寻求心理咨询与治疗。

思考题

1. 论述主要的学习理论。
2. 影响学习的因素有哪些?
3. 简述大学生常见的学习困扰。
4. 综合说明调节大学生学习困扰的方式。

附录一：学习动机测试

序号	内容描述	从不	偶尔	有时	经常	总是
1	我选课时，考虑更多的是对我毕业后工作是否有帮助，而不是因为我对课程本身很感兴趣。	1	2	3	4	5
2	我常常感觉到学习给我一种很大的个人满足感。	1	2	3	4	5
3	我希望大部分课或者是所有的课都能得到最好的成绩，这样在我毕业的时候就能选择到最好的职位。	1	2	3	4	5
4	当我考试得到一个差的分数时我会很泄气，并且会担心下一次考试。	1	2	3	4	5
5	当我意识到，随着知识的增长，真理会一直变化的时候，我会急切地想知道，在现在这个特定的时候，对于我来说什么是真理。	1	2	3	4	5
6	对我所有的学习科目，我都有一种强烈的好胜的渴望。	1	2	3	4	5
7	不管我喜欢还是不喜欢，我都能看到，继续教育对我来说是一个可以让我找到高薪或稳定工作的好方法。	1	2	3	4	5
8	我觉得只要我能投入进去，任何课题都能引起我的高度兴趣。	1	2	3	4	5
9	我觉得自己基本上是一个有雄心的人，不管做什么，我都希望做到最好。	1	2	3	4	5
10	相对于理论性的课程，我更愿意选与实际相联系的课程。	1	2	3	4	5
11	我发现，对于一个课题，我只有在做了大量功课后才能形成让我满意的个人观点。	1	2	3	4	5
12	即使我非常努力地准备一门考试，我仍然担心我会考不好。	1	2	3	4	5
13	我发现学习理论课题有时候和看到一本好的小说或一部好的电影一样能让我兴奋。	1	2	3	4	5

（续上表）

序号	内容描述	从不	偶尔	有时	经常	总是
14	如果必要的话，为了学习的成功和以后的职业，我会准备好牺牲在同学中暂时的声望。	1	2	3	4	5
15	老师不应该期望学生在所有人都知道不会被考到的知识点上花大量的时间。	1	2	3	4	5
16	对于我的功课，我做得越多，就越投入。	1	2	3	4	5
17	我选课时最重要的一个考虑因素是：我是否能在这门功课上取得最好的成绩。	1	2	3	4	5
18	对认真准备笔记，并在黑板上整洁地列出主要内容大纲的老师的课，我能学得最好。	1	2	3	4	5
19	我憎恨在离开学校之后还要继续花三到四年的时间来学习，但觉得最后的结果应该是值得的。	1	2	3	4	5
20	我确信一生中的主要目标是找到自己的人生哲学和信仰体系，并且使自己的行为严格地与其一致。	1	2	3	4	5
21	我把取得好的成绩看成是一种竞争性的游戏，我为了获胜而参与其中。	1	2	3	4	5
22	我之所以读大学是因为我觉得有这样一个高等文凭有助于我找到一份更好的工作。	1	2	3	4	5
23	学习让我了解政治，也让我在宗教信仰和人生哲学等方面的观念产生了变化。	1	2	3	4	5
24	我认为社会是建立在竞争机制基础之上的，大学学习应该反映这一点。	1	2	3	4	5

测试结果说明：Biggs（1987）编制的学习过程问卷中的学习动机分量表，包括表层型动机、深层型动机和成就型动机三个维度，共 24 个项目（其中表层型动机维度 9 个项目，深层型动机维度 6 个项目，成就型动机 9 个项目）。

表层型动机，是指学生为了应付检查和考试及格而进行学习的动机，是指向学习结果的动机。深层型动机，是指学生对所学内容有内在兴趣，为弄懂和掌握知识而进行学习的动机，是指向学习内容的动机。成就型动机，是指学生为了获得高分或得到奖励、表扬而进行学习的动机。

该问卷采用五级记分（从“从不”到“总是”，分为1—5 分）。表层型动机维度包括9个项目：1、3、4、7、10、15、17、19、22；深层型动机包括6个项目：2、5、8、11、13、16；成就型动机包括9个项目：6、9、12、14、18、20、21、23、24。在各维度上的得分越高，表明学习动机越强；在各维度上的得分越低，表明学习动机越弱。

附录二：考试焦虑测试

请阅读下面的句子，选择最符合你感受的答案，不要用太多时间去思考。

1. 在进行考试时，我有信心，并且感到轻松。
2. 在考试时，我感到心慌意乱。
3. 因为考虑到考试的分数而妨碍了我进行考试。
4. 遇到重要的考试时，我会发呆、愣住。
5. 考试时，我发觉自己总是想着我能否成功毕业。
6. 我越尽力想如何答题，就越是慌乱。
7. 怕考得不好的念头，干扰着我不能集中注意力专心答题。
8. 当参加重要的考试时，我感到异常的心神不安、神经过敏。
9. 即使对考试有了充分的准备，我还是感到非常紧张。
10. 在发卷之前，我开始感到极为不安。
11. 在考试中，我感到非常紧张。
12. 我希望考试不要如此厉害地烦扰我。
13. 在重要的考试中，我紧张得连胃也不舒服。
14. 当进行重要的考试时，我似乎被自己击倒了。
15. 当参加重要的考试时，我会感到非常恐慌。
16. 在参加重要的考试之前，我非常担忧。
17. 在考试之中，我发觉自己想着失败的结果。
18. 在重要的考试中，我感到自己的心跳得特别快。
19. 在考试之后，我试图不再担忧它，但是做不到。
20. 考试中，我的神经是那样紧张，甚至把知道的内容也忘记了。

计分方法：第1题的四种选择是：从不=4分，有时=3分，经常=2分，总是=1分。

2—20题的四种选择是：从不=1分，有时=2分，经常=3分，总是=4分。依次将每题得分相加，即为总分。

忧虑性的分数是将第3、4、5、6、7、14、17、20题的得分相加。

情绪性的分数是将第2、8、9、10、15、16、18、19题的得分相加。

你可依据下面的数值判断自己的焦虑程度：

男生：总分在30分以下正常，30—35分有轻度焦虑，36—45分焦虑明显，46分以上有较严重的焦虑。

女生：总分在26分以下正常，27—32分有轻度焦虑，33—41分焦虑明显，42分以上有较严重的焦虑。

忧虑性和情绪性对男女的判断一样。忧虑性分数在10分以下正常，10—16分有明显忧虑性，17分以上相当忧虑。情绪性分数在11分以下正常，12—18分有明显的情绪反应，18分以上相当不稳定。

第六章 大学生人际关系及心理健康

【学习目标】

通过学习本章内容，熟悉与人际交往相关的概念，加深对大学生人际交往特点以及影响人际交往因素的认识，了解大学生人际交往中的常见问题、人际冲突和不良的人际交往模式，掌握人际交往的原则和常见技巧，学会人际交往的策略，解决个人人际交往的困惑和问题，找到适合自己的人际交往方式。

一把坚实的大锁挂在门上，一根铁杆费了九牛二虎之力还是无法将它撬开，钥匙来了，它瘦小的身子钻进锁孔，只轻轻一转，大锁就“啪”的一声开了。铁杆奇怪地问：“为什么我费了那么大的力气也打不开，而你却轻而易举地打开了呢?”钥匙说：“因为我最了解它的心。”要想轻松到达别人的内心，你需要在人际交往中了解人性。

人是社会性高级动物，交往是人的本能。美国卡耐基工业大学对10 000人的个案记录进行分析，结果发现：智慧、专业技术和经验只占成功因素的15%，其余85%取决于良好的人际关系。而卡耐基曾经说过：“如果我们想要交朋友，就要先为别人做些事——那些需要时间、体力、体贴、奉献才能做到的事。”

作为社会成员之一的大学生，作为即将步入社会的一员，了解并建立良好、和谐的人际关系具有重要的现实意义。

第一节　大学生人际交往的概述

一、大学生人际交往的概念

（一）什么是大学生人际交往

人际交往是指人运用语言或者非语言符号相互传递信息、交换意见、交流思想、表达情感和需要的过程。

人际关系是人与人之间通过动态的相互作用形成的心理联系，反映在群体活动中，就是人们相互之间的情感距离和相互吸引与排拒的心理状态。这是人们通过直接交往所产生的情感积淀，是人与人之间相对稳定的情感纽带。人际关系既是人际交往的基础，也是人际交往的结果。

大学生人际关系在广义上是指大学生和与之有关的一切人的所有人际联系。作为人际关系主体的大学生，可以是个体，也可以是群体；同样的，人际关系的对象可以是个体，也可以是群体。狭义上的大学生人际交往也称大学生人际沟通，是指大学生个体与个体之间在共同的活动中彼此传递信息、交流情感、满足需要的过程。大学生的人际关系主要有师生关系、同学关系、家庭关系、朋友关系等。

（二）大学生人际交往的重要性

大学生人际交往是其大学生活中一个不可忽视的重要方面。人际交往对大学生发展具有以下重要的作用和意义：

1. 有助于提高自我认知和自我完善

人的自我认知和完善的过程是在一定的文化环境中，通过个人与他人相互作用、相互认知从而认识自我、完善自我的过程。只有在与他人交往的过程中，通过他人对自己的评价和态度等与自己的认知相对比，才能真正、全面、客观地认知和完善自我。只有这样才能避免“自大”、“自卑”等负面极端心理。

2. 有助于增强信息交流和获取的意识和能力

人际交往本身就是一个信息传递、交流的过程。与不同的人或群体交往，是大学生增强自我表达交流能力、获得大量书本以外新知识的一个有效途径。

3. 有助于协调人际关系，便于以后走向社会

在人际交往中，每个人都或多或少存在着价值观以及行为习惯等方面的差

异，由此可能引发一些矛盾和冲突。正确处理好这些不良影响，建立融洽和谐的人际关系就是一个协调的过程。这方面能力的锻炼、提高将作为以后迈向社会更复杂人际交往的一个演练和准备。

4. 有助于心理保健和身心健康

在与他人交往中，可以满足情感方面的需要。比如获得他人的尊敬、信任、支持，可以与朋友分享喜乐、分担忧愁。如果缺乏正常的人际交往，将产生负面情绪并且没有合理的疏导和宣泄渠道，最终将导致严重的心理问题，影响身心健康。

二、大学生人际交往的特点

大学生作为一个正在接受高等教育的社会特殊群体，他们的人际关系除了具有社会性、历史性、客观性、多样性、动态性等一般属性外，还主要呈现出以下特点：

（一）迫切性与开放性

现在的大学生思维活跃、精力充沛、兴趣广泛、好奇心强、活泼好动，加之进入了一个全新的人际环境，因而迫切希望别人了解自己，渴望得到他人的尊重和承认，也急于了解他人和社会。因此，大学生对于人际关系的建立抱有积极良好的愿望，期待建立多方面、多层次的人际关系，而且在交往对象、内容、方式、渠道上具有开放性，他们希望可以和各个层次、各种类型的人进行交往，以帮助其个人成长。

（二）平等性和不平衡性

当代大学生自我意识比较强，特别是90后的一代，独立自尊的要求高。他们追求一种平等条件下的交往——双方彼此尊重、相互容纳。但是大学生来自五湖四海，经济背景存在差异，而且在与不同层次人的交往中往往都会出现不平衡性。

（三）理想性和现实性

大学是人生当中压力相对较小的阶段，给大学生们追求理想创造了有利的条件。但是由于心理尚未完全成熟，社会阅历有限，也由于家庭、社会及客观环境对人的限制，大学生不可能全面地接触社会，全面地了解现实的“人”，很容易产生理想化的思维定式。大学生人际交往的动机相对单纯，情感的因素一般占绝大多数，对人际交往抱有较高的期望值，并将其理想化。但在社会各种要素的影响下，大学生的社会化程度也在不断提高，理想化有淡化的趋势，趋向实用主义、现实性，甚至会出现个别极端的以利益为导向的人际交往，通俗来说就是功利性交际。

（四）不稳定性和不成熟性

大学生由于心理发育尚未成熟，自我意识的增长与认知能力发展不太协调，情绪容易处于一种不稳定的状态。他们在选择交往对象以及维护人际关系上也就表现出明显的不稳定性和易变性。这与大学生人际交往的理想性有关，也体现出人际交往的不成熟性。

（五）合作性与竞争性

随着社会自由度的发展，再加上当代大学生以独生子女居多，因此他们的集体意识和合作意识不断地减弱，伴随的是自我设计、自我奋斗、以自我为中心的一种趋势，为了更好地体现自己，竞争性在大学生活中与合作性相伴而生。

三、影响大学生人际交往的因素

在大学生群体中，人与人之间的交往程度或深度往往有较大的差别。有的呼朋引伴，有的形单影只；有的情同手足、你来我往、形影不离，有的时冷时热、应付表面、若即若离；有的隔阂颇深，视若仇敌。这些差别是许多客观和主观因素共同影响的结果，存在着各种心理效应。

（一）非心理因素

1. 时空因素

俗话说："远亲不如近邻"，这说明空间距离对人际交往有着重要的影响。人与人之间的人际交往需要在一定的时空范围内进行，距离的远近和交往的频率是影响大学生人际交往的重要因素。

在日常生活中，人们更多地将喜欢的情感投向周围与自己有直接交往的对象，并在其中选择交往或合作的伙伴。因为空间距离越近，人们交往的机会就越多，交往的频率就越高，就越容易形成密切的关系。

大学生进入大学后，最初的人际关系一般都是从宿舍成员和老乡开始的。大学生最好的朋友往往都在同一宿舍，由于安排在一个屋檐下，彼此熟悉的程度显然高于非本宿舍成员，而老乡由于地域和文化的关系，在陌生环境里会产生心理上的亲近感。

但是，这里需要说明的是，空间距离并不是形成良好人际关系的决定因素，而只是首先起作用的因素。它需要彼此之间的交往这个中介起作用，没有交往，其空间距离再近也不会形成良好的人际关系。比如说，有的同学因为存在害羞、自卑、封闭等心理倾向，即使在寝室也很少与舍友交流与交往，这就很难建立良好的人际关系。

2. 能力

一般而言，一个才能出众或在某方面有特长的人，对别人会有一种吸引力，使人有一种敬佩感，喜欢与之接近。人们对有能力的人，态度往往出人意料。在其他条件相等的情况下，一个人能力越高、越完美，就越受到欢迎。但研究结果表明，在一个群体中最有能力、最能出好主意的人往往不是最受喜爱的人。我们常常会遇到这样的同学，因为他的出类拔萃反而失去了同学的喜欢和信任。这是因为，虽然人都希望自己周围的人有才能，有一个令人愉快的人际关系圈，但是如果别人的才能使他们可望而不可即，则会产生心理压力，这也正应了一句中国古话："木秀于林，风必摧之。"

还有一种能力特指的是交往的能力。人际交往不仅是一门科学，更是一门艺术，有些同学的人际交往失败与其交往能力不足有很大的关系。有些同学有人际交往的意识，内心有强烈的交往愿望，却不知道该怎样交往：想关心人，但不知道从何做起；想赞美人，却怎么也开不了口或词不达意。沟通能力和交往技巧的欠缺也是阻碍大学生和谐人际关系发展的一个重要原因。

3. 相似与互补

相似有着重要的意义，在日常生活中，共同的态度、信仰、价值观与兴趣；共同的语言、种族、国籍、出生地；共同的文化、宗教背景；共同的教育水平、年龄、职业、社会阶层；乃至共同的遭遇、共同的疾病都能在一定条件下，不同程度地促使人们相互间的吸引。相似性可使交往双方在交往的过程中得到相互肯定、相互激励。"物以类聚，人以群分"就是一个典型的体现。

与相似相联系的是互补。当交往双方的需要和满足途径正好成为互补关系时，双方之间的喜欢程度也会增加。大学生中，外向型的人喜欢与性格内向的人友好相处，相互欣赏；依赖性强的人更愿意和独立性强的人交朋友等。这样使双方的关系更加协调，个人的特点正好适合对方的需要，各得其所。《三国演义》中"桃园三结义"三个主人公，刘备重情、关羽讲义、张飞暴烈，三人恰成互补。这就是人们常说的"相辅相成"的道理。

从表面上看，相似与互补是矛盾的，但实际上，二者是协同的。建立在态度与价值观一致基础上的互补与相似就可以获得协同。无论是相似还是互补都体现了大学生交往的心理倾向，包括需求、兴趣还有价值倾向等。

（二）心理因素

1. 主体意识和归因

主体意识是指在人际交往过程中，交往主体对自身的存在、交往中所处的地位以及周围交往对象的意识。从指导交往行为的层面来看，可分为三个层次(如图6－1)：

①主体认知，即自己对自身的认识，对自身在人际交往中的地位以及与交往对象的关系的认知；②主体情感，即伴随主体认知而产生的情感体验；③主体意向，即在自我认知和自我情感的影响下，对人际交往的思想和行为产生的倾向，它指导着交往行为的产生、取向、发展和维持的整个过程。三者密切联系，共同影响着交往行为。

他不如我好	⇨	鄙弃	⇨	不与他交往
（主体认知）		（主体情感）		（主体意向）

图6－1　人际交往中的主体意识对行为的影响

其中归因方式对人际交往也起着重要的影响。归因方式是指个体对事件发生的原因习惯上倾向作出怎样的解释，具有个性的特点，通过个体对多个事件发生的原因进行判断来评定。归因方式包括内在—外在、稳定—不稳定、整体—局部以及控制—不可控制四个维度。

图6－2　对人际关系的错误归因

图6-2中的这位同学就把不良人际交往归因于外在的、不可控制的因素，却没有正确地从自身出发找出问题，从自身改变做起。

主体意识对自己的交往态度有着清楚的认识，指导交往行为；而在归因的影响下，又会反过来影响交往态度和最终的交往行为。两者相互独立又共同影响着人际交往。

2. 心理效应

在人际交往的过程中，常常会发生这样的情况：开始时很欣赏对方，觉得交到这样的朋友是自己的幸运。慢慢地，这种热情会减弱，甚至逆转，觉得实际上他并不是那样完美。是这个人变了吗？在心理学中有很多关于人际交往的效应，了解这些心理现象，可以对人际交往的改善起到积极的作用。

（1）首因效应和近因效应。

首因效应一般指人们初次接触交往时各自对交往对象的直觉观察和归因判断，在这种交往情景下，对他人所形成的印象就称为第一印象或最初印象。首因效应对人的印象的形成起着决定性的作用。初次见面时留下的第一印象常常是非常深刻的，而且对以后的交往有很大的影响。因此，在人际交往中留给人们的第一印象是十分重要的，无论好坏，都不容易改变。第一次和陌生人见面时，应穿着打扮整齐、干净，谈吐自然、有礼有节，这样才能建立良好的第一印象，展示自己最吸引人的品质。与此同时，也要警醒，在择友时不能完全只凭第一印象，要深入全面了解。

第一印象产生的首因效应，一般在交往初期，即双方还彼此生疏的阶段，特别重要。而在交往后期，即双方已经彼此十分熟悉的情况下，近因效应就发挥了很大的作用。所谓近因效应，是指在多种刺激一并出现的时候，印象的形成主要取决于后来出现的刺激，即交往过程中，我们对他人最近、最新的认识占了主体地位，掩盖了以往形成的对他人的评价，因此，也称为“新颖效应”。比如多年不见的朋友，在脑海中印象最深刻的其实是临别时的情景；一个朋友总是让你生气，可是谈起生气的原因，大概也只能说上两三条，这也是一种近因的表现。因此，我们在看待人或事物时，要历史地、全面地看，不能只看一时一事，这样才能避免近因效应所导致的认知偏差。作为自身来讲，我们要认真对待每一次交往，要有好的开始，也要重视好的结尾，否则再好的“第一印象”也会功亏一篑。

首因效应和近因效应都是在顺序上产生的特殊心理效应，交往中沟通说话时的语序也会因这两个效应而影响沟通。

（2）定式效应和刻板效应。

定式效应是指以前的心理活动会对以后的心理活动形成一种准备状态或心理倾向，从而影响以后心理的活动。它是人们在认知活动中用“老眼光”——已有的知识经验来看待当前问题的一种心理反应倾向，也叫思维定式或倾向。在人际交往中，定式效应表现在人们用一种固化了的人物形象去认知他人。在对陌生人形成最初印象时，这种作用特别明显。

商人常被认为是奸诈的，有“无奸不商”之说；江南一带的人往往被认为是聪明伶俐、随机应变的；北方人则被认为是性情豪爽、胆大正直的；老年人被认为是保守的；年轻人被认为是爱冲动的…… 我们在认识和判断他人时，并不是把个体作为孤立的对象来认知的，而总是把他看成某一类人中的一员，这使得他既有个性又有共性，很容易认为他具有某一类人所具有的品质。因而当我们把他人笼统地划为固定的、概括的类型来加以认知，就像贴上标签、按图索骥一样，刻板印象就形成了。社会刻板效应是经过两个途径形成的：一是直接与某人、某群体接触，将其特点固定化；二是由他人间接信息影响形成的。间接的信息影响，就是刻板效应形成的主要原因。

上述两个效应给我们的启示是：在人际交往中，我们不要从对象的性格、地位、背景出发，不要戴着“有色眼镜”，穿着“印象外套”交往。

（3）晕轮效应。

晕轮效应是指我们在对别人做评价的时候，常喜欢从或好或坏的局部印象出发，扩散出全部好或全部坏的整体印象，就像月晕（或光环）一样，从一个中心点逐渐向外扩散成为一个越来越大的圆圈，所以有时也称为月晕效应或光环效应。在多数情况下，晕轮效应常使人出现“以偏概全”、“爱屋及乌”的错误，产生一个人一好百好的感觉。晕轮效应有可能来自交往对象的外貌、职衔等等。

（4）投射效应。

所谓投射效应是指以己度人，认为自己具有某种特性，他人也一定会有与自己相同的特性，把自己的感情、意志、特性投射到他人身上并强加于人的一种认知障碍。即在人际认知过程中，人们常常假设他人与自己具有相同的特性、爱好或倾向等，常常认为别人理所当然地知道自己心中的想法。

在人际交往中要顾及他人的感受，“己所不欲”时“勿施于人”，“己所欲之”也要学会“慎施于人”。

（5）刺猬效应。

所谓“刺猬效应”是说为了研究刺猬在寒冷冬天的生活习性，生物学家做了一个实验：把十几只刺猬放到户外的空地上。这些刺猬被冻得浑身发抖，为了取暖，他们只好紧紧地靠在一起，而相互靠拢后，又因为忍受不了彼此身上的长刺，很快就又各自分开。可天气实在太冷了，它们又靠在一起取暖。然而，靠在一起时的刺痛使它们不得不再度分开。挨得太近，身上会被刺痛；离得太远，又冻得难受。就这样反反复复地分了又聚，聚了又分，不断地在受冻与受刺之间挣扎。最后，刺猬们终于找到了一个适中的距离，既可以相互取暖，又不至于被彼此刺伤。

刺猬效应强调的就是人际交往中的“心理距离效应”。我们在人际交往中保持一种亲密的关系，但这是“亲密有间”的关系，是一种不远不近的恰当合作的关系。有的同学为了表示自己的友好或者关心，往往过度关心，如此一来将给交往对象造成过度压力。保持心理距离，可以避免防备和紧张，和谐的人际交往要做到“疏者密之，密者疏之”。

第二节 大学生人际交往常见的问题和心理误区

良好的人际交往能力是大学生成人、成才的重要条件。但是其中却不乏不愿、不懂以及不善于交往的同学，他们面临着种种人际交往的问题。只有真正透彻地了解了问题的根本所在，然后以积极的态度和行为对待人际交往，不断提高人际交往能力，才能减少在人际交往方面不必要的心理压力，也才能享受人际交往带来的丰富的信息和情感交流的愉悦。

一、大学生人际交往中常见的问题

（一）认知导致的人际交往障碍

所谓认知，即认知主体在与他人及群体人际交往中，自觉认知客体并形成影响和判断的心理活动过程。人生活在社会中，会产生对自我、他人及各种关系的认知。不正确的认知即为认知偏差，主要有自我认知偏差和对他人的认知偏差，这些都会影响人际交往。

1. 自我认知偏差

来源于自我认知方面的障碍因素很多，对人际交往起主要障碍作用的是“自卑”和“自负”两个极端。

自卑是个体由于生理或心理上的某些原因产生自我评价过低从而造成自我轻视和自我否定的情绪体验，就像下面这幅漫画（图6-3）。具有强烈自卑感的人一般表现为自我封闭，不愿与人交往。有自卑心理的大学生大多数比较敏感，缺乏自信，他们处事十分谨慎，为了减少挫折，尽力避开人群。人际交往是一个相互的过程，如此一来正常的交往便无法建立和发展。一个人如果形成自卑心理，不仅会严重阻碍与他人的人际交往，还会抑制自身的发展。

图 6－3　自卑心理的表现

还有一些大学生在交往中呈现出以自我为中心的特点，自视甚高，表现出一种“优越感”，喜欢自吹自擂、装腔作势、盛气凌人。他们对别人要求苛刻，希望别人尊重自己，却不懂得尊重他人，固执己见，具有偏执的倾向。这是源于不正确的自我认知，过高地估计了自己。

引导案例

小王以高考总分超过分数线 80 分的绝对优势被大学录取了，入学后，他发现自己的分数竟然比其他同学高出很多，因此他感到十分怨愤和憋闷，认为自己太亏了，太屈才了。与此同时，一种自傲的情绪也油然而生。在与同学的交往中，他总扮演优胜者或者领导者的角色，用居高临下的口吻和态度对待同学，做任何事情，总是瞧不起别人，常常在不经意中伤害别人，造成人际冲突。不仅如此，他甚至连自己的学校都不甚满意，有时候连老师也不放在眼里。渐渐地，同学离他远去，都不愿与他交往，在离群索居的孤独中小王感到极度苦闷。

俗话说：“人贵有自知之明。”只有正确认识自己、评价自己，才能协调社会生活中的人际关系，这对个人的心理和行为发展有着重要意义。

2. 社会认知障碍

社会认知主要是指对他人的认知，包括社会知觉、印象等。如果社会认知发生障碍，将会严重影响人际交往的顺利进行。在生活实践中，每个人都累积了许多的人际交往经验或者接收到某些相关信息，而某些心理效应如刻板印象、定式效应、晕轮效应等就是知觉和印象偏差的典型体现。

某大学是一所侨属大学，内外招生之间相互存在刻板印象。内招生认为外招生的经济状况较好，自视甚高，注重打扮，不爱学习，很难沟通；而外招生则认为大陆学生只会学习，不灵活、不变通，邋遢，没有礼貌。双方彼此之间很少有交集。由于经济状况和文化背景不同，多少存在一些差异，但通过很多活动尤其是一些以兴趣为导向的社团活动相互接触以后，这种刻板印象会被真实的感官所替代，双方就能很好地沟通和融合。

（二）情绪、情感障碍

所谓情绪（Emotion），是指个体受到某种刺激所产生的一种身心激动状态。① 人与社会之间以及人与人之间的关系都可以通过情绪反映出来，诸如爱和恨、快乐和悲伤、期望和失望、羡慕和嫉妒等等。人拥有各种各样的情绪，但并不是每个人都具有驾驭和控制情绪的能力。以下几种情绪将会影响人际交往关系。

1. 易怒

培根说过，有三种人容易发怒：第一是过于敏感的人；第二是认为自己受到轻视的人；第三是那种认为自己名誉受到损害的人。青年人在交往中有时会因为发怒而大吵大闹，恶语伤人，甚至大打出手。这样会造成人与人之间的怨恨，而且容易由于无法理性克制情绪而做出一些无法挽回的事情。

2. 冷漠

冷漠是指对他人冷淡漠然的消极心态。冷漠主要表现为对人怀有戒心甚至敌对情绪，既不与他人交流思想感情，又对他人的不幸冷眼旁观、无动于衷、毫无同情心。冷漠通常因曾受人欺骗、暗算等心灵创伤或因种种原因受人漠视、轻视甚至歧视所致。正是由于这些原因，使其在人际交往中戴上灰色眼镜看待人生，逐渐失去了应有的热情和同情心。因此，冷漠会成为恶性循环。

3. 嫉妒

嫉妒是由于别人胜过自己而引起抵触、消极的情绪。这是人性的弱点之一，是焦虑、恐惧、悲哀、猜疑、羞耻、自咎、消沉、憎恶、敌意、怨恨、报复等不愉快的情绪复杂的综合体。别人天生的身材、容貌和逐日显现出来的聪明才智，可以成为嫉妒的对象；其他如荣誉、地位、成就等有关社会评价的各种因素，也都容易成为他人嫉妒的对象。嫉妒心强的人往往事事好胜，常想方设法阻止别人发展，总想压倒别人，这会使得同学、朋友都想躲开你，不愿与你交往，从而给

① 张春兴．现代心理学．上海：上海人民出版社，1994.

自己造成一个不良的人际关系氛围，使自己感到孤独和寂寞。

莎士比亚说："您要留心嫉妒啊，那是一个绿眼的妖魔！"嫉妒的人是可恨的，不能容忍别人的快乐与优秀，会用各种手段去破坏别人的幸福，有的挖空心思采用流言蜚语中伤他人，有的使用卑劣手段；嫉妒的人又是可怜的，他们自卑、阴暗，他们享受不到阳光的美好，体会不了人生的乐趣，只能生活在他们自己的黑暗世界里。

二、大学生人际冲突

在日常生活中，人际冲突主要有两种表现形式：一是显性冲突，表现为直接用行为来对抗、侵犯、伤害对方；二是隐性冲突，仅表现为心理上和情感上的对抗或者不相容。① 大学生人际冲突发生的根源主要有以下几个方面：

（一）沟通障碍

沟通是一个双向交互的过程，是人际交往的基础。但在沟通过程中，可能会由于信息发送者的表达能力以及沟通技巧和策略等问题而导致人际冲突。比如有些同学会由于某些口头禅——"鸟人"，而与初次接触交往的同学产生摩擦和冲突；还有一些眼神以及肢体语言也同样传递着信息，如果拿捏不好也会造成冲突。如班长王同学经常在安排工作时喜欢用食指指向他人发号施令，令人很难接受。还有一种情况是"说者无心，听者有意"，信息接收者自身的状态也会有所影响。

（二）生活习惯差异

每个人都是一个特异的个体，来自五湖四海的同学存在语言、作息、饮食等习惯的差异。假如彼此之间不能相互尊重、相互谦让，势必会引起矛盾冲突。这种矛盾在宿舍中的体现是最为明显的，比如有个男孩子是足球队队员，大大咧咧的，每次踢球回来，把脏兮兮的球衣堆起来不洗。而同宿舍的另外一位同学尤其注重环境的卫生清洁，认为散发出的气味严重影响了自身的生活环境，两人为此大吵了一架。

（三）价值观差异

调查显示，在产生冲突的原因中，由于价值观认同差异产生的冲突占32.7%，其次分别为：性格不合占17.8%、意见不一占12.7%、当时心情不好

---

① 段鑫星，赵玲. 大学生心理健康教育（第二版）. 北京：科学出版社，2008.

占11.2%、生活习惯差异占10.6%，而由于利益原因造成的冲突仅为5.9%。价值观是指个人对客观事物（包括人、物、事）及对自己的行为结果的意义、作用、效果和重要性的总体评价，是对什么是好的、是应该的总体看法，是推动并指引一个人作决定和采取行动的原则、标准。换言之就是该做什么、不该做什么、该怎么做。这些都是由于价值观差异造成的。

三、不良人际交往模式

Eric Berne 提出了著名的 PAC 理论（如表6－1），又称为相互作用分析理论、人格结构分析理论、交互作用分析、人际关系心理分析。[①] 该理论认为，个体的个性是由三种比重不同的心理状态构成，名称取自这三个单词的首个英文字母，Parent（父母）、Adult（成人）、Child（儿童），简称人格结构的 PAC 分析。

表6－1　PAC 理论

PAC			
类型	定义	行为表现	言语特征
P（父母）	以权威和优越感为标志，常表现为统治、训斥、责骂等家长制作风，以教诲者自居。	凭主观印象办事，独断独行，滥用权威。	“你应该……”、“你不能……”、“你必须……”
A（成人）	注重事实根据和善于进行客观理智的分析，从过去存储的经验中估计各种可能性，然后做出决策。	待人接物冷静，慎思明断，尊重别人。	“我个人的想法是……”
C（儿童）	孩子似的冲动，自我纵容，言行带有明显的情绪性。	遇事畏缩，感情用事，喜怒无常，不加考虑。	“我不知道……”“就这样，不管……”

人际交往实际上是人与人之间的 PAC 的交往，即处于 P、A、C 三种不同状态的人之间的交往和作用。这三种状态本身无所谓好坏，关键在于要调整好它们各自在我们人格结构中所占的比率。P 状态太多，让人感觉唯我独尊、盛气凌人；P 状态太少，则会缺乏一种规矩和准则。A 状态太多，让人感觉这人太理

① Eric Berne. *Game People Play*. New York：Grove Press，Inc，1964.

性，缺乏情感细胞；A 状态太少，不会理智处事，易感情冲动。C 状态太多，像个“老顽童”，幼稚而缺乏理性；C 状态太少，则总是一本正经，老气横秋。这三者之间其实是互补的，所以我们应使之均衡发展，这样我们的人格才会逐渐趋于和谐，人际关系也会不断地融洽。

在遇到问题时，我们可以根据具体情况来决定自己采取何种状态应对。一般来说，当交往双方出现争执、产生矛盾时，通情达理、稳重得体的 A 状态是比较合适的处理方式。我们要善于识别彼此所处的状态，控制好自己的情绪，然后尽可能把对方从盛气凌人的 P 状态或意气用事的 C 状态引导到 A 状态上来，避免偏激情绪和不良态度造成的无谓争吵，即所谓“良言息得雷霆怒，耐心能解口角仇”。

下面这个例子可以说明恰当运用 PAC 对人际交往的作用。

甲：有没有看见我的英语书啊？（注意：这句话用不同的语气说，既可以是指责性的 P 状态，也可以是客观询问的 A 状态，还可以是撒娇的 C 状态）

乙（第一种回答，P 状态）：你这个人怎么总是这样不知道收拾，自己的东西老是东丢西放的，我又不是你的秘书，自己找去！（一个小小的问题就有可能因为乙的指责态度转到对甲一些习惯的不满和争执上，甲觉得东西没找到，反倒碰了一鼻子灰，乙呢，或许又正好可以借题发挥批评甲——彼此心里都会不痛快！）

乙（第二种回答，A 状态）：在你书柜的第二层里。（就事论事回答问题——节省时间，风平浪静。）

乙（第三种回答，A 状态）：我帮你找找吧。（虽然没能提供需要的答案，但友好帮忙的态度会让人觉得舒服。）

乙（第四种回答，C 状态）：这是你的书，我怎么会知道呢？不关我的事儿。（不知道就推开，让人感觉有些自私。）

一般来说，最理想和最有效的交互作用是成人对成人的交互作用，即 AA—AA 型。交流的双方视他人同自己一样有理性，均以理智的方式来沟通交流，降低了人们之间感情冲突的可能性，促使问题得以解决。但在个别情况下，互补式的交互作用也能令人满意地发挥作用。例如，如果其中一方想要扮演家长的角色，而另外一方的性格特征是孩童式的依赖，他们交往就能维持一种不错的状态。但是在这种情况下，扮演着孩童的一方将无法成长、成熟和发展。只有了解了 PAC 模式后，清楚各自所处的状态，以正确的态度来对待，尽量引导到 AA—AA 模式上进行沟通，才能构建和维持良好和谐的人际交往关系。

第三节 培养大学生人际交往技能

大学生人际交往失败的一个不容忽视的原因是缺乏人际交往的经验、方法及相关的技巧。在人际交往过程中，大学生常常忽略了他人的体验与感受，不了解、不关心他人，甚至有时也不了解自己。由于缺乏人际交往的技巧和艺术，大学生往往没有推心置腹的朋友，大多数只是点头之交。本节将介绍大学生良好的人际交往原则、常用的社交方法和解决人际冲突的策略，使大学生能够从中学到人际交往的技巧和艺术，收获良好的人际交往效果，由不敢、不愿、不会、不善于交往向敢于、善于交往转变。

一、良好人际交往的原则

万事各有其度，大学生群体的人际交往也应当遵循一定的原则，理解并认同这些交往原则，对大学生正确树立人际交往观，提高交往能力，帮助其建立良好的人际交往关系具有重要的指导意义。

（一）平等与尊重原则

平等原则主要指交往双方在态度和地位上的平等，并期望在各种场合上人格尊严得到尊重。坚持平等的交往原则需要正确地对自我进行评估，不要视己为卑，同样也不能以己为傲。在日常生活中我们应该主动与他人交往，不要消极回避，也不能傲慢无礼。

尊重是基于平等，反过来又是平等的一种体现。尊重是一种修养，一种品格，一种对人不卑不亢、不俯不仰的平等相待，对他人人格与价值的充分肯定。任何人不可能尽善尽美、完美无缺，我们没有理由以高山仰止的目光去审视别人，也没有资格用不屑一顾的神情去嘲笑他人。假如别人某些方面不如自己，我们不要用傲慢和不敬的话去伤害别人的自尊；假如自己某些方面不如别人，我们也不必以自卑或嫉妒去代替应有的尊重。一个真心懂得尊重别人的人，一定能赢得别人的尊重。

正如心理学家威廉斯所说：“人类天性至深的本质就是渴求为人所重视。”尊重他人天性，尊重他人的个人身份和社会地位。只有尊重他人，才能得到他人的尊重。

课外阅读

在美国，一个颇有名望的富商在散步时，遇到一个瘦弱的、摆地摊卖旧书的年轻人，他缩着身子在寒风中啃着发霉的面包。富商怜悯地将8美元塞到年轻人手中，头也不回地走了。没走多远，富商忽又返回，从地摊上捡了两本旧书，并说："对不起，我忘了取书。其实，您和我一样也是商人！"两年后，富商应邀参加一个慈善募捐会时，一位年轻书商紧握着他的手，感激地说："我一直以为我这一生只有摆摊乞讨的命运，直到你亲口对我说，我和你一样都是商人，这才使我树立了自尊和自信，从而创造了今天的业绩……"不难想象，没有那一句尊重鼓励的话，这位富商当初即使给年轻人再多钱，年轻人也不会出现人生的巨变，这就是尊重的力量！

（二）真诚和宽容原则

真诚指真实、诚恳，不虚伪。真诚是人与人之间沟通的桥梁，只有以诚相待，才能使交往双方都建立信任，并结成深厚的友谊。真诚是良好人际关系形成所依赖的最基本的品质。

真诚主要体现在以下几个方面：①心胸坦荡：既不阿谀奉承，也不尖酸刻薄待人；赤诚待人，襟怀坦荡。②实事求是：自己有缺点就虚心接受批评；对待朋友，就事论事，不偏袒，但有不足也可以委婉提示。③不矫揉造作：真情实感，不虚情假意。

世界上没有两片完全相同的叶子，每个人都有自己独特的个性。在人际交往中，往往不可避免会产生一些误解或矛盾。如果双方都争强好胜，无法忍让，终将导致人际关系的紧张甚至破裂。在保证基本原则和是非明辨的前提下，适当谦让和容忍有助于解决问题，消除紧张。莎士比亚的名剧《威尼斯商人》中有这样一句话："宽容就像天上的细雨滋润着大地。它赐福于宽容的人，也赐福于被宽容的人。"待人宽容的人能扩大交往的空间范围，他们不用为鸡毛蒜皮的小事整天懊恼愤恨，因此能保障自己良好、愉悦的心境，利人利己。

（三）交互和协作原则

人际关系是以满足交往双方的需求为基础的。如果交往双方能理解彼此的心理需要，而且使之满足，其关系才会继续发展，才能形成良好的人际关系。因此，交往双方要本着互助互利、互惠共赢的原则，不能是以自我为中心、自私自利。正所谓："爱人者，人恒爱之；敬人者，人恒敬之。"

"寸有所长，尺有所短。"每个人都有自己的优势和不足，交往是一个相互的过程，实际上也是彼此间一种协助、协作的关系。交往需求中有互补的因素，而交往关系的维护也要双方的共同努力。

（四）信任与信用原则

信任和信用是所有互动的黏合剂。在此我们以交往其中一方的角度为例来进行相关的阐述。信任是指对他人的信赖与依赖，不猜疑。只有建立在信任基础上的人际关系才是稳定有序的、可持续发展的。信赖他人能消除自身的恐惧感，获得安全感和幸福感。信用是指言必信、行必果，遵守承诺，严格履行应允过的事情，是赢取别人信任和信赖的前提条件。信用是长时间积累的信任和诚信度。信用是难得易失的，费十年功夫积累的信用，可能会因为一时一事的言行而失掉。

二、人际交往的常用技巧

人际交往是彼此间相互作用由浅入深、随时间递增的一个关系，要经历以下几个阶段：互不相识、定向注意、情感探索、深入交流和稳定交往（图6－4）。

在学习大学生人际交往原则的基础上，大学生还要掌握一些常用的社交方法。这些常用的社交方法可以帮助同学们建立良好的人际关系。

图6－4　人际交往的五个阶段

（一）积极主动、创造良好形象

1. 主动打招呼

主动打招呼使人感到你的热情和乐观的情绪，给人的印象是一种亲近感和你心理的宽容，也使人感到与你的心理距离缩短了。但要做到主动打招呼并不容易，应注意：要树立信心；不要计较对方不主动打招呼；与人打招呼要注意语音、语调和音量的控制；应该感到遇到熟悉的人不打招呼是不礼貌的。

2. 要学会微笑

微笑的人能使自己处于一个较好的心理状态，对外有很好的魅力和感召力；微笑会给人一种温暖亲切之感，使人心情愉悦；微笑是健康的标志，是自信的象征，是安详、宽容、博爱的产物。微笑隐含着对他人的尊重和接纳。要将微笑挂在脸上需要内在力量的支持，只有心理健康的人才能做到，只有充满爱心的人才能做到，只有对未来充满信心的人才能做到。微笑是可以培养和训练的。

3. 注意仪表仪容

三国时期曹操曾经这样说过："君子整其衣冠，尊其瞻视，何必蓬头垢面然后为贤？"这句话的意思是说，即使是谦谦君子，也要衣冠整齐，使与瞻视有关的内容看上去令他人感到受尊敬。仪表仪容是人际交往礼仪的第一步，包括容貌、服装、个人卫生等，要做到清洁、美观、卫生、得体。此外还包括姿势姿态。站立是人们在交际场所最基本的姿势，是其他姿势的基础，是培养优美典雅仪态的起点。一般要求头正、颈挺直、双肩展开放松、人体有向上的感觉；收腹、立腰、提臀；两腿并拢、膝盖挺直、小腿向后发力、人体的重心在前脚掌。坐有坐姿：入座轻稳，双膝并拢，两脚平行，两腿自然弯曲，不应跷二郎腿、抖动双腿或者前俯后仰。正确的行走要从容、轻盈、稳重。凡是协调稳健、轻松敏捷的走姿都会给人以美感。女士的走姿要展现身体的曲线美，男士的走姿要体现阳刚之气。

（二）沟通技巧的提升

1. 善于观察、创造交往机会

对别人进行外表观察和语言分析的目的是推断其个性特征和内心世界，进而选择自己与其交往的方式和决定交往的深度（见表6－2）。了解对方的兴趣，就他感兴趣的话题进行交谈，谈别人感兴趣的话，有利于引出谈话双方的兴奋点，体现对方与自己有共同的爱好而拉近谈话双方的距离。

表6－2　从交往中推断他人个性

形式	内容	推断
语言	没关系，不要紧……	通情达理，开朗大方
	我告诉你，你听着……	傲慢无礼，好为人师
	这个，那个，嗯……	小心谨慎
笑的方式	开怀大笑	坦率，热情，遇事决断迅速，但情感脆弱
	笑声干涩	冷漠，现实，能洞察别人肺腑
	笑声多变不定	适应环境能力强

（续上表）

形式	内容	推断
吃相	将食物分割成若干小块，逐一食用者	小心而谨慎，倾向于保守的态度
	慢速进食者	花时间反反复复思考问题，直到认为没有问题才会做出决定，此外也较挑剔
	快速进食者	精力充沛的工作狂，下决心的速度快，热情开朗，如果他们喜欢某件事或某个人，也会要求对方的承诺

2. 要记住对方的名字

卡耐基曾说过："一种既简单又最重要的获取好感的方法，就是牢记别人的姓名。"记住别人的名字，会让别人感觉你是一个注重细节、懂得尊重别人的人，是一种礼貌，也是一种感情投资，在人际交往中会起到意想不到的效果。我们可以运用以下方法帮助记忆：

（1）多次重复姓名。认真听清姓名，介绍后要立刻重复这个姓名，交谈中尽可能用到。

（2）建立有意义的联想，或通过谐音帮助记忆。

（3）认真观察相貌，选择最突出的特征，运用想象把这个人的名字与其面部特征或者一些特异之处进行联想记忆。

3. 注意言语表达

引导案例

小李是某大学新闻系三年级学生，学习成绩优秀。她想利用暑假到一家报社实习。她来到报社老总办公室说："我想到您这实习，您看看我能做什么？"老总一愣，心里很不舒服，于是反问道："我怎么知道你能干什么呢？"谈话到此结束，小李不欢而回。一言不当，愿望"泡汤"。

资料来源：http：//www. redlib. cn/html/466/2009/60355640. htm

你认为小李的问话中存在哪些问题？她应该如何发问？不难看出，小李的问话显得咄咄逼人，有失礼貌。因此建议大学生应注意礼貌原则，特别是在与长辈的对话中。在遇到非对等谈话情境时，要学会毛遂自荐，赢得别人的认可。这样才是成功的人际交往。

除了要分辨场合和对象之外，语言表达还应该注重语音、语调和语速以及逻辑，不能装腔作势、阴阳怪调。还有个别同学由于本身长期的说话习惯，语速过快，也不能很好地达到沟通交流的目的。说的目的是为了让别人听、让别人懂，所以要多从对方的角度和立场着想。

4. 积极倾听

对别人真诚地感兴趣表现在尊重别人、理解别人，而不是夸夸其谈、自我陶醉，置谈话者的感受于不顾。要特别注意配合对方的谈话，做出积极的回应，如点头微笑、态度谦和。

"倾听"是人际交往的法宝，是改善人际关系的重要方式；在听对方讲话时，处处表现出对对方的耐心与尊重。这需要注意以下几点：

（1）不要随意打断对方的谈话或强抢对方的话题，要等别人讲完之后再发表自己的见解；

（2）在与对方交谈中，眼神不能漂移，要有目光的接触，要正视对方；

（3）要站在对方的立场，通情、适时地给予回应，要控制自身的偏见和情绪。

西方有一句俗语："上帝给人两只耳朵一张嘴。"很明显，就是有意要我们多听少说，做一个很好的听众，不要只当滔滔不绝的演说家。倾听是一种积极主动的接受过程，它对对方的谈话具有支持作用。只有积极有效的倾听才能保证沟通延续，才能保障良好人际关系的发展。

5. 学会赞赏

引导案例

曾有一位女大学生因为宿舍中人际关系紧张而苦恼。在宿舍里同学们互不来往，各自忙着自己的事情，似乎相互之间都有戒心，很难知心交谈，宿舍气氛沉闷，她希望改变这种状况，但又不知从何做起。心理咨询师告诉她：从现在开始，试着夸奖他人，真心赞赏他人的长处，如："你今天气色很好！""你的眼睛真亮！""这件裙子对你再适合不过了！"等等。不久以后，宿舍的气氛完全变了样，大家相互帮助，彼此关心，在一起时有说有笑，下课后都愿意回宿舍，好像宿舍有一种无形的吸引力。

赞美他人会使别人愉快，被赞美者的良性回报也会使我们自己感到愉快，从而形成人际关系的良性循环。在大学生人际交往的技巧中，学会赞赏别人非常重要。

赞赏有两个原则是必须注意的：一是真诚。夸奖别人要出于真心，所夸奖的内容是对方确实具有或即将具有的优良品质和特点，不要让别人感到你言不由衷，另有所图。二是夸奖的内容应被对方所在意。比如大部分的女同学都喜欢被别人称赞漂亮，但是也有一部分希望别人关注的是自身的智慧和能力。有很大一部分南方的学生普通话不是太出众，但也有发音很标准的，当得到语言方面的夸奖，相比北方同学的司空见惯，他们会感到更加的愉快。

每个人的内心都渴望被人肯定和赞赏。既然如此，我们何不多多赞赏别人身上那些闪光的东西呢？

6. 拒绝的艺术

因为每个人都会受到各种限制，客观的包括时间、生理极限、国家法规等，主观的包括能力、情感等。对于我们情感上排斥或能力不及的事情，我们必须拒绝。但如果拒绝没有采用合适的方法和相应的技巧，就容易给对方造成伤害，这样就很容易引发怨恨和不满，更有甚者会导致人际关系的破裂，甚至引起各种难解的纠纷，让自己陷入非常被动的麻烦境地。

拒绝是一种艺术，当别人对你有所希求而你办不到时，你不得不拒绝他。拒绝是很难堪的，不得已要拒绝的时候，可以参考这里给大家提供的一些建议。

（1）不要轻易随便地拒绝。有时候轻易地拒绝别人，会失去许多帮助别人和获得友谊的机会。太随便地拒绝，别人会觉得你并不重视他，容易造成反感。要表露出一种很愿意、很乐意帮忙，却实在是因为能力不足或其他实际的原因而无法为之出力的态度。

（2）不要无情傲慢地拒绝。无情地拒绝就是表情冷漠、语气严峻，毫无通融的余地，这会令人很难堪，甚至反目成仇。一个盛气凌人、态度傲慢不恭的人，任谁也不会喜欢亲近他。何况当他有求于你，而你以傲慢的态度拒绝，别人更是不能接受。

（3）要能婉转地拒绝。真正有不得已的苦衷时，如能委婉地说明，以婉转的态度拒绝，别人还是会感动于你的诚恳。

（4）要有代替地拒绝。拒绝的同时，如果能提供其他的方法，帮他想出另外一条出路，实际上还是帮了他的忙。你跟我要求的这一点我帮不上忙，我用另外一个方法来帮助你，或者是给你提供另外的解决问题的建议，这样一来，他还是会很感谢你的。

（三）心理效应

1. 仰巴脚效应

课外阅读

一位著名的心理学教授曾做过这样一个试验。他把四段情节类似的访谈录像分别放给他准备要测试的对象看：在第一段录像里接受主持人访谈的是个非常优秀的成功人士，他在自己所从事的领域里面取得了很辉煌的成就，在接受主持人采访时，他的态度非常自然，谈吐不俗，表现得非常有自信，他的精彩表现不时地赢得台下观众的阵阵掌声；第二段录像中接受主持人访谈的也是个非常优秀的成功人士，不过他在台上的表现略有些羞涩，在主持人向观众介绍他所取得的成就时，他表现得非常紧张，竟把桌上的咖啡杯碰倒了，咖啡还将主持人的裤子淋湿了；第三段录像中接受主持人访谈的是个非常普通的人，他不像上面两位成功人士那样有着不俗的成绩，整个采访过程中，他虽然不太紧张，但也没有什么吸引人的发言，一点也不出彩；第四段录像中接受主持人访谈的也是个很普通的人，在采访的过程中，他表现得非常紧张，和第二段录像中一样，他也把身边的咖啡杯弄倒了，淋湿了主持人的衣服。当教授向他的测试对象放完这四段录像，让他们从上面的这四个人中选出一位他们最喜欢的，选出一位他们最不喜欢的。最不受被测试者喜欢的当然是第四段录像中的那位先生了，几乎所有的被测试者都选择了他，可奇怪的是，被测试者最喜欢的不是第一段录像中的那位成功人士，而是第二段录像中打翻了咖啡杯的那位，有95%的测试者选择了他。

仰巴脚效应又称为出丑效应，是指才能平庸者固然不会受人倾慕，而全然无缺点的人，也未必讨人喜欢，最讨人喜欢的人物是精明而带有小缺点的。精明人不经意中犯点小错，不仅是瑕不掩瑜，使人觉得他具有和别人一样会犯错的缺点，反而成为其优点，让人更加喜爱他。所以不要总是高高在上，显得比别人高明。

2. 登门槛效应

心理学家认为，一下子向别人提出一个较大的要求，人们一般很难接受。如果逐步提出要求，不断缩小差距，人们就比较容易接受。这主要是由于人们在不断满足小要求的过程中已经逐渐适应，意识不到逐渐提高的要求已经大大偏离了自己的初衷。其实，人们都希望在别人面前保持一个比较一致的形象，不希望别人把自己看作“喜怒无常”的人。因而，在接受别人的要求、对别人提供帮助之后，再拒绝别人就变得更加困难了。如果这种要求给自己造成的损失并不大的话，人们往往会有一种“反正都已经帮了，再帮一次又何妨”的心理。于是，登门槛效应就发生作用了。因此，登门槛效应，又称登门坎效应或得寸进尺效应。如果能很好地利用这个效应，那么不仅能达到自己的要求，还能降低他人的逆反和抵触心理。

（四）其他技巧

1. 适度运用幽默

幽默是一个人的学识、才华、智慧、灵感在语言表达中的闪现，是一种“能抓住可笑或诙谐想象的能力”。幽默的语言可以使我们内心的紧张和重压释放出来，化作轻松的一笑。在人际交往中，幽默语言如同润滑剂，能降低摩擦，化解矛盾。

作家普里兹文曾经说过：“生活中没有哲学还可以应付得过去，但是没有幽默则只有蠢人才能生存。”莎士比亚也说：“幽默是智慧的闪现。”

课外阅读：幽默——因势利导解决尴尬处境

“二战”期间，英国首相丘吉尔访问美国，向美国总统罗斯福请求一笔军火援助。罗斯福举棋不定，丘吉尔闷闷不乐地回到宾馆。他刚刚跳进浴盆，罗斯福不请自入。丘吉尔赤身裸体，嘴里还叼着那个难舍的大烟斗。试想当时的场面使这两个大人物多么难堪啊。这时丘吉尔灵机一动，耸耸肩说：“瞧，我这个大英帝国的首相可没有丝毫的隐瞒啊！”罗斯福一听，不禁捧腹大笑，从而也使会谈取得成功。

资料来源：http：//wendang. baidu. com/view/6078d02e2af90242a895e57f. html

2. 适度自我暴露

自我暴露是指一个人自发地、有意识地向另一个人讲心里话、坦率地表达自己、陈述自己、推销自己，而所暴露的内容必须是有关自己的。

一般来说，为了交往的顺利进行和发展，应做到多向对方袒露心扉，让别人了解自己。心理学研究表明，人与人的交往是一个互动过程，一个人对别人开放的区域越大，往往可以获得相接近水平的开放区域。所以，要了解别人，先要让别人了解自己。缩小秘密区，扩大开放区，自然会得到别人良性反馈、获得别人的好感。一般情况下，自我开放的区域与人际关系的和谐度成正比。

具体来说，自我暴露有五种特性：

（1）回报与自我暴露。

当一个人开始自我暴露时，这便是信任的开始。而对方以同样的自我暴露水平做出反应，成为接受信任的标志。当我们知道他人喜欢我们，我们往往也会喜欢他人。

（2）喜欢与自我暴露。

人们喜欢向他们做出自我暴露的个体。我们喜欢那些和我们有着相同水平的自我暴露的人。如果别人的自我暴露比我们的自我暴露更亲密和详细时，我们会害怕过早地驶进亲密关系领域，便会考虑刹车。

喜欢与自我暴露有性别差异，对女性来说，喜欢和自我暴露有联系；对男性来说，他们所喜欢的人与对方自我暴露的水平没有关系。这反映出表达喜欢和亲密的性角色社会化方面的一般差异。

（3）社会赞同与自我暴露。

自我暴露对社会赞同是相当敏感的。当获得对方赞同时，我们的自我暴露就显著增多；当对方表示不置可否或冷淡时，我们的自我暴露就会减少。

（4）非语言和自我暴露。

对女性而言，在高度目光接触条件下，谈话者显得亲密；而男性则对这种感受不明显。

（5）自我暴露的速度。

自我暴露在开头比较缓慢，并且具有“试探”的性质。如果一开始对不熟悉的人作大量的自我暴露，试图加快亲密关系发展的速度，会使对方产生焦虑和怀疑，并会采取心理上的自卫方式，如退缩，反而加大了双方的心理距离。并且，一旦这种情况产生之后，作为弥补则需要更多的努力和较长的时间。总之，一种亲密关系的建立是比较缓慢的，是需要时间的，主要是依靠信任和在一起时的体验。所以，我们应小心谨慎地发展亲密关系，在进行自我暴露时，尽量使得对方及自己觉得这种相处令人愉快和加深了彼此的了解。

自我暴露还应该坚持以下三个原则：①适当的人：根据自己身边的人的不同特点选择合适的人进行自我暴露；②适当时间：根据不同的人选择适当的时间向别人自我暴露；③适当地点：根据不同的人不同的时间选择适当的地点进行自我暴露。

三、解决人际冲突的策略

在大学生的人际交往中，由于交往对象的特点影响，常存在一些冲突。而如何解决人际交往中的冲突，需要运用一些策略来缓和人际矛盾、完善人际关系。

（一）冲突发展阶段

冲突不是一蹴而就的，而是逐渐发展的，一般来说经历以下五个阶段：

1. 潜伏阶段

潜伏阶段是冲突的萌芽期，这时候冲突还属于次要矛盾，冲突的存在还没有觉醒。在这个阶段，冲突产生的温床已经存在，随着环境的变化，潜伏的冲突可能会消失，也可能被激化。

2. 被认识阶段

在这个阶段，已经感觉到了冲突的存在，但是这时还没有意识到冲突的重要性，冲突还没有对当事人造成实际的危害。如果这时及时采取措施，可以将未来可能爆发的冲突进行缓解。

3. 被感觉阶段

在这个阶段，冲突已经造成了情绪上的影响。可能会对不公的待遇感到气愤，也可能对需要进行的选择感到困惑。不同的个人对冲突的感觉是不同的，这与当事人的个性、价值观等因素有关。

4. 处理阶段

需要对冲突做出处理，处理的方式是多种多样的，比如逃避、妥协、合作等等。对于不同的冲突有不同的处理方式，即便是同样的冲突，不同的人采取的措施也不尽相同。对冲突的处理，集中体现了个人的处世方式和处世能力，也体现了个人的价值体系和对自己的认识。

5. 结局阶段

冲突的处理总会有结果。不同的处理方式会产生不同的结果。结果有可能是有利于当事人的，也有可能不利于当事人。当冲突被彻底解决时，该结果的作用将会持续下去。但很多情况下，冲突并没有被彻底解决，该结果只是阶段性的结果。有时甚至处理了一个冲突，又会带来其他几个冲突。

（二）冲突处理的模式

冲突的解决涉及各方，要在各方的利益之间做出权衡和调节，同时采取的方式也是因人而异的。一般来说，大致有五种类型：

1. 竞争型

只追求自己的目标获益，而不顾及对方的影响，非输即赢。

2. 合作型

双方都希望满足对方的需要，合作寻求对双方都有利的解决方法，求同存异。

3. 妥协型

双方都必须放弃部分利益以便在一定程度上能满足目标。双方都付出代价，但是均有所得。

4. 回避型

漠不关心或者逃避争执和对抗行为。一般内向型的人较容易出现这种情况。

5. 顺应型

自我牺牲以满足对方要求。

上述方式没有好坏之分，它只是不同的沟通方式而已，只有适合与否，能否解决或者缓解矛盾冲突。在某些情况下，适时、适当引入中立的第三方，也能起到调节、解决冲突的效果。总而言之，解决冲突是维护良好人际关系的一个重要保障。

（三）冲突处理的普适策略

在处理人际冲突方面，塞利格曼（Seligman M.）提出了普适策略，即 ABCDE 记录法。该策略主要介绍的方法是：在一件不愉快的事件发生后，仔细听你自己的念头、想法，观察这个想法带来的后果，然后无情地反驳你的想法，观察自己成功处理悲观念头后所获得的激励。最后把他们记录下来。具体步骤如下：

（1）不愉快事件：好朋友“出卖”了自己。

（2）念头：为什么是我最好的朋友出卖了我呢？为什么我总是遇到这样倒霉的事情呢？人世间还有值得信赖的人吗？这是一个尔虞我诈的社会，不可能有人会真诚待人，我不再相信任何人了。

（3）后果：我不想再与人真诚交往了，情绪压抑，做任何事都提不起精神。

（4）反驳：以一个好朋友“出卖”来衡量这个社会是否会有真诚是片面的，好朋友“出卖”我是可憎的，但我相信一定是有原因的，我为什么不去找他沟通，弄清楚事实真相再做判断呢？我只是听别人说好朋友“出卖”了我，但并没有认真了解事实的真相，也许其中有误会呢？如果好朋友是情不得已，或是无意伤害我的，那我可以用宽容的态度去面对我的好朋友，也许我的宽容会让好朋友进一步认识到我的价值，主动向我道歉，也许我们可以继续做好朋友；即使“出卖”是真的，那也不是我的错误，我为什么要用别人的错误来惩罚我自己呢？我相信世界是美好的，大多数人的心地是善良的。因此，我会继续与人为善，我的其他朋友对我不是挺真诚的吗？我现在抱怨和郁闷有什么用呢？错的不是我。

（5）激励：我重新建立人际交往的信心，吸取经验教训，在今后的人际交往中会更成熟。

正如一句瑞典格言所说：“我们老得太快，却聪明得太迟。”不管你是否察觉，生命都一直在前进。人生并未出售双程票，失去的便永远失去。将希望寄予“等到方便的时间才享受”，我们不知道要失去多少可能的幸福。不要再等待有一天你“可以松口气”或是“麻烦都过去了”。生命中大部分的美好事物都是短暂易逝的，享受它们、品尝它们，善待你周围的每一个人，别把时间浪费在等待所有难题的“完满结局”上。

（四）其他的冲突应对之道

1. 让第三者适时介入

在产生隔阂或冲突等交往障碍时，需要有个“第三者”——消除阻碍的中介。这个中介可以是人，也可以是物，或者一件事情、一个动作、一种情感。

比如说，你与一个朋友之间产生了矛盾冲突，但又不想断交，这时就不妨请个第三者从中说和。第三者的任务就是将双方的歉意及希望保持交往的愿望准确而真实地进行传递。当然第三者说话一定要委婉、含蓄、有艺术性，否则，会起到相反的作用。

2. 道歉是一种艺术

引导案例

有一次，一个女孩子住在朋友家，点着蜡烛就睡着了，结果把主人家的一床被子烧了一个洞，她心里非常过意不去。假如她问主人：“我赔钱行吗？”这对主人几乎毫无意义，因为答案肯定是："哎呀，不必了，别把这当回事。"但是她解决的办法是，给朋友买了一床新的被子托人送去，还随附了一张小纸条写上自己的内疚和歉意，表明自己不是故意的，并且随附了一个小礼物，真心诚意地道歉。物质的道歉并非意味着要做精确的等价赔偿，而是真心实意。

真正的道歉不只是认错，它承认你的言行破坏了彼此的关系，而且你对这个关系十分在乎，所以希望重归于好。诚恳道歉不但可以弥补破裂的关系，而且能增进感情。人孰无过，这里有几种道歉的艺术，我们应该学习一下。

（1）不同方式的道歉。

如果你觉得道歉说不出口，可以用别的方式替代。吵架后，一束鲜花、一本书、一件小礼物都可以表明悔意。

（2）道歉不丢脸。

切记道歉并非耻辱，而是真挚和诚恳的表现。丘吉尔起初对杜鲁门的印象很坏，但后来他告诉杜鲁门，说自己以前低估了他。这是一种以赞誉形式道歉的方法。另外，道歉要堂堂正正，不必低声下气。你想纠正错误，这是值得尊敬的事情。

（3）争取别人的道歉。

假如有人得罪你了，而又没有表示歉意，你不必发火或者生闷气。可以写一封短笺或者请一位友人传话，向对方说明你不愉快的原因，表明你很想排除这个烦恼。你如果能减少对方道歉时的难堪，他往往就会向你表示歉意。

此外，接受道歉与向人道歉一样是一种社交技巧。有一位母亲，在孩子们向她道歉后，她总是要搂抱和亲吻他们。她说："我要我的孩子明白，他们不必为得到爱而隐瞒做过的错事，相爱的人是能够相互谅解的。"由于多数人发现向人赔礼道歉是一件很困难的事，因此接受者应承认对方的努力，"我知道你道歉不轻松"或"我真的佩服你说的那番话"。一个小小象征性的手势也许会加强谅解的效果，还有如邀请道歉的朋友吃饭等形式，你会感到自己比以往更加宽宏大量。

3. 帮对方找个台阶下

人人都难免犯错误，而犯错之后，有人一味拉不下脸、放不下身段，就只好将错就错，一错到底。然而，要是在冲突或者争执中，如若好面子的人遇到了一个懂得"觅船送客"的对手，结果可能就会不一样。

所谓的"觅船送客"是指为对方的错误找出某种借口，给人台阶，顺利化解难关。

当对方已经宣布了一种坚定的立场和见解，又不能为了讨人欢心而改变自己的立场时，要改变他的想法，缓解气氛。首先要顾全他的面子，因此可以假定对方在一开始没有掌握全部的事实，然后对他说"当然，我完全能理解你为什么会这样设想的，因为当时你不知道那回事"，"在这种情况下，任何人都会这样做的"，"最初，我也是这样想的。但后来当我了解了全部情况后，我就知道自己错了"。

一般人总是缺乏正视自己谎言的勇气，你想戳穿这种雕虫小技，不仅要使他相信你，还必须懂得如何帮他从自我矛盾中解救出来，说得他心服口服，体面结束。

矛盾冲突的解决、人际关系的维护是需要付出努力的，同时也是需要一定的策略的。利用好的方法加上一颗诚挚的心就能轻松维护和拓展良好的人际关系。

思考题

1. 大学生人际交往的重要性表现在哪些方面？
2. 简述大学生人际交往的特点。
3. 试分析影响大学生人际交往的心理因素。
4. 举例说明大学生人际交往中的常见问题。
5. 结合实际说明如何培养大学生人际交往的技能。

第七章 大学生的爱情观和性心理

【学习目标】

通过学习本章内容，将对男女爱情及性心理有基本的了解和认识：了解在大学生的恋爱中会存在怎样的问题及如何进行调整，知道何谓真正的爱情，帮助和指导个体树立正确的恋爱观，进行合理的自我保护，同时能够形成并保持健康的性心理。

引导案例

某大学英语系的一位女学生，爱上了同班一名高大英俊的男同学。可这名男同学已有一位为其中学同学的恋人，女生每日痛苦地注视男生和他的恋人在校园散步，独自黯然神伤。不久男同学和恋人分手，女生兴奋不已，随即向男同学吐露了心中的秘密。两人很快共浴爱河，一起读书，一起散步，惹得人人羡慕，公认他们是理想的一对。不料天有不测风云，大四时一位美国留学生爱上了这位南国少女，每天都来她的宿舍看她。男生有一天和这位美国学生在女生宿舍里展开谈判，但他的爱情终于敌不过“绿卡”，曾那么爱慕他的女生还是投入了美国学生的怀抱，毕业后就跟美国学生移居美国，留下伤心的男生十年后还未结婚。对于那位女学生来说，爱情不过是通向彼岸的跳板；而对于痴情的人来说，爱情是他们心头永远的痛。

资料来源：http：//www. ss6789. net/a/bocaizixun/2012/0310/135. html

第一节 大学生恋爱心理概述

爱是我们对所爱者的生命与成长的主动关切，没有这种关切就没有爱。

——心理学家弗洛姆

在人类文明史上，爱情是永恒的话题，对于遨游在知识的海洋中的大学生也同样如此。爱情既可能为大学生活增添最为幸福的色彩，也可能给大学生活带来无穷的痛苦。因此，当代大学生迫切需要了解大学生恋爱的心理特点，树立正确的恋爱观，妥善处理好爱情与友谊、爱情与学业的关系。

一、什么是爱情

爱情是男女之间人际吸引最强烈的具有浪漫色彩的形式之一，是指个体性心理成熟到一定时期，对异性个体产生的有性吸引力和浪漫色彩的高级社会情感。[①] 爱情是以正常生理发展为基础的具有强烈的相互吸引力和愉悦体验的高级情感。

爱情是人的自然属性和社会属性的统一。爱情的自然属性在于它是以性欲、性心理为自然基础并由此而发展起来的；爱情的社会属性是指男女双方相互关心、相互欣赏和倾慕，自愿结合为一体而且具有排他性的情感。男女双方培育爱情的过程则称为恋爱。

著名的社会心理学家斯滕伯格提出的爱情三角形理论（如图 7－1 所示）[②]是目前最重要且令人熟知的理论。他认为人类的爱情虽然复杂多变，但都是由动机、情绪、认知三种成分组成。动机、情绪、认知各自在两性间发生的爱情关系，分别称为激情、亲密与承诺。

激情是一种强烈的情感表现形式，往往发生在强烈刺激或突如其来的变化之后，具有迅猛、激烈、难以抑制等特点。人在激情的支配下，常能调动身心的巨大潜力。激情是爱情的发动机，没有激情，爱情就缺少了生存发展的原动力，没有了激情，爱情也就缺少了很多浪漫美好的东西。一段感情之所以能够轰轰烈烈也是因为有激情。

亲密是两人的心理相互碰撞后的感觉，包括对爱人的赞赏、照顾爱人的愿望、自我的展露和内心的沟通。亲密是爱情的加油站，没有亲密，爱情就容易枯竭。亲密包括很多方面，言语上的沟通、肌肤上的接触等。一首流行歌曲中有这样一句歌词“一个拥抱能代替所有”，这指的就是肌肤上的接触对于两个人之间感情的调节作用。

承诺是指个人内心及口头阐述对爱的预期，是爱情中最理性的成分。承诺是爱情的安全气囊，失去了安全感，爱情就会出现危机，随时都有崩溃的可能。很

---

① 邱鸿钟．大学生心理健康教育．广州：广东高等教育出版社，2004.

② 罗伯特·J. 斯滕伯格，凯琳·斯滕伯格．爱情心理学．李朝旭等译．北京：世界图书出版公司，2010.

多的爱情都有海誓山盟，这些是在恋爱过程中必不可少的，因为承诺可以让人对这份感情更有安全感。

斯滕伯格强调“完整的爱”，这三个元素缺一不可，也就是两人之间必须在情绪上、生理上及认知上得到满足与肯定。如果三个元素都不具备，即是无爱。只有亲密，没有激情和承诺，只是一种喜欢式的爱情，如友谊；只有激情，没有亲密和承诺则是迷恋式的爱情，如初恋；只有承诺，缺乏亲密和激情是空洞式的爱情；只有激情和亲密，没有承诺是浪漫式的爱情；只有亲密和承诺，没有激情是伴侣式的爱情；只有激情和承诺，没有亲密是愚昧式的爱情；只有包含激情、亲密和承诺才是完美式的爱情。

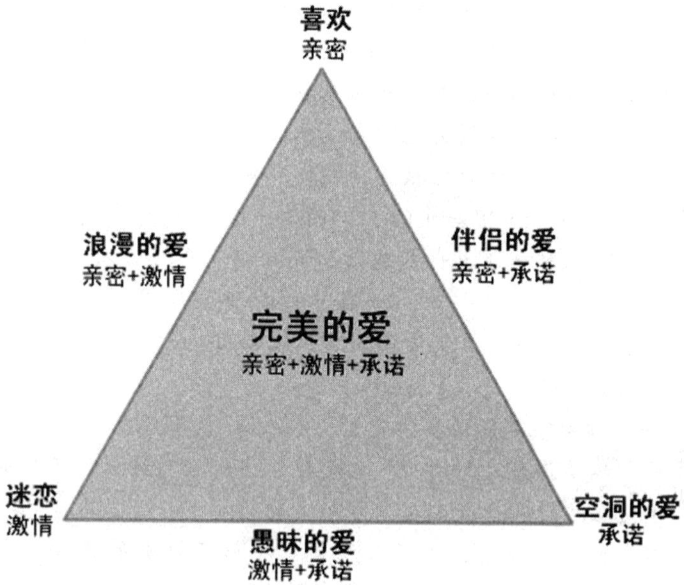

图 7－1　斯滕伯格的爱情三角形理论

然而，具备这三个要素并不意味着爱情就能成为现实，爱情需要更多的努力来调节这三者的关系。从这三个构成要素来看，要找到并享受真正的爱情不是一朝一夕的事。许多大学生以为他们正在谈恋爱，但他们不知道那并不是爱情，充其量只是还没成熟的类似爱情或非爱情。

因为在这三个要素里面，除了激情之外，亲密和承诺的实现需要一段时间才能转化为现实，不是一蹴而就的事情。即使是激情，要维持也不是一件容易的事，但人们常常忽视了这一点。爱情需要能力实现，所以爱情是需要经营的。得到激情并不难，但是想让激情平稳地过渡到亲密、承诺甚至让这种感觉相伴一生就是一种艺术了。

课外阅读：爱情发生的六法则

在罗马神话中，丘比特被喻为爱情的象征。他顽皮任性，让爱情的发生呈现不规则性。但根据美国心理学家莎伦·布雷姆等人的总结，爱情的发生有如下规律：

(1) 接近。生活空间邻近的两个人，通常更容易喜欢上对方。空间的邻近，为彼此的认识和交往提供了便捷的条件。他们可以付出很小的代价，就轻易地了解和熟悉对方。反之，遥远的空间距离，使人们的交往付出更大代价，而共处时间的缺乏，更是增加了彼此不能及时消除的误解。

(2) 外表的吸引力。受晕轮效应的影响，人们更容易相信：美丽的人一定是好的。这一偏见尤其容易发生在交往的初始阶段。

(3) 对方喜欢自己。与某人相处中，如果感受到对方喜爱自己，被接纳和欣赏的感觉便会提高自己的自尊，从而更喜欢对方；相反，则会感到被否定，即使这个人再有魅力，他的吸引力也会因此而大打折扣。因为，与他所带给我们的良好感觉相比，我们更关注自己被其拒绝或否定的糟糕感觉。

(4) 相似。性格上存在差异的人，相处中更容易发生误解和争执，长时间的冲突，会使两个人都感到沮丧和疲惫；在性格和态度上有更多相似之处的人，则会因为彼此的一致而产生共鸣。但有一种情形下的“不相似”也可以促进彼此的感情：一方所具有的，正好是另一方所需要的。比如，一方很有主见，而另一方很愿意听从别人的决定。

(5) 障碍。心理学家们发现，爱情上存在着“罗密欧与朱丽叶效应”：当外界尤其是父母，越是强烈反对两个人的爱情，他们在对方的眼里越是具备了更大的吸引力，于是双方越能感受到彼此强烈的爱。

(6) 品质。除了上述条件，不管背景、年龄或性别的差异，人们都认为恋人最需要具备的3个重要条件是：热情善良、性格好、接受并回应自己的感情。

资料来源：中国新闻网

二、大学生恋爱的发展阶段

恋爱虽然是追求爱情的行为，但并不是生来就有的。一个人对爱情的追求，只有当他的生理和心理发展到一定阶段时才会产生。也就是说恋爱是大学生生理发育和心理发展的自然结果。大学生恋爱心理不是一成不变的，而是有一个发展的过程。其过程大致可分为萌芽期、初恋期、热恋期、调适期、稳定期五个阶段：

（一）萌芽期

大学生恋爱意识的准备阶段是自中学时代开始的，但由于学业紧张，大部分同学无暇顾及恋爱。经过紧张的高考，进入大学殿堂的青年学子从升学的压力中解脱出来，恋爱意识开始萌芽。同时，因离乡背井，心里的孤独感油然而生，从而渴望得到别人的关心、帮助，与人建立友谊，于是，男女同学的接触就频繁起来。此时，同学们开始考虑自己心中的“白马王子”或“白雪公主”应该具备什么素质。

（二）初恋期

在一段时间的交往中，大学生们体验到深深的情感依恋，特别是与异性同学之间的这种友谊，更容易上升为爱情的依恋，友情可以成为爱情的基石。当大学生觉得自己已找到了心中的那个他（她）时，初恋就开始了。

初恋一般要经过醉我、疑我、非我、化我四个阶段。“醉我”是指被追求对象迷住而陶醉，总有一种从未有过的捉摸不透的亲近欲和冲动。“疑我”是在自己拼命展示自我后，对对方心意的一种怀疑。在这期间，常会做出必要的试探来帮助自己的判断。“非我”是指在进入了实质的求爱阶段后，激动不已，兴奋而紧张，一切都不像平时的自己了。“化我”是指恋爱关系初步确定，恋人把对方利益置于自身之上，单独的自己已经不存在，无论是读书学习还是穿戴都像是为对方存在的。由于初恋是情窦初开时第一次对异性敞开的爱的体验，双方的内心往往都充满了一种新奇的兴奋和激动。初恋具有单纯性、强烈性、持久性等特点。

（三）热恋期

在初恋的基础上，双方经过一段时间的感情交流，爱情进展到了更充实、更热情的阶段，即热恋阶段。处在此阶段的青年男女，缺乏理性思考，感情几乎支配了一切，看不到对方的缺点，诸如“情人眼里出西施”就是这一阶段的典型反映。处在此阶段，情人朝夕相处，在性冲动下很容易发生越轨行为，而对其后果也不可能冷静地做出理智的判断。

（四）调适期

热恋是甜蜜的，但之后会进入一个调适期。由于热恋中的朝夕相处，双方加深了对彼此的了解，在相处中会发现对方一些在求爱中并没有注意到的优缺点。恋爱双方根据这些优缺点的综合印象做出判断，看这段感情值不值得延续下去。因此在这一阶段双方会发生争论、冲突，感情也会起伏波动，时而达到高峰，时而进入低谷甚至破裂。

（五）稳定期

此阶段男女双方对爱情的思考趋于冷静理智，恋爱呈现较稳定的态势。如果在热恋阶段做出肯定的判断，那么双方既爱慕对方的长处与优点，又能容忍对方的缺点与不足，彼此心平气和，这样恋爱就慢慢发展到家庭角色扮演阶段。恋人从浪漫的迷雾落入现实，开始考虑柴米油盐，谋生途径。这种家庭角色扮演为以后的婚姻生活打下基础，做好铺垫。反之，如果在心理相撞调适阶段时做出了否定的判断，就会出现恋爱的破裂，导致失恋。

三、大学生恋爱的特点

德国著名诗人歌德说："天下哪个偶傥少男不善钟情？天下哪个妙龄少女不善怀春？"大学生由于性生理和性心理开始成熟，男女青年相互接触、了解的愿望越来越强烈。大学生对爱情的渴望和追求，随着身心发育的日渐成熟而自然萌发。越来越多的大学生走进了自己的爱情世界。通过对当代大学生恋爱现象的分析，大学生的恋爱除了具备恋爱过程中所具有的排他性、冲动性、强烈性之外，还有自己独特的特点。

（一）恋爱浪漫且理想化

大学生的恋爱，一般只谈爱慕之情，交流对学习、对人生的看法，很少或者根本不讨论结婚、建立家庭、举办婚礼、生儿育女等具体问题，带有浪漫色彩。这是由大学生的客观条件所决定的，因为大学生在经济上依靠父母，缺乏对社会真实的了解，对未来将要面临的困境完全没有心理准备，非常的理想化。因此，一旦遇到实际问题，便容易产生动摇甚至分手的心理。恋爱，只是因为需要爱和被爱，"不在乎天长地久，只在乎曾经拥有！"

（二）恋爱的目的多样化

内心对爱情的期待和外部浓郁的恋爱氛围，使得有些大学生把在校期间谈恋爱作为一种取得生活经验的实践活动，但是恋爱的目的却呈现多样化的趋势，有的是为了找一个志同道合的伴侣，有的是因为寂寞空虚，有的是为了相互攀比。

（三）恋爱主体自主性强

在大学里，男女大学生的平等权利与平等价值观特别突出，反映在恋爱问题上，一般都是自己做主、个性特点强、重感情、易冲动、不受传统习俗的局限，在确定恋爱关系前，甚至在确定恋爱关系后，一般都不征求双方父母的意见，显示出较强的自主性。

（四）恋爱主体自控力与耐挫力较弱

大学生一旦陷入热恋之中，不能控制自己的情感，缺乏理智的驾驭能力，对恋爱对象过分依赖，稍有波折就痛苦万分。一旦恋爱受挫，就会情绪失控，无法自拔，对精神甚至身体造成严重影响。

（五）恋爱主体婚恋观念开放化

当今大学生恋爱观念日益开放，传统道德观念逐渐淡化。在校园幽静之处，常常可以看到拥抱、接吻等情感表达方式。有的同学对婚前性行为持认可或宽容态度，还有一些有过婚前性行为，这些学生认为“只要真心相爱，就无须指责”。

四、大学生恋爱的类型

由于大学生对爱情的理解并不深刻，却又渴望爱情，因此容易出现“普遍开花，零星结果”的局面，大学生的恋爱呈现多样化趋势。大学生的恋爱由于理想、信念、思想、人生观和心理素质的不同，可以分为以下几种类型:①

（一）互助互爱型

这类学生在恋爱中相互帮助、相互尊重、相互欣赏，注重思想上的沟通和情感上的共鸣，他们能够以理性引导爱情，正确处理恋爱与学习、感情与爱情、情爱与性爱的关系。双方有共同的理想抱负、价值观念，把事业的成功作为爱情持久的目标，并能把幸福的爱情转化为学习和工作的动力。他们认为，恋爱应该促使双方的共同进步和成长。

（二）时尚攀比型

在一些高校，恋爱成为一种时尚。当周边的许多同学有了异性朋友时，男女双方各自为了证明自己的魅力，在没有深思熟虑后就匆匆地谈起了“恋爱”。由于没有感情基础，缺乏认真负责的态度，仅仅只是跟着感觉走，有感觉就在一起，没感觉就各奔东西，具有很大的随意性。

（三）感情慰藉型

进入大学后，有些大学生由于缺乏明确的目标和学习的动力，时常感到孤

---

① 曾凡龙，曾劲．大学生心理健康教程．上海：复旦大学出版社，2007.

独、烦闷，为了弥补精神上的空虚，急欲与异性朋友交往，“恋爱”成为一种近景性的精神需求。

（四）追求浪漫型

这类学生情感比较丰富，罗曼蒂克的爱情对他们有着强烈的吸引力，并且对爱情浪漫色彩的追逐和窥探心理日趋强烈。他们并非不尊重爱情，而是觉得出没于花前月下的刺激比爱情的责任和义务更富有色彩和韵味。这种感情受情绪因素左右较大。

（五）功利世俗型

将爱情视为一种双方利益交换、满足彼此需要的事情。有的同学恋爱首先看的是对方的物质条件，如有的同学看中对方父母或亲戚的名利地位，也有些同学利用恋爱因素，希望在某些方面获得照顾等。这类大学生往往基于利益而恋爱，在此之前已把对方算计得一清二楚，把恋爱当作谋取功利的手段，没有爱情可言。

第二节　健康的恋爱心理与行为的培养

如果你爱自己，你就会像爱自己那样爱其他的每个人。只要你对其他人的爱不及对自己的爱，你就不会真正地爱你自己，但是如果你同样地爱所有的人，包括爱你自己，你就会爱他们像爱一个人。这个人既是上帝又是人类，这样的人就是一个爱自己，同样也爱其他所有的伟大而正义的人。

——艾克哈特

一、大学生的恋爱困惑及其调适

恋爱的过程是感情发展的过程，是彼此深入了解的过程。但是，爱情作为两个人最微妙的感情，往往伴随着各种矛盾和冲突。大学生在经济尚未独立、人格尚未成熟的时候就谈恋爱，如果没有妥善处理恋爱中的困惑，可能会对双方的人生带来不利影响，所以大学生应重视恋爱中的困惑。下面我们将讨论一些恋爱中的困惑，并进一步探讨其调适方式。

（一）单恋

单恋又称单相思，是指异性关系中的一方倾心于另一方却不被对方知晓，或者明知对方不喜欢自己却仍然喜欢对方，由此造成的一厢情愿或对恋爱对象渴望的现象。

单恋通常有两种形式：一种是内心爱慕却因害怕拒绝而不愿表露出来，但是仍然痴心不改；另一种则是源自爱情错觉，它是指在异性间的接触往来关系中，一方错误地认为对方对自己“有意”，或者把双方正常的交往和友谊误认为是爱情的来临。爱情错觉是单相思的另一种形式，它常会使当事人想入非非，自作多情。

单相思是恋爱心理的一种认知和情感的失误，它会使某些学生陷入痛苦的境地，处于空虚、烦恼，甚至绝望之中，它会严重影响人的知觉判断和理性选择，同时也干扰了所恋对象的学习和生活，处理不好会对今后的恋爱婚姻生活产生消极的影响。因此，陷入单相思的大学生要及早止步另做选择。

1. 大学生产生单恋的原因

（1）误会。单恋大都源于情感误会，可能在男女接触中，因把对方的亲切和蔼、热情大方当作爱的表示而产生爱情错觉，陷入单恋漩涡之中。

（2）幻想。这是造成单相思的主观因素。青春期的性成熟会导致人产生性幻想，然后对周围倾慕的某一异性心生爱慕之情。但是由于自己羞于表露，只能在自己的幻想中得到异性爱的满足。

（3）缺乏沟通。有时候，男女双方默默相爱，却互不知情，双方都处于封闭状态。这种单恋是暂时的，如果双方中有一人鼓起勇气表白则可能进入恋爱状态。

2. 怎样排解单恋的苦恼

单恋虽然能体会到爱慕他人的快乐，但更多会因为无法感受爱的温馨而痛苦，它常会使人自作多情、想入非非，影响大学生的正常生活。那么应如何来排解单恋的苦恼呢？

（1）理智地对待爱情问题。

恋爱是男女之间相互爱慕的行为表现，爱情是以互爱为前提的。当你对某人产生强烈的感情时，这可能只是某种虚幻的爱情偶像，需要理智判断。“情人眼里出西施”的感觉里往往包含了错觉，只看到对方的优点，可能会造成偏差。因此大学生一定要学会客观地判断对方的行为，同时借助理性从情感上调整自己，消除被爱情固着的心理。

（2）大胆表白。

单恋的困扰很大程度上是当事人不敢表露自己的爱意，给自己带来很大的困扰。因此，向意中人表达爱慕之情是摆脱单相思的最好办法。在你表白后，如果对方也对你有同样的感情那是最好的，就能由单恋转为恋爱；如果对方拒绝你，那么也能让你及时认清事实，避免你一直沉浸在自己的幻想中，即使伤心，也是人生必经的情感体验，没有什么可觉得羞愧的。

(3) 及时移情。

爱情不是一厢情愿的事，当单恋注定没有结果时，应迅速转移注意力，摆脱单相思的痛苦。同学们可以将注意力转移到自己感兴趣的其他事情上，或者找亲朋好友倾诉，释放压抑的能量，从他人那里得到心理支持，并且应当明白，大学生有比爱情更重要的事业，那就是学习。当你的事业成功了，也会收获爱情。

(二) 多角恋

多角恋是指一个人被两个人或两个以上的异性追求或自己同时追求两个或两个以上的异性并建立了恋爱关系，最为常见的是三角恋爱。多角恋是大学生产生爱情纠纷的主要原因，由于爱情具有排他性，陷入这样的爱情纠葛会给当事人造成极大的痛苦，甚至会导致意外事件的发生。

1. 多角恋产生的原因

(1) 对象选择标准不明确。

由于大学生还不够成熟，在对象选择时并没有明确的标准，仅仅是出于一种性吸引，再加上可能并不明确什么样的人更适合自己，所以容易出现“普遍培养，重点选拔”的现象，所以出现了选择性多角恋。

(2) 虚荣心作祟。

有些人会置身于多角恋中是因为虚荣心作祟，似乎认为自己追求者越多，越能证明自己的价值。而作为竞争的双方，他们认为如果自己输了等于承认自己没有魅力，比别人差，所以不遗余力地追逐，导致多角恋的出现。

(3)“鱼与熊掌”想兼得。

有些人乐于沉溺在多角恋中，并不是想在其中优中选优而是想两个都要，这完全是某些人为了自己的快乐而对感情的不负责任。在这样的多角恋中，对方可能并不知情。

2. 多角恋的调适

(1) 正确认识多角恋的危害。

爱情是具有排他性的，处于多角恋的各方无法将精力全部投入到对对方的了解上，而会纠缠于感情的冲突中，此时的恋爱，很大程度上已经失去了恋爱的甜蜜，更多的是争吵和矛盾，令当事人烦不胜烦。多角恋爱中，必然会有人最终受到伤害，导致不愉快的事情或悲剧发生，对恋爱的各方有害而无益。2005 年 6 月 25 日，北京大学医学部大三学生崔某被利器砍死，事发现场在北京世纪坛医院南区教学楼。事后，犯罪嫌疑人、死者的同学被警方带走。据了解，此前两人都追求过同一个女生，曾为一些过节大打出手。

(2) 迅速做出选择。

在多角恋发生时，结束这种局面的最好方法就是尽快做出选择和决断。被追求者可以从外部形象、心理品质以及自己的心仪程度等几个方面考量，选择出自己的爱人，长痛不如短痛，拖得越久对大家的伤害越大。

（3）谨慎对待竞争的失败。

在多角恋中，应对自己进行客观的评估，当判定自己处于“劣势”时，应急流勇退，这并非是无能而是理智，“塞翁失马焉知非福”？当你是被拒绝的一方时，应在失落的同时让自己迅速地冷静下来，相信这是对方深思熟虑后的选择，应尊重对方，再苦苦纠缠已是无济于事，只会给大家带来困扰。同时，可以冷静地分析自己的经验教训，为自己重新追求更现实的幸福而努力！

（三）失恋

失恋是指恋爱过程的中断，即恋爱挫折。失恋带来的难堪、悲伤、痛苦、绝望、忧郁、焦虑等情绪使当事人受到伤害，是人生中最严重的心理挫折之一。失恋所引发的消极情绪若不及时地排除转移，容易导致失恋者陷入忧郁、自卑的情绪中，严重者甚至采取报复手段乃至自杀。

1. 失恋可能产生的不良心理与行为

（1）转为单相思。

失恋后部分大学生对抛弃自己的人一往情深，一些甜蜜的记忆牢固地保存在记忆中，否认失恋的痛苦，从而陷入单相思的泥潭，甚至做出一些与年龄、智力极不相符的幼稚行为。

（2）报复心理。

有的失恋者因极度的占有欲受到挫折而唤起报复心理。特别是由于一方不道德的行为而导致失恋，更容易出现报复心理。如失恋后，对对方造谣中伤或攻击他人，想以此来平息自己的怒火，造成毁灭性的结局。

（3）绝望轻生。

失恋者觉得羞愧难言，心灰意冷之际可能走上绝路。失恋者的自卑、厌世、空虚等负面情绪强烈，容易导致心理失衡。其实，失恋是恋爱生活中的正常现象，只谈一次恋爱就结婚的毕竟是少数，所以失恋是大多数人必然经历的事情，并没有那么严重。

2. 克服失恋的心理障碍

引导案例

失恋者自述：小C，女，19岁，某高职院校二年级学生。她近一个月以来内心非常痛苦，有时候难受得用头撞墙，甚至想到了自杀，但终没有勇气那样做。寒假里，男友向她提出了分手，她一直无法接受，感到很伤心、很无助、很不甘心，同时又很压抑。心里总是想着以前两人在一起时开心快乐的时光，现在面对他冷漠无情而又决绝的态度，她总是不能相信那是真的，总是幻想着两个人还能和好。小C心里很苦很累，这一两天更是感觉自己快要崩溃了，再也承受不起了。当分手已成现实时该如何做呢？

失恋对于每个珍视感情的人而言都是巨大的打击。失恋者面临着的是巨大的痛苦、极度的自卑、失落与迷茫以及说不出的愤怒。长期下去，因心理长期处于痛苦失落的失衡状态中，必然导致沮丧、抑郁、精神分裂与精神失常等心理问题和产生疾病，更有甚者会做出极端行为。这一切均是由失恋者难以走出失恋的心理阴影而诱发的，所以失恋者要积极进行自我调适。

（1）敢于面对失恋的现实，冷静分析失恋原因。

许多失恋者不敢面对失恋的现实与未来，结果陷入越痛苦越思念、越思念越痛苦的怪圈中不能自拔，从而导致心理疾病的产生。对此，作为理智的大学生应勇敢地面对失恋的事实，坚强地承受失恋所带来的伤害。同时，失恋者还需分析自己失恋的原因，这不但有利于转移注意力，减轻痛苦，也有利于正确地评价自己，使自己在失恋中学习，在失恋中成长。

（2）及时疏导心中郁闷，积极转移注意力与情绪。

人的理智可以战胜情感，对于失恋所带来的痛苦与伤害，失恋者应积极面对，转移注意力与情绪，及时减轻或消除因失恋所带来的痛苦与失落。如有意识地不去回忆过去、外出散心或找好朋友倾诉，还可以潜心于自己感兴趣的事情，用新的快乐来冲淡旧的伤痛。

（3）减轻心理压力，加强自我调控力。

失恋后产生痛苦与失落等心理问题，是因为之前的甜蜜和现在的形单影只形成了强烈的对比。对此，失恋者应加强心理素质修养，减轻自己的心理压力。如有意识地控制自己波动不安的情绪；积极参加体育锻炼，在增强体格的同时增加自己生理上的受挫力；努力保持心理的平衡，以自信、坚强的精神面貌积极投入到事业中去。

（4）忘却痛苦，重新规划生活与未来。

有人说，时间是治愈伤口的良药。在失恋时，你可能觉得这是人生最痛苦的事，但是人生没有过不去的坎，生活还是要继续；此时，同学们应该转移痛苦，淡忘痛苦，重新规划自己的人生目标，努力将精力投入到学习和工作中去，为自己下一步生活树立自信心。

二、正确对待爱情

（一）恋爱的误区

初涉爱河的年轻人经常容易堕入恋爱的误区，因此了解误区所在，找到这些误区的“救治良方”，对提高恋爱的效益和质量是大有裨益的。

1. 追求理想的“梦中情人”

对青春期的大学生而言，都会在心中有个“梦中情人”，而这个“梦中情人”一般是集所有优点于一身的完美情人。但是在实际生活中，这样的人真是凤毛麟角，很难找到。然而有些同学沉溺于自己对“梦中情人”的理想编织，过于强调“宁缺毋滥”，非要等到这样的完美对象，结果却是直到自己芳年已逝也没找到，蹉跎了自己的青春。

所以在实际生活中，大家应该根据自己的条件和实际情况客观地确定择偶标准，不苛求对方是100%符合要求，而是只要对方与你的愿望有70%吻合就可以了，让余下的30%在交往中渐渐吻合和接近吧。

2. 因害怕孤独而谈恋爱

青年男女因其心理发展阶段的特点，最容易感到孤独，尤其是对于背井离乡的大学生而言。因此有些大学生为了驱逐自己内心的孤独感而匆忙谈起恋爱，一旦寂寞感消失，恋爱关系也就中断了。这种无感情基础的异性关系是极不稳定的“恋爱”关系，是双方当事人不负责任的表现。

3. 因恋爱失败而逃避

在爱情路上失意的人十有八九，可是很多人在遭遇失败后却很难在这条路上一如既往地走下去，尤其是有些同学因为自己全心全意去爱过，却仍遭遇感情失败；当他们再一次恋爱时便会将心收起，不再轻易付出真心，生怕付出后又是一场失败。

其实，恋爱失败是因为彼此不合适。在遭遇失败后，应该是吸取经验教训，调整自己的恋爱观念和行为，而不是选择逃避。如果在感情上不愿意付出，只会让自己的感情更加坎坷，可能会错过人生中的又一次真情。

4. 爱情至上

由于青春期的心理特点，对美好爱情的追求成为主要的心理需求。许多大学生将爱情放在人生的第一位，把爱和被爱视为人生目标，似乎有了爱情就有了美好的未来，否则前途就暗淡无光。有的学生因为谈恋爱而荒废了学业，成天沉湎于爱情之中，一旦失去爱就悲观厌世。过分追求爱情，必定降低人本身的价值。

爱情并不是人生的全部，生活中还有更重要的东西，如学业、友情、亲情等。正确处理恋爱与学业的关系，可以形成两者相互促进的良性循环，增加恋爱的激情和学习的动力。只有在追求事业、成就事业的过程中，爱情生活才能常新常美，永葆活力。

5. 经常争吵或不争吵

大学生在恋爱中难免会发生各种误会，生活中没有矛盾的恋人几乎为零，但由于双方比较敏感，容易受到伤害。在遇到问题时，大学生容易出现两个极端，一个是马上大吵大闹，一个是沉默不语，这两种行为如果过度，很容易伤害到彼此的感情。而大学生容易因为一点点小事就轻易否定感情，也是非常不成熟的行为。

两人相爱，总有一方应该宽容一些，不要过于计较小事，并且要加强沟通，尽量做到心平气和地解决问题，让矛盾产生的裂缝化为最小。同时，也不要将所有的问题都积压在心里不说出来，这样只会让小事越积越大，说不定哪天如火山一般爆发，那样对感情的伤害更大。

恋人间发生矛盾不一定是坏事，每对恋人都有段磨合期，早些发现矛盾并努力解决，两个人的相处将会更融洽，生活也会更美满。

（二）树立正确的恋爱观

大学生在校期间，怎样正确对待爱情，怎样正确处理爱情与人生、事业的关系，这对于大学生的成长进步以及今后的家庭幸福，都有着极其重要的意义。

1. 树立正确的人生观

健康恋爱观的形成，需要稳定的人生观的指导。健康的恋爱观要求我们尊重双方的情感和人格，恋爱自由，诚实守信，不应有欺瞒、隐瞒或其他违背爱情的行为。而大学生在人生观稳定之前，对爱情的理解和认识可能存在片面性，从而可能做出一些不成熟的行为，甚至发生校园恋爱的悲剧事件。人生观决定恋爱观，因此为了能健康恋爱，大学生应尽早树立正确的人生观。

2. 摆正爱情与学业的关系

爱情在人生中占有重要地位，没有爱情的人生是不完整的，但爱情并不是人生的根本宗旨，更不是人生的全部，只为爱情而活是苍白的。作为大学生，四年的大学生活转瞬即逝，学习是当前的主要任务，成才是大学生的根本追求，因此大学生应当珍惜青春，勤勉学习，奋发有为，理智地对待爱情。大学生应当明白现在的学习与将来的事业息息相关，这也是爱情美满的基础。

3. 相互尊重与理解

健康的恋爱应以相互理解为基础，做到彼此尊重和相互体谅。在交往的过程中要做到相互信任、关心和帮助，尊重恋人的隐私权与行动自由权。每个人都是一个独立的个体，大学生在恋爱时不应想着全面改变自己或者对方，而应本着

"独立自主、和睦共处"的原则，站在不同的角度去考虑问题，多顾及对方的感受。此外，大学生的爱情之所以令人向往还在于那是最为纯真的爱情，而这份纯真在于两个人能彼此地欣赏、仰慕和自尊自爱。

4. 自觉承担爱的责任

自愿为对方承担责任，是爱情本质的真正体现。大学生应深刻意识到爱不仅是一种权利，更是一种责任和义务，必须以高度负责的态度对待恋爱。教育家苏霍姆林斯基教导儿子："要记住，爱情首先意味着对你的爱人的命运、前途承担责任。想借爱情寻欢作乐的人，是贪淫好色之徒，是堕落者。爱，首先意味着奉献，把自己的精神力量献给爱侣，而不能用道理爱人。"因此，在恋爱中大学生应当认真思考：要爱一个人或者接受一个人的爱，是否愿意并且做好了准备承担这份爱的责任。

（三）培养爱的能力

爱的能力是指和他人建立亲密关系的能力，它对人一生的发展有着重要的意义。在现实生活中，大学生都渴望爱、歌颂爱，可是仍然有相当部分的人得不到爱，这是因为他们没有爱的能力。具备了爱的能力会引导一个人真正地去爱他人，也真正地爱自己，能真正体验到爱给人带来的快乐和幸福。为了迎接美好的爱情，享受爱情的滋润，大学生应注重培养自己爱的能力。

1. 学会爱自己

想要爱别人，首先必须爱自己，一个连自己都不爱的人，也不可能真正地爱别人。不要认为爱自己就是自私，自私的人不是爱自己更多，反而是仇视自己，而爱自己则是为了更好地爱他人。弗洛姆曾说过："人对自己生命、幸福、成长、自由的确定，同样根植于其爱的能力，也就是说根植于关心、尊重、责任和认识。如果一个人有能力产生爱，他也就爱他自己，如果他仅爱其他人，他就根本不能爱。"①

爱自己即是自尊自信，尊重自己的价值和原则，能肯定自己，不轻易地否定自己。爱自己才会积极专注于自己的每个方面，为自己的每一次成长而雀跃，为自己的每一次失败寻找原因并改进。同时，只有爱自己，才会主动地关心自己，你才能明白如何将同样的关爱予以别人；只有当你肯定自己的价值时，才能发现他人的价值。

从2000年春天起，每年在校的大学生又多了一个特别的日子，这就是5月25日的"大学生心理健康日"。之所以在365天中选定5月25日是因为它的谐音是"我爱我"，意在促进大学生自我觉醒、不断走向成熟。自爱而后爱人，自

---

① ［美］艾·弗洛姆．爱的艺术．李健鸣译．上海：上海译文出版社，2008.

爱而后他爱。

2. 表达爱的能力

当你爱上一个人时，能否用恰当的方式和语言向对方表达出来呢？表达爱需要勇气，需要信心。表达爱也是幸福，即使得不到回报，你让对方知道被一个人爱着，也是一种很崇高的境界。大学生应注意提高自己表达爱的能力，不要认为对别人表白是件丢面子的事情，更不要害怕被拒绝。爱在心口难开会让自己陷入单相思的苦闷，更何况，说不定对方正在等着自己的表白。把握爱的机会，及时表露，是成功恋爱的基础。

3. 接受爱的能力

期待的爱来到了身边，能否勇敢地接受也是爱的能力的表现。有的大学生在别人向自己示爱后，内心挺高兴，但又不敢接受别人的爱，或者对爱缺乏心理准备，又或者觉得自己不配、不值得被爱，因此失去发展爱的机会。

4. 拒绝爱的能力

有爱的能力的人不是对爱来者不拒，而是敢于理智地拒绝不希望得到的爱情。在恋爱过程中，有两种情况应明确拒绝。一种是被自己不喜欢的人追求时，应明确拒绝。在拒绝别人时不应优柔寡断，既怕伤害对方，又怕对方误会；更不能屈从于对方的穷追不舍，因为爱情来不得半点勉强，要勇敢地说不，同时还需掌握恰当的拒绝方式。

首先表示对他人的尊重，要感谢对方对自己的欣赏和感情。其次要态度明确，双方只能做朋友，绝无发展的可能，将对方的希望遏止在萌芽中。再次是行动与语言要一致，有些同学怕对方受伤害，虽然在语言上拒绝了对方，但是还与对方有较亲密的接触，如单独和对方去看电影、吃饭等，容易使对方误解，认为还有机会。

另一种情况则是当你经过调适期发现他并非是你所想的另一半时，也应理智地拒绝。此时的分手是痛苦的，但长痛不如短痛。拒绝时应慎重考虑，注意选择合适的时机和方式。你必须明确表态，不能留余地，不要给对方以幻想。要清醒地分析对方可能会出现的情绪和行为，并做好应对准备。你的拒绝使对方激动、气愤、发怒，都是可以理解的，你必须冷静，避免激烈交锋。

5. 鉴别爱的能力

鉴别爱是指能较好地分清什么是好感、喜欢和爱情。有鉴别爱的能力的人，是自信的人，也是尊重别人的人；有鉴别爱的能力的人，会自然地与别人交往，主动扩展交往的范围，珍惜友谊，尽量多地体谅他人的感受。

课外阅读

苏格拉底的三个弟子曾向老师求教怎样才能找到理想的伴侣，苏格拉底把他们带到一块麦田，要求他们沿着田埂直线前进，选摘一枝最大的麦穗，期间不许后退，而且仅给一次机会。第一个弟子走几步看见一枝又大又漂亮的麦穗，高兴地摘了下来。但是他继续前进时，发现后面有许多比他摘的那枝更大更漂亮，只得遗憾地走完了全程。第二个弟子吸取了教训，每当他要摘时，总是提醒自己，后面还有更好的。当他快到终点时才发现，机会全错过了，只好将就着摘了一个。第三个弟子吸取了前两位的教训，当他走到1/3时，即分出大、中、小三类，再走1/3时验证是否正确，等到最后1/3时，他选择了一枝属于大类中的美丽的麦穗。虽说，这不一定是最大最美的那一枝，但他满意地走完了全程，因为他知道，自己已经尽可能争取到最好的结果了。

人的爱情，正如那枝最大的麦穗一样也是在不断的选择中。所以有的人在谈恋爱以后，发现还有更适合自己的。但也有人想寻找最好爱情，却错过了一次又一次机会，总认为还有更好的在后面，随着黄金年龄的渐渐远去，却走进了高不成低不就的尴尬处境。所以大学生应该提高自己的鉴别能力，当发现适合自己的对象时就该毫不犹豫地去争取自己的幸福。

6. 解决爱的冲突的能力

爱的冲突一方面来自日常生活习惯的不一致，或不协调；另一方面可能来自于性格的差异。相爱的人不是寻求两人的一致，而是看两人如何协调、合作。爱需要包容、理解、体谅，需要用建设性的方式去解决冲突。沟通是非常有效的方式，恋人间需要有效的沟通，表达清楚自己的思想、感受。伤害性的争吵或者冷战，都不利于问题的解决。当恋人之间发生矛盾时，首先，要尽量局限在以理智为主导的争论范围内，避免演化为以情绪为主导的争吵。你应当冷静地倾听对方、让对方充分地表达，设身处地地理解对方的看法、情感与动机；并且在争吵中，你既要坚持自己正确的方面，也要承认自己确实存在的局限与谬误之处。其次，要学会主动妥协。双方在经过一番争论之后，要提出可行的解决办法，这个办法应当最大限度地有利于双方、被双方所接纳。双方的所有要求与愿望并不能总是全部得到满足，在得到一些的同时不得不放弃另一些，这时就需要双方学会放弃。而且恋人之间的争吵，一旦主动妥协，对方便很容易心软，争吵可能很快就平息了。

（四）培养健康、文明的恋爱行为

恋人的言谈举止是其文明修养、心理成熟度的反映，因此也就成为促进或阻碍恋爱成功的重要因素，不少恋爱挫折或失败往往来源于恋爱过程中的行为不当。因此大学生在恋爱时应注意言谈文雅，举止文明。

1. 恋爱行为要大方

在恋爱过程中，由于性心理的作用，大学生会与恋人有一些亲昵行为。这是爱本身的心理需要，也能够促进爱情的交流。但是，大学生应注意其亲昵行为的场所，不该在大庭广众之下勾肩搭背、拥抱接吻，这将有损大学生的形象。同时，大学生在恋爱中还应掌握和控制好亲昵的尺度，体现出大学生良好的精神风貌。

2. 坦诚交往

谈恋爱需要两个人通过不断交流来增进感情，因此，双方一定要坦诚直率地交心。大学生恋爱非常重视双方的坦诚，很难谅解欺骗行为。但有许多大学生在恋爱过程中，不重视坦诚，喜欢欺骗，从而引发争执。如果诸事隐瞒或者有意欺骗，那么终有一天会引起对方的不满而导致感情的破裂。

3. 平等相待

在恋爱过程中要注意平等相待，不管对方外貌、事业、家世如何，你们都是平等的个体，不应贬低或抬高自己，更不能摆架子耍脾气，这都可能挫伤对方的自尊心和自信心，影响感情。

三、成功恋爱的基本要素

大学里的爱情是童话里的爱情，单纯浪漫却也过于理想化，缺乏现实基础。因此，本节的最后归纳出成功恋爱的基本条件给大学生作为参考，避免大学里的爱情给将来的生活留下遗憾。

（一）心理成熟

爱情是需要信赖、包容的，只有心理成熟的大学生才能深刻地理解爱情的内涵，分享快乐、分担忧患。而且心理成熟的大学生能够理智地处理感情方面的问题，如充分理解对方的苦衷等，而不至于因为小矛盾就轻易否定彼此的感情。此外，成熟的人对性有清醒的认识和较强的自制力，不会因为一时的冲动而做出不负责任的事情。

（二）拥有相似的价值观

价值观是人生观和世界观的基础，也是一个人的行为方式和人际交往的核心要素，因此，大学生恋爱最好选择与自己价值观相似的异性。只有在彼此价值观相似的情况下，才能进行密切的交往和深层的沟通，从而建立融洽的关系。

（三）情投意合

两个人情投意合才是爱情保鲜的基础。在大学恋爱的情侣中，由于动机各不相同，有不少是彼此将就的，而没有深厚感情的恋情是经不起生活的风雨的。所以，同学们在选择感情时需要慎重，如果并不是自己很喜欢的，就不要因为别的原因而轻易开始，那样的感情很难有结果。

第三节 保持健康的性心理

一切无知都是令人遗憾的，但是对性这样的事无知，则是严重的危险。

——罗素

一、大学生性心理概述

（一）性意识的发展

按照弗洛伊德学说来理解，心理发展的动力来自于性本能，追求性欲的满足就是心理发展的内驱力。他把与生存本能相联系，并用于机体的性需要的心理能量称为利比多（Libido），在人的不同发展时期利比多投放于身体的不同部位，并以此为标准而将人的性心理分为不同的阶段①。每一个阶段都有它特定的社会化的任务，如果社会化过程出现障碍（如中断、缩短、变异），以后将可能是导致人格障碍和一切心理疾病的病根。

1. 口腔期（婴儿期，1 岁以内）

在这一时期，婴幼儿通过吸吮母亲的乳房不仅满足对食物的需要，还感受到快感、满足和安全。这一时期性表现的三大特征是："性快感的来源同身体中维持生命不可缺少的寻食功能密切相关；它尚不知有性的对象，是一种'自体享乐'；它的性目的受快感区的直接控制。"这一时期最大的心理危机是断奶。婴儿是否能渡过断奶期间所带来的心理危机对以后性心理的发展具有重要的基础性影响。这一时期个体会建立对自己、他人和环境的信任感。

如果这一时期的社会化有问题，个体成年后易形成对世界、对人际关系的不信任和怀疑态度，有对爱拒绝的倾向，亦害怕失去爱和信任，难与人建立亲密的关系。

2. 肛门期（儿童早期，1—3 岁）

这一时期的快感区转移到了肛门区，获取满足所需的肌肉动作从吸吮变为排便。这一时期儿童心理发展的重要任务是获得独立性，发展自律性，接受大小便

---

① 林崇德. 发展心理学. 杭州：浙江教育出版社，2002.

的控制等生活技能的训练，学习如何表达敌意等负面情绪。由于父母过分关照，自律性发展和适应环境的能力将受到抑制。精神衰弱的人常常便秘，一切心理疾病患者都毫无例外地有着特殊的排便习惯和方式，就是这些人的心理发展倒退到这一时期的证明。

3. 性器官阶段（学前期，3—5岁）

性别认同开始形成，对生殖器格外好奇，既喜欢展示自己的裸体，也对别人的生殖器好奇，对两性差异有浓厚兴趣。对父母异性一方产生爱恋情结。这一时期诸如羞涩心、厌恶感和道德感尚未建立起来，如果教育不当或存在着某些外界的“诱导”作用，那么，将可能导致儿童多种性反常现象的发生，把他们的性活动引向任何一种变态。

4. 潜伏期（学龄期，6—12岁）

这一时期个体对性的兴趣下降，开始发展对学校、游戏同伴、体育运动等新的兴趣，获得勤奋感，具有乐于学习、富有好奇心、有坚强的毅力等特征。如果这一时期社会化过程发展不良时，会导致个体出现不足感和自卑感等消极的自我概念；在学习方面不适应；对批评采取防卫性反应；性别角色认同障碍，依赖性强、缺乏主动进取精神。

5. 生殖器期（青少年期，12—20岁）

这是一个充满依赖—独立的矛盾冲突的时期。性别角色和性别认同的矛盾冲突迅速膨胀，可能会有一种惊慌失措的情绪体验。通过综合各种影响和压力，最后建立自我认同感，成为一个独立的人，接纳自己；否则可能出现认同混淆和认同危机，没有一种稳定的自我认同感。弗洛伊德认为，“男女性特征的明显分化始自青春期。分化的结果对以后人格的发展，与别的因素比较起来，有着决定性的影响”。

由上可见，一个成年人的性心理健康与否取决于青少年时期的性社会化过程的正常与否。

（二）大学生性心理的特点

大学生从入学到毕业的年龄一般在18—23岁之间，属于青春期。处在青春期的大学生由于受文化层次、接受教育程度以及所处的特殊环境的影响，其性心理除了具有这一年龄阶段青年的普遍性特征外，还有以下特征：

1. 成熟的性生理与不成熟的性心理之间存在矛盾

目前，我国在校大学生的年龄一般在18—23岁之间，在这一阶段，性的成熟与整个身体的发育已基本完成，但是性心理的发展并未达到成熟。由于受传统伦理观的影响，在我国性的问题一直被蒙上神秘的面纱，大学生并未在家庭和学校中接受系统的性教育，因此大学生一直难以获得系统、完整、科学的关于性生理、性心理、性道德等方面的知识。所以，大学生对于自己在性心理上的变化仍然比较懵懂，而在朦胧纷乱的心理变化中，性意识将逐渐强烈并日渐成熟。

2. 性意识的强烈性与表现上的隐蔽性之间存在矛盾

大学生随着性生理的成熟，在青春期就出现的性欲望和性冲动此时会表现得更加强烈，这是身体发育中的正常生理和心理现象。他们希望接近异性，迫切希望与异性交往，以得到性的生物性满足。尽管如此，大学生十分注意自己在异性心目中的形象、评价，虽说内心里渴望与异性交往，却表现得羞涩、冷漠、回避。正是这种心理上的需要与行为上的矛盾表现，使他们产生了心理冲突和苦恼。

3. 性的社会性、道德性要求与性的压抑性、放荡性之间存在矛盾

大学生性机能的成熟使性的生物性需求更加强烈，时常伴有性梦、性幻想、自慰等行为，而大学生尚未形成稳固的、正确的恋爱观，再加上性的社会性、道德性要求的约束，使得大学生性心理的发展处于多种矛盾的相互作用之中并出现分化。不少大学生无法处理好这些矛盾，从而使性心理的健康发展出现了偏差。有的大学生对性冲动持否定、抵制的态度，采取压抑或放荡的方式。性压抑的结果不仅会有碍性心理的健康发展，严重者还会导致性变态或性过错。与此相反，还有的大学生对性持无所谓或放纵的态度。近些年来，随着我国对外经济文化交流的不断增加，西方“性解放”、“性自由”思想的侵蚀也逐渐增加，使部分大学生的性意识受到错误的强化而沉湎于谈情说爱之中，以致情趣低下、精神空虚。

（三）大学生的性心理在性别上的差异

大学生的性心理因性别的不同而有些差异：

1. 在对异性感情的流露上

男性表现得较为外显和热烈，女性往往表现得含蓄和深沉，所以，校园中普遍可见的是“男追女”。

2. 在需求心理方面

男性在心理需求方面的特点是被信任、被接受、被感激、被赞赏、被肯定；女性在心理需求方面的特点是被关心、被了解、被尊重、对其忠诚、被认同。所以恋爱中的男生应当多多关心自己的女友，而女生应当更多地信任、赞赏自己的男友。

3. 在表达方式上

一般是男性较为直接、主动，而女性较为被动，往往采取暗示的表达方式。所以女生经常讲话绕弯子，说了几句也没把本意说出来，还指责男生反应迟钝，而男生往往觉得莫名其妙，其实这是男女生的差异导致的。

4. 在思维方面

女性在思维方面的特点是凭直觉、喜欢分析、喜欢变化、容易将小问题扩大；男性在思维方面的特点是讲求逻辑、喜欢综合、喜欢稳定、喜欢抽象。如女生容易因为一件小事而“举一反三”，牵扯出许多别的事，而男生往往觉得不可理喻。

（四）健康的性心理标准

人不仅需要健全的性器官，完好的性功能，而且更需要健康的性心理和性行为。一般来说，健康的性心理标准是：

（1）正确认识自我，愉快地接纳自己的性别，即男性应具有男性意识，女性应具有女性意识，无性别认同紊乱，不怨恨自己的性别。

（2）能与异性和谐相处，性心理健康的个体，能够在日常生活学习中，与异性进行自然的、符合社会规范要求的交往。

（3）伴随性器官和生理的成熟，有与年龄变化相一致的性欲和性反应，并能进行理智的情感实现与情感控制。

（4）能正确认识和处理自己的性行为带来的后果，并能有社会道德责任感。

（5）能够认真接受性心理卫生与健康教育，主动矫正不良的性态度，积极预防性变态，树立正确的性观念和爱情价值观。

二、大学生常见的性心理困扰与障碍

（一）常见的性心理困扰

1. 性冲动

性冲动是伴随着性成熟而出现的一种正常的生理、心理反应。大学生处于性机能成熟的高峰期，几乎每个人都能感受到自身性冲动的存在。然而，面对这种性的自然冲动，不少大学生却难以接受。性冲动本身是正常的，性冲动与限制其宣泄的社会规范之间有冲突也是正常的，性冲动可能引起性心理失调的真正原因还在于其与社会道德规范内化而成的“性罪恶”、“性淫秽”等观念之间的冲突。这种冲突可以是在意识层面，也可能是在潜意识中。于是，大学生就处在一种兴奋与自责、激动与不安交织的矛盾之中。因性冲动而引起的各种消极情绪在大学生中相当普遍，这就要求大学生应正视和适应性成熟，对作为一种自然现象的性成熟及其带来的种种生理、心理变化要有科学的认识。

2. 性幻想

引导案例

孟某，女，某重点大学三年级学生，容貌俏丽，但性格敏感内向。自述近来经常为自己无法摆脱和控制性幻想而苦恼万分。她晚上常常失眠，有时还做性梦。梦中的男人不是书或影视作品中的主人公，就是班上或校园里偶尔碰到的同学和老师，这使得她在上课见到曾经梦见的同学或老师时，感到羞愧难当。后来发展到白天上课也不能控制自己的性幻想，看见男同学的胳膊就想象男人身体的某些隐蔽部位；看到男老师会想到晚上他回家后和爱人怎样亲热；甚至看见杂志上的男明星就想象和他亲热的情景。上课时，这种性幻想使她注意力不集中，心情焦躁以致听课效率急剧下降；上晚自习时，一旦脑海中出现性幻想，整个晚上就再也不能好好读书。几年来虽然自己刻苦学习，但成绩始终较差。她经常陷入深深的自责与懊悔之中，恨自己有这种“下流”的念头。孟某曾无数次地强迫自己摆脱这种性幻想，但每次都是以失败告终，而且越是强迫摆脱它，它却出现得越是频繁与强烈。现在她已经基本丧失了自信心，在同学面前抬不起头，尽量找借口避开各种集体活动。同宿舍的女生好多都有了男朋友，孟某也想给自己找到感情归宿，也有不少的男生追求她，而且其中也不乏她中意的，但她都一概回绝了。因为她始终认为自己是个“坏女孩”，不配接受别人的爱，宁可使自己长期地陷入痛苦烦闷之中无法自拔。目前她的处境非常遭，心情焦虑，记忆力明显下降，经常无缘无故地朝别人发火，事后又非常地自责与内疚。因此导致同学关系比较紧张，甚至有人骂她是精神病。

资料来源：http：//netclass. csu. edu. cn/jpkc2007/Hunan/02Psychology/kechengtese/anlijijing/index_ 3. htm

性幻想是大脑皮层活动的产物之一，介于意识和潜意识之间，是对现实生活中暂时不能实现的希望的精神满足，可强化躯体刺激，加深性体验，提供更深层的性满足。性幻想可以最大限度地满足个体的性心理欲求，起到平息心灵冲突、抚慰心灵的作用。因此性幻想是性成熟过程中一种正常的生理、心理现象，也是一种合理性释放的途径，无须为此而自卑、自责。但是，性幻想不能过头，沉溺其中会影响大学生的健康成长。

3. 性梦

引导案例

某男，21 岁，大学三年级学生。平时性格比较内向，不善于与人交往，从没有和哪一个女孩子特别亲近。然而不久前做了一个梦，梦中居然和别人发生了性关系。梦醒后他愧疚不已，感到犯了乱伦的罪过，无颜面对他人。后来又做了一个梦，梦中和班中的女团支书发生了关系。潜意识中似乎在证明什么，他不相信自己道德如此败坏，竟这样下流无耻。他担心团支书因此受到伤害，以至于不敢面对她。只要她在教室，他就看不下去书，如果单独与她不期而遇，一天便会心神不宁，强烈的罪恶感使他不能安心学习。他担心自己会变成性犯罪分子，有时还怀疑自己是不是得了精神病，为什么会如此不正常。心理的负荷使他不敢入睡，生怕“重温旧梦”，讲又讲不出口，想也想不开，忘更是忘不掉，万般苦闷中他走向咨询室。那么，为什么会做这样的梦呢？这真的是不道德的表现吗？

资料来源：http：//jpk. hbun. net/xinlixue/sc/zixun. htm

性梦是指在睡梦中发生性行为。这也是青春期性成熟后出现的正常的心理、生理现象，在青年中普遍存在。人们在睡眠中做含有性内容的梦可同时伴有性的生理反应（如男子射精称为梦遗）。心理学家认为，对青年期的学生而言，性梦是一种调整性欲过高的自慰现象。这种性梦的自然宣泄类似一种安全阀的作用，可以缓解积累的张力，有利于性器官功能的完善和成熟，是性生理、性心理发育正常的标志。

在现实生活中，不少大学生对性梦有一定的误解。第一是对梦中的自己有失理智而羞愧、自责，甚至难以接受，为此苦恼和惶恐不安；第二则是把无意识的性梦当成了自己自觉的愿望，以为梦见了对方就是爱上了他（她），在性梦的驱使下盲目求爱。其实，大学生应当认识梦境的虚幻性，且这是一种无意识行为，既无法控制也无法预防。因此，大学生完全没有必要为自己在性梦中出现的异常行为而紧张多虑。

4. 性焦虑

性心理矛盾、冲突以及各种性适应不良都会引起性焦虑，这里主要指对性生理、性体像、性角色的焦虑。

男女大学生性生理发育已基本成熟。遗精和月经是人成长过程中必然出现的自然和正常的生理现象，但仍有相当部分大学生受其困扰。一些男大学生受“一滴精十滴血”、“遗精会大伤元气”错误认识的影响，对遗精感到恐慌担忧、焦虑不安；部分女大学生因为经期而出现周期性反应，还可能出现痛经、烦闷、焦虑、易怒，或者沉默寡言、消极抑郁，甚至恶心、呕吐等经前期紧张综合征，使自己的学习和生活受到较为严重的影响。

另外，当青年男女认为自己的体像不如己意且很难改变时，就会出现烦恼和焦虑。有调查发现大多数大学生对体像有或多或少的焦虑心理。对男大学生而言，最苦恼的是对自己的生殖器官不满意，他们错误地认为，阴茎小便意味着性功能差；困扰男大学生的第二大问题是觉得自己个子矮。对女大学生来说，顾虑自己乳房小的最多，其次则是担忧自己的身材问题。面对这些困扰，大学生如果不能正确认识自己的身体和第二性征，甚至将其看作自己的缺陷，就会产生自卑心理，以至影响人际交往、学习和生活。

除了对形体不满带来的心理不安外，大学生还为自己的心理行为是否与角色相吻合而忧虑。那些担心自己不够符合自己的性角色的大学生，可能会出现“过度补偿”现象。

5. 性自慰

引导案例

李某，男，20 岁，某大学二年级学生。自述在初中时染上了手淫习惯，开始时只是每月偶尔有之，但因手淫而带来的心理压力很大，认为自己做了见不得人的事，是“龌龊”、“下流”的。又听伙伴传说“一滴精十滴血”，因此更为惊慌、焦躁不已，每次手淫过后都极其自责与懊悔，但又控制不了自己。自从进入大学后，学习压力小，空余时间又多，因此他忍不住常常搜集、阅读有关性内容的书刊，性冲动受到刺激更是难于控制，常常对性内容浮想联翩，头脑中也常常出现性幻想，手淫现象因此也更加频繁了。为此他心理压力很大，常常无故地自责，自卑心理很重，而且尽量回避与同学的交往，人也变得越来越敏感与内向。常感到精力不足，体质虚弱，注意力不能集中，学习因此受到很大的影响，而且自认为这些都是手淫带来的，因此感到更加焦虑与懊丧。近来又看到由于手淫可引起婚后阳痿的报道，觉得正与自己多年来的担忧相吻合，因此恐惧、焦虑感剧增，曾多次努力杜绝手淫习惯，但总是坚持不住。

资料来源：http：//netclass. csu. edu. cn/jpkc2007/Hunan/02Psychology/kechengtese/anlijijing/index_ 3. htm

性自慰又称手淫，是指性冲动时，用手或其他物品摩擦、玩弄生殖器以引起快感，获得性满足的行为。手淫是人类自我调节性心理和性生理紧张的一种合理宣泄，它是人类处于无婚姻状态用以满足性需求的一种替代方式。手淫在男女青少年中是比较普遍的现象，因手淫而产生心理压力的大学生仍占一定比例。这主要是源于对手淫的错误认识，使得他们在每次手淫前后总是伴随着精神紧张、恐惧、焦虑感甚至罪恶感。

目前心理学界和医学界对于手淫的健康评价是比较一致的，即适当手淫无害。但凡事不能过度，如果不断追求这种“简单易行”的性满足方式，可能会滑向过度手淫，或实施特异变态的手淫，那样就有损健康。因此，大学生应客观地看待手淫现象，增强意志的调控能力。

（二）常见的性心理障碍

常见的性心理障碍有以下几种：

1. 异装癖

异装癖是指将自己装扮成异性，并获得变态心理的满足，其特点是由穿戴异性衣着而产生快感或达到性欲满足。多数异装癖者有公开的异性伴侣并结婚，他们并不一定认为自己就是异性，而只是通过身着异性服饰来获得异性的性满足。异装癖者并不仇视自己的生殖器，他们愿意做一个有男性生殖器的“女人”，他们的病态活动通常呈周期性发作。

2. 同性恋

中国精神障碍分类及诊断标准第三版（CCMD－3）将同性恋列入了性心理障碍（62.31），并将其归类为性指向障碍，即“不引起常人性兴奋的人物，对这些人有强烈的性兴奋的作用”。起源于各种性发育和性定向的障碍，从性爱本身来说不一定异常。但某些人的性发育和性定向可伴发心理障碍，如个人不希望如此或犹豫不决，为此感到焦虑、抑郁，及内心痛苦，有的试图寻求治疗加以改变。这是 CCMD－3 将其纳入的主要原因。其诊断标准为：

（1）符合性指向障碍的定义。

（2）在正常生活条件下，从少年时期就开始对同性成员持续表现性爱倾向，包括思想、感情，及性爱行为。

（3）对异性虽可有正常的性行为，但性爱倾向明显减弱或缺乏，因此难以建立和维持与异性成员的家庭关系。

3. 恋物癖

恋物癖的特点是指通过接触异性穿着或佩戴的物品引起性欲，以男性居多。他们对异性的危害较攻击性性变态小，但仍会涉及违法和违背社会伦理等问题。他们接触的物品大多是直接接触异性身体的物品，如内衣、内裤、手套等。

4. 窥阴癖

窥阴癖是指对女性阴部窥视的一种行为，其特征是常隐藏于厕所或浴室附近，偷偷窥视，并以此获得快感。他们常常冒着被逮获的危险，从事窥阴活动，以使变态性心理在窥视中获得性快感和满足。

三、积极塑造健康的性心理

（一）摆正性爱观

大学生应当树立正确的性爱观，明白性与爱的关系。首先，性并不等于爱，强拧的瓜不甜，尊重恋人的意愿本身就是对恋人的爱。爱并不是要占有，而是尊重。不与恋人发生性行为，并不等于不爱对方，同样，与恋人发生性行为，也不能代表爱。其次，性的付出并不能获得和保全爱。并非你大胆奉献了自己，就能获得对方的怜惜与爱。更不要以为自己与对方进展到性的关系后，两人就能相爱到永远，性并不是爱的保险栓，所以大学生应谨慎对待性的付出。

（二）科学掌握性知识

应重视科学的性知识的学习，包括性生理和性心理的有关知识，掌握性生理和性心理的发展规律。只有明白自己的性意识变化是生理发展的正常现象，才能消除由此带来的不良情绪。大学生应主动搭建一个“性”息平台，了解正常的性知识，这并不是什么羞耻的事情，相反，它能促进大学生性道德、性价值观及性心理的发展，完善大学生的人格。大学生在自主科学地掌握性知识的过程中应注意以下几点：

1. 从科学健康的渠道获取性知识

大学生应注意获取性知识的渠道，选择恰当的性知识传授者，并在他们的指导下选取一些有益健康的性知识书籍进行阅读，或者通过登录性健康教育网等途径来学习一些健康的性知识。同时，还应积极参加学校组织的性健康教育课程与活动，在互动的活动中，专家或老师可以帮助同学们解答困惑。

大学生不应接触非法渠道的与性有关的音像制品与物品，因为可能从中获得不恰当或错误的性信息，更严重的可能会引导性取向出现偏差。缺乏性知识或盲目地接受各种性知识是大学生出现各类性心理障碍的主要原因。

2. 积极向他人咨询

大学生应改变“谈性色变”的观念，应当以科学的态度坦然面对。当存在与性有关的困惑时，应积极向父母或学校心理咨询机构进行咨询，排除身心困扰。大学生应以科学的观点对待性问题，建立性咨询求助的意识，这对于解除性苦恼、性困惑，预防性心理障碍与疾病具有重要意义。

（三）健康的性行为

健康的性行为应是互敬互重、理智适度、文明有礼的。大学生在恋爱时，可能因未考虑后果而不克制自己的性冲动，做出婚前性行为。而不恰当的性行为可能会给生命带来巨大伤害，带来自责、懊恼等心理压力，因此大学生应该三思而后行。

大学生在日常生活中，应当有意识地克制性冲动，采用其他方式来满足自己的性渴望。其一是适度的宣泄，可以找好友交流，或者通过日志自我倾诉。当性冲动较强时，可适当地进行自慰。不过，大学生应当知道虽然适度的性自慰行为对身体无害且不伤害他人，但这并不意味着它是必需的，还有更健康的宣泄性冲动的方法，即性的升华。其二是性的升华，是指将生理上的性欲冲动转化为较高级的精神活动的动力，或将性生理紧张度降低为一种非急迫的性需要。性的升华是性欲得以满足的间接方式，但也是最有社会价值的调节方式，大学生可通过积极参加社会活动和集体活动，或者通过工作和学习来实现性的升华。

思考题

1. 简述主要的爱情理论。
2. 如何理解大学生恋爱的发展阶段?
3. 概述大学生常见的恋爱困惑。
4. 试述大学生如何树立正确的恋爱观。
5. 常见的性心理障碍有哪些?

第八章
大学生的择业心理

【学习目标】

通过学习本章内容，可以使读者对大学生就业形势、择业心理和职业生涯规划等与大学生择业心理密切相关的概念形成一个总体的认识，进一步了解如何通过认识自我、分析环境、确定职业生涯的目标等具体措施来规划自己的职业生涯，掌握大学生常见的择业心理问题及相应的调适方法，从而为将来更好地就业打下坚实的基础。

广州毕业生排队4小时只为等几分钟的面试、全国“蚁族”上百万、大学生就业“过冬论”四处蔓延……随着大学生就业形势的严峻，制度改革和社会对人才的新要求，高校毕业生就业矛盾日益突出，就业竞争日趋激烈，一些大学生在求职择业的过程中，由于心理准备不足，会出现各种各样的心理偏差和心理问题。是“先就业再择业”，还是在家等着做“啃老族”？是做自己喜欢的，还是做社会热门的？就业是人生的一个重大课题，如果对此认识不足、规划不好，就会严重阻碍大学生人生梦想的实现。

第一节　大学生择业心理概述

一、大学生就业形势

2008年全国高校毕业生559万，比2007年增加了85万人，2009年高校毕业生达619万，而到了2010年，这个数字达到了630万。逐年递增的毕业生人数，给社会和大学生个体都带来了巨大的压力。

在这样的情况下，很多学生不得不选择继续深造。据教育部统计，全国报考2010年硕士研究生的人数达到140万人，较2009年增加13%。这也是2001年以来硕士研究生报考人数的最高纪录，是2001年报考总人数的3倍。

此外，考公务员也成为毕业生的另一大选择。"考碗族"越来越多，考上中央国家机关公务员被称为"金饭碗"，直辖市省级公务员是"银饭碗"，地级市是"铜饭碗"，镇街道一级最起码也是"铁饭碗"。激烈的竞争让公务员的报考职位录取比达到十几比一，有些地区甚至是几十比一！

面对严峻的就业形势，大学生首先应该了解自己的择业心理，清楚自己到底喜欢什么、需要什么以及能做什么，这样才能明确自己将来的职业道路。

二、择业心理的概念

择业心理是指在选择职业的过程中，对职业和对自身的兴趣、能力、性格、价值观等方面的认识、了解，以及在选择职业过程中的推理与决策。

大学生择业心理是指大学生在毕业选择职业时表现出来的各种心理状态与特征的总和。如果一个人不能对自己的职业兴趣类型、所具备的能力、性格特征及价值观等因素有一个客观充分的了解，那么在职业选择时，就很容易受他人影响、随波逐流，在择业决策中感到矛盾重重、犹豫不决，从而导致最后与自己心仪的职业失之交臂，确定了的职业变成自己一辈子的负担和压力。由此可见，对自己客观全面的分析和认识对树立良好的择业心理具有重要意义。下面，请跟随我们，一起来更好地认识你自己，从而帮助你规划自己的职业。

三、职业生涯发展概述

让我们来做个计算，如果你活到80岁，那么你在世上生存的时间是29 200天；如果你的工作年龄为20岁至60岁，那么你花费在工作上的时间将近15 000天。你是否想过，这二分之一的生命过程将如何度过？为什么在大学大家还站在同一起跑线上，而毕业数年之后，大家的事业和生活会产生巨大的差距？你对自己的事业是否怀有梦想？这15 000天的职业生涯时间你会如何规划？

（一）职业和职业生涯

职业是参与社会分工，利用专门的知识和技能，创造物质财富和精神财富，获得合理报酬，满足物质生活、精神生活的工作。[1] 伏尔泰曾说过："工作能使人免除三大流弊——生活乏味、胡作非为、一贫如洗。"可见，工作和职业对我们来说是必不可少的，没有人可以永远不工作、终身没有职业。

职业生涯是指个人职业的发展道路，包括就业的形态、工作经历以及与职业相关的活动等，是一个人从职业学习开始到职业劳动结束的经历过程，也是个体投入时间、精力最多的人生组成部分。

广义职业生涯包括生活中各种事件的演进方向和历程，是统合人一生中的各种职业和生活角色，也是人自青春期至退休之后，一连串有酬或无酬职位的总和，甚至包括了副业、家庭和公民的角色。而狭义职业生涯则是指一个人终其一生的、与工作或职业有关的经验和活动。

无论是哪种定义，职业生涯都只表示一个人一生中在各种职业岗位上所度过的整个经历，并不包含成功或失败的含义，并且职业生涯对于个体而言，既包括外在的职业活动和经历的变迁，也包括内在的价值观、态度、气质、能力等的改变。这说明，职业不再只是一种谋生手段，它更多地指向个人生命的意义。

（二）职业生涯规划

伟严在大学学的是理科。毕业后，由于房地产市场火热，他放弃了自己的专业而投身房地产行业，并积累了一笔小财富。但过了几年，房地产开始降温，伟严发现这个行业不好做了，于是他转而从事文职工作。由于专业性不强，这份工作他做得磕磕绊绊。一年之后，他被老板炒鱿鱼了。看着大学同学一个个都发展得很好，自己却前途一片茫然，伟严真不知该怎么办？职业生涯规划，得从大学开始。

1. 职业生涯规划的概念

职业生涯规划是指个人对自己的职业生涯设定目标，并对实现这些目标的时间、步骤进行合理安排。它不但要求规划者本人要满意，而且还需对本人的发展及成功有潜在的帮助。

美国作家盖尔·希伊在《开拓者们》这部书中，通过一份内容十分广泛的"人生历程调查问卷"，间接地访问了6万多个各行各业的精英人物，他发现那些最成功的和对自己生活最满意的人有一个非常重要的特点：他们一开始就会致力于制定一个职业生涯规划，尽管一些目标并非是当时力所能及的。"一个好的开始，是成功的一半"。大学时期做好职业生涯规划，认定自己的职业目标，认真选择第一份职业，这是我们事业成功的有力保障。

---

① 程社明．你的船，你的海——职业生涯规划．北京：新华出版社，2007.

一个成功的职业生涯规划应该具备以下四个方面：

（1）可行性。规划要以客观事实为依据，切忌空想、幻想，例如“立志成为美国总统”就是种不切实际的想法。

（2）时效性。规划要有一定的时间限制，要有具体实施的步骤和完成时间顺序，以作为检查行动计划的依据。

（3）适应性。要考虑到各种可变的、发展的因素，如自己和家人的身体状况等，并注意调整自己的规划。

（4）持续性。规划要保证职业生涯的各个不同阶段的持续、连贯，不能出现跳跃，如今天还只是个销售代表，明天就想成为销售总监。

2. 职业生涯规划的分类

职业生涯规划根据规划期长度的不同，可分为短期规划、中期规划、长期规划和人生规划（如表 8－1 所示）。

（1）短期规划。一般是 2 年以内的规划，主要是确定近期目标以及具体任务。例如新员工刚入职，那么自己的短期规划可以是熟悉并融入公司环境、熟悉业务流程等。

（2）中期规划。一般是 2 至 5 年的规划。例如 3 年后要完成职业所需的资格考试，争取成为部门经理等。

（3）长期规划。一般是 5 至 10 年的规划。如规划 35 岁要成为分公司的负责人，掌握所辖地区的大客户资源等。

（4）人生规划。整个职业生涯的规划，时间长至 40 年左右，设定整个人生的目标和阶梯。

表 8－1　某大学工商管理专业学生的职业规划表

一生要完成的大事	梦想依据	措施及成绩	完成期限
获得学士学位以及国外深造机会	大学期间勤奋学习，夯实专业基础，提高英语能力	通过英语四六级，计算机二级	2009 至 2013 年 短期规划
出国留学	多年的英语基础及对国外先进知识的渴望	通过托福或雅思考试	2013 至 2015 年 中期规划
到外企工作	流利的口语和坚实的专业知识	做好本职工作的同时，团结同事，思考有利于公司发展的新举措	2015 至 2020 年 长期规划
进入公司管理层	业绩层层提高，上级赏识、同事信任	更加努力地工作，开拓新市场，培养下属的工作能力	2020 至 2028 年 长期规划

（续上表）

一生要完成的大事	梦想依据	措施及成绩	完成期限
创办自己的公司	多年的工作经验积累、客服网络的营造及伙伴关系的建立	使公司步入正轨，开始盈利，建立公司制度，拓展公司业务	2028 至 2040 年人生规划
建立分公司	本身的经济实力	考察各地商业环境，寻求新伙伴，在各地建立分公司	2040 至 2051 年人生规划

3. 职业生涯的阶段划分

在人的一生中，职业生涯是一个长期发展的过程，在不同的发展阶段，个人有着不同的职业需求和人生追求。美国学者萨帕将人生的职业生涯发展划分为五个阶段。①

（1）职业生涯启蒙阶段（0—14 岁）。

这一阶段主要根据儿童自我概念形成的特点，发展儿童的自我形象，形成他们对工作意义的认识以及对工作的正确态度。这一阶段又可分为以下几个时期：

①幻想期（4—10 岁），这时我们会说“我以后想做医生”或者“我要成为作家”等；

②兴趣期（11—12 岁），这时个体的想法更多是受所学课程或者所接触的事物的影响，例如历史课学得好就想以后学考古；

③能力期（13—14 岁），这时我们选择自己将来的职业会更多考虑自身的能力，例如善于画画，会憧憬以后做一个画家。

（2）职业生涯探索阶段（15—24 岁）。

这一阶段青少年通过学校生活和社会实践，对自我能力及职业角色进行探索，使职业偏好逐渐具体化、特定化。这个阶段可划分为以下三个时期：

①试探期（15—17 岁），个体会考虑自身的需要、兴趣、能力和机会，可能会做出暂时决定，并在幻想、讨论、学业和工作中尝试；

②过渡期（18—21 岁），个体更重视现实，开始就业或进行专业训练，例如参加英语口语培训。并力图将一般性的职业选择变为特定的选择，例如“做一个英语教师”；

③承诺期（22—24 岁），青年初步确定职业生涯并验证其成为长期职业的可能性，如果不合适则重复各时期进行调整。

---

① 段鑫星，赵玲．大学生心理健康教育．北京：科学出版社，2008.

（3）职业生涯建立阶段（25—44 岁）。

这一阶段是整个职业生涯发展的重要阶段，直接关系到今后事业的成败。这一阶段的主要任务就是选择职业，进行自我与职业的统合，促进职业的稳定并力求上进。这个阶段大致分为两个时期：

①承诺稳定期（25—30 岁），个体开始寻找安定的工作，如果工作不满意则力求调整；

②建立期（31—44 岁），个体致力于工作上的稳固，大部分人处于富有创造性的时期，是职业发展的最佳时期。

（4）职业生涯维持阶段（45 岁—64 岁）。

这一阶段的个体，身体和心理等机能下降，对于职业的发展开始感到吃力，会出现“中年危机”。因此这一阶段的主要任务是帮助人们维持现有的成就和地位。

（5）职业生涯衰退阶段（65 岁以上）。

这一阶段的任务是根据个体心理与生理机能的日益衰老，逐渐离开工作岗位，协助个体发展新的角色，寻求新的生活方式替代和满足个人发展的需求。

个体职业生涯发展的五个阶段中，每一阶段都包含成长、探索、建立、维持和衰退的循环，个体的职业生涯发展构成了一个完整的循环式发展任务系统（如表 8－2 所示）。

表 8－2　循环式发展任务

阶段	年龄			
	青年 （14—25 岁）	成年早期 （25—45 岁）	中年 （45—65 岁）	老年 （65 岁以上）
衰退	减少用于嗜好的时间	减少运动时间	集中于主要活动	减少工作时间
维持	验证当前的职业选择	设法保持工作的安定	巩固自己面对竞争	保持仍有兴趣的事
建立	开始创业	安于现职	学习新的技能	从事向往已久的事
探索	争取更多的工作机会	寻找机会做自己喜欢的事	辨识新问题并设法解决	寻找合适的退休后的活动场所
成长	发展适宜的自我观念	学习处理与他人的关系	接纳个人的限制	发展非职业性角色

举例来说，一个大学一年级的新生，必须适应新的角色与学习环境，经过“成长”和“探索”，一旦“建立”了较固定的适应模式，同时“维持”了大学几年的学习生活之后，又要开始面对另一阶段生活，比如说考取研究生或择业。

这个时期，原来已经“建立”和“维持”的模式会逐渐衰退，继而开始新阶段的成长、探索、建立、维持和衰退的循环式发展，如此周而复始。

第二节 规划职业生涯

在了解了大学生职业生涯规划的概念和重要性后，我们应该马上开始进行自己的职业生涯规划，以实现我们的事业梦想。大学生职业生涯规划如何进行？有以下几个步骤。

一、认识自我

（一）气质与职业的关系

你做事反应快吗？你对于工作总是精力充沛吗？你在新工作新环境中能很快适应吗？你喜欢团队工作还是喜欢独自完成一项任务？这些问题的答案，都与你的气质特征有关。

气质是表现在心理活动的速度、强度、灵活性和指向性等方面的一种稳定的心理特征，受神经系统活动过程的特性制约。认清自己的气质对择业至关重要，是大学生选择职业时需要考虑的重要因素。气质可分为胆汁质、多血质、黏液质和抑郁质四种类型，而每一种气质都有它积极和消极的两面性。不同气质的人适合从事不同类型的职业，职业与个体气质的关系见表8－3①。

表8－3 职业与个体气质的关系

气质类型	个性特点	职业特点	适合的职业
胆汁质	精力旺盛，热情直率，激动暴躁，反应速度快却不灵活	能适应竞争激烈、繁杂、高风险的工作，但对长期安坐的细致工作很难胜任	探险、地质勘探、体育运动、节目主持、营销等
多血质	活泼好动，易适应环境，工作能力较强，善于交际，但注意力不稳定	适合从事要求迅速灵活反应的工作，但不适宜从事单调机械的工作和要求细致的工作	外交、公关工作、律师、公安侦查等

① 饶淑园，赖美琴．大学生心理健康．广州：暨南大学出版社，2009.

（续上表）

气质类型	个性特点	职业特点	适合的职业
黏液质	安静沉稳，态度稳重，能埋头苦干，但反应速度慢，偏固执、冷漠	适合于从事要求稳定、细致、持久性的职业，不适宜从事具有冒险性的工作	会计、法官、医生、播音员等
抑郁质	敏感，行动缓慢，观察力敏锐，易疲倦、孤僻，工作耐受性差，做事谨慎小心	适合于要求精细、敏锐的工作，也适合从事研究工作和艺术造型工作等	档案管理、仓库管理、文档编辑校对、文秘等

事实上，大多数人总是以某种气质为主，又附有其他气质，具有混合型气质。气质没有好坏之分，每一种气质类型的人只要在工作中扬长避短，都能利用自己的优势获得职业发展。所以，大学生在职业选择中，一定要量体裁衣，找到适合自己气质类型的工作。

你知道自己属于哪种气质类型，适合哪种职业吗？请参看斯特里劳气质调查表。①

（二）性格与职业的选择

你喜欢与人打交道，还是喜欢与事物打交道？你会更多考虑工作的完成程度，还是工作中他人的感受？你是性子急的人，还是一个拥有较好耐心的人？这些都是你的性格决定的。

根据 MBTI（麦尔斯—伯瑞格斯）性格理论，可以从以下四个方面来对性格进行分类，每种分类都有其相应的比较合适的职业：

1. 内向型和外向型

从精神关注的方向来对性格进行分类，性格可分为内向和外向。内向型的人更关注自己的内心，情绪稳重、不善于言辞；而外向型的人则更关注外部，热情开朗、善于交际。一般说来，外向型的人比较适合从事销售、涉外、教育、服务等方面的工作；而内向型的人相对深沉、严谨、认真，比较适合做财务、人事、行政、党务之类的工作。

2. 感觉型和直觉型

根据个体收集信息方式的不同，性格可分为感觉型和直觉型。感觉型的人关注由感觉器官获取的具体信息，即那些看到的、听到的、闻到的、尝到的、触摸到的事物。他们关注细节，喜欢运用和琢磨已有的技能。这类人适合从事技术性

① 在线测试，http：//www.doc88.com/p-6500247870.html.

的工作。而直觉型的人关注事物的整体和发展变化趋势，他们善于用灵感来预测，并重视推理。他们更适合从事创造性的工作。

3. 思维型和情感型

根据个体决策方式的不同，性格可分为思维型和情感型。思维型的人重视事物之间的逻辑关系，喜欢通过客观分析作决定评价，而常被认为是漠不关心、麻木不仁的。这种类型的人不适合从事人际沟通工作。而情感的人以自己和他人的感受为重，将价值观作为判定标准，他们可能被视为过于感情化、无逻辑和脆弱，因此策划之类的工作不太适合他们。

4. 判断型和知觉型

根据个体行事方式的不同，性格可分为判断型和知觉型。判断型的人喜欢作计划和决定，愿意进行管理和控制，希望生活井然有序。这类人能够胜任规划、决策类的工作。而知觉型的人灵活、能很快适应环境，做事不喜欢计划而任事情自由发展。这种类型的人不太适合一成不变的工作。

性格不同于气质，它有好坏之分。例如，有的人性格比较自私，其在工作中常会计较自己的利益得失，对公益事业漠不关心，这样的人就不适合在服务性行业中工作，也不适合老师、外交人员等；而有的人开朗大方、关心他人，处处把他人利益和集体利益放在首位，不求回报地为组织服务，这样的人就很适合做服务性的职业，如公务员、医生、教师等。此外，性格中的意志成分也同职业选择有密切关系。例如，有的人缺乏坚忍的意志，就不适合从事科学研究、资料管理、运动员等要求具有很强耐力的职业；那些易动摇、性格散漫的人，不适合从事服务性职业，以及教师等类似的职业。

当然，我们除了要认识到自身性格上的缺陷，避免去选择不适合的职业外，也应明白性格具有可塑性，改正自己不良的性格特征，完善自己的性格，让我们的性格帮助我们造就自己的事业。“性格决定命运”，这就是我们改变命运的途径。

（三）兴趣与职业的关系

你喜欢竞争激烈的职业，还是喜欢相对稳定在职业？你喜欢从事与人打交道的工作，还是喜欢独处的工作？你喜欢做管理型的工作，还是喜欢做技术型的工作？你喜欢做轻松的工作，还是喜欢具有挑战性的工作？要回答这些问题，我们必须先了解我们的职业兴趣。

1. 兴趣的定义

兴趣是指个体积极探究事物的认识倾向，这种倾向带有稳定、主动、持久等特征。人的兴趣是多方面的，可以是精神的、物质的、社会的兴趣等等。如果一个人对某种工作产生了兴趣，在工作中就会具有高度的自觉性和积极性，在工作中做出成绩。反之，则会影响工作的积极性，有可能一事无成。走自己的路，做自己喜欢的事情，选择自己感兴趣的职业，是当今社会最具有典型性的择业观念。

2. 兴趣的分类

美国职业指导专家霍兰德（Holland）认为，人们的职业兴趣可分为6种类型，每种职业兴趣都有相适应的工作类型。他还提出了测量职业兴趣的量表——霍兰德职业兴趣测验。[①] 霍兰德对人们的职业兴趣分类及其与职业的关系描述如表8－4所示：

表8－4　兴趣与职业的关系

职业类型	个性特点	职业要求	职业特点	适合职业
现实型	喜欢以物、工作、机械等为对象，从事明确的、有序的活动	要求明确、具体的任务，具备较强的操作技能，人际关系要求不高	运用手工工具或机器进行手工和技术工作	工程师、飞机机械师、自动化技师、电工、机械工、木工等
研究型	具备从事观察、评价、推理等方面活动的能力，喜欢抽象的创造研究活动	要求具备思考和创造能力，社交要求不高	科学研究和试验工作，研究自然界、人类社会的构成和变化	科研人员、试验员、数学家、物理学者、化学家、动植物学家、科学报刊编辑等
艺术型	具有艺术性的、独创性的表达和直觉能力，不喜欢硬性任务，情绪性强	通过语言、动作、色彩和形状来表达审美原则，单独工作	通过动作、语言来创造艺术作品	作家、演员、记者、画家、编剧、舞蹈家、音乐教师、摄影师、服装设计师等
社会型	喜欢从事与人打交道的活动，喜欢训练人、教育人和给人做咨询	要求具备高水平的沟通技能，热情助人	通过命令、教育、培训咨询等方式帮助、教育、服务人	外交工作者、教师、导游、社会福利机构工作者、咨询人员、思想工作者等

① 测试可登陆 http：//baike. baidu. com/view/3344527. htm.

（续上表）

职业类型	个性特点	职业要求	职业特点	适合职业
企业型	喜欢实现组织目标，或者为获得经济利益而操纵他人、驱动他人	具备较好的说服和管理能力，精力充沛、自信，善作言行反应	劝说他人、指派他人去做事情的工作	管理、政治、律师、推销员、调度员、广告宣传员等
常规型	注重细节，讲究精确，具备记录和归档能力	要求系统、常规的行为，具体体力要求低，人际技能要求低	一般是各种办公室、事务性工作	会计、统计、办公室职员、秘书、计算机操作员、法庭速记员等

霍兰德所划分的六大类型，并非是并列的、有着明晰的边界。他以六边形标示出六大类型的关系，如图8－1所示：

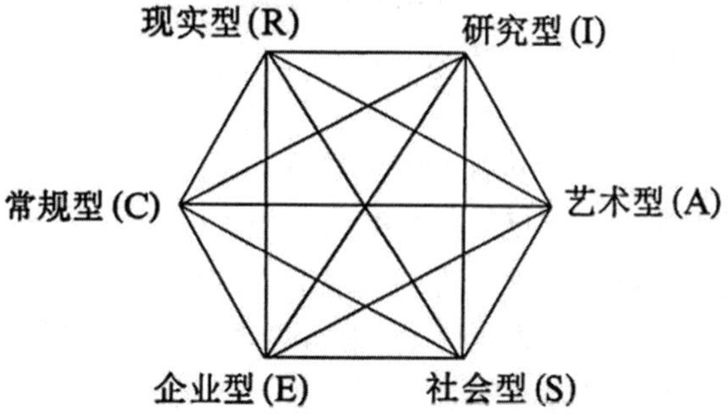

图8－1

在这个六边形中，邻近的类型比较相似，处于对角线的两种类型的特征最不相似。例如，艺术型与常规型相处于相对位置，这两种类型的人相差最大，所适合的工作类型差异也很大。多数人都属于几种类型的结合。通过职业兴趣测验，可以得到个体在每个类型上的得分，从而判断自己适合的职业有哪些。

一般来说，兴趣是在后天生活实践中形成的，但兴趣有相对的稳定性，它与一个人的个性有内在的联系。因此，大学生在择业过程中应适当考虑自己的兴趣和爱好，选择能够充分施展自己才能的职业，否则会贻误终生。

美国汽车制造业最有影响的企业明星——李·亚科卡，在大学学习的是工程专业，取得工程硕士学位后，他来到福特汽车公司做了一名见习工程师。但工作后不久，他发现自己并不擅长于工程技术工作，而真正的喜欢的是与人打交道。

于是，他毅然放弃了原有的职位，而在该公司内部担当了一名推销员。由于工作努力、成绩卓越，他连连获得晋升，并最终登上了福特汽车公司总裁的宝座。

（四）能力和职业的关系

你善于与人沟通吗？你善于影响并激励他人吗？你动手能力强，是一个技术好手吗？你善于书面表达吗？你精于数字计算吗？这些都是由我们自身所具备的能力决定的。

1. 能力的定义

能力是指才干、技能或能胜任某项工作的主观条件，人们成功地完成某种活动所必须具备的个性心理特征，是人们在社会实践中所表现出的身心力量。一个人的能力高低会影响他掌握各种活动的成绩，影响一个人的活动效果。大学生除了要认识自己"想干什么"，还得认识自己"能干什么"。

2. 能力的分类

能力可以分为很多种类，这里介绍人们普遍认可的一种分类。能力按照它的倾向性可以划分为一般能力和特殊能力。①

（1）一般能力。

一般能力和人们的认知活动有着密切联系，并保证人们比较容易地、有效地掌握知识。它包括观察力、记忆力、思维力、想象力和注意力，并以抽象概括能力为核心。我们通常讲的智力就是各种一般能力的整体结构。你知道自己的一般能力水平如何吗？评定一个人的一般能力的测试有一般能力倾向成套测验（GATB）和区分能力倾向成套测验（DAT）。②

（2）特殊能力。

特殊能力是指从事某项专门活动所必需的能力，如数学能力、音乐能力、专业技术能力等。因此，特殊能力直接决定了专业技能的熟练程度，是影响一个人职业选择的重要因素。例如，语言能力强的人适合从事作家、编辑、广告人等职业，而人际沟通能力强的人适合从事教师、社会工作者、推销员等职业，手指灵活能力较强的人则适于从事外科医生、乐师、雕刻家等职业。对于特殊能力的测量有很多，包括西肖尔（C. E. Seashore）等人开发的音乐能力测验，梅尔（N. C. Meier）的美术能力测验，克鲁捷茨基等人编制的数学能力测验等。

一般能力能促进特殊能力的形成和发展，在各种活动中，特殊能力的发展也会促进一般能力的发展。因此，充分认识自己的能力，并不断提高自己的能力，

① 彭聃龄．普通心理学．北京：北京师范大学出版社，2004.

② 在线注册后可测评．http：//www.hnhr.com.cn/old/rccp_ web/zzzp/zz004.asp.

在择业时扬长避短，选准与自己职业能力倾向相匹配的职业，是我们事业成功的关键。正如我国近代教育学家黄炎培所说："就社会而言，一个人职业和才能要是相当，不晓得增加多少效能，要是不相当，不晓得埋没了多少人才；就个人而言，相当，不晓得有多少快乐，不相当，不晓得有多少怨苦。"

二、分析环境

在充分地认识了自我和自己的目标后，我们还应很好地认识即将面对的就业环境。这包括社会环境分析、行业分析、职业分析和家庭环境分析。

（一）社会环境分析

这包括对国家政策、社会经济形势、技术变迁以及地区发展状况等的认识，例如三十年前人们根本想不到互联网的产生会促进相关行业的产生和发展。又如国家政策对于中西部地区的扶持，有利于我们放弃在竞争激烈的沿海地区就业。

（二）行业分析

这包括你的价值倾向于哪个行业？哪些行业是处于衰退中？将来会出现哪些新兴行业可让你大展拳脚？

（三）职业分析

这包括你的个性和能力适合哪些职业？而这些职业又是否会与你的价值观相违背？例如有的人擅长人际交往，但他们却不适合做推销，因为他们不喜欢强迫他人做任何事。

（四）家庭环境分析

这包括家庭的经济状况如何？父母期望我做什么？以及家庭的人脉关系中有哪些条件可帮助我择业？家庭是我们事业成功的重要支柱，取得父母的支持，对我们的事业会有很大帮助。

（五）环境中的误区

社会对职业的评价以及周围人对职业的评价，将会对大学生择业带来很大影响。在认识社会环境的过程中，我们应该避免走入以下误区：

（1）热门职业就是"好职业"。现在 IT 行业、金融业等都是热门专业，公务员也成为非常令人羡慕的职业。热门职业待遇好、工作环境好、社会地位高等都成了其"美丽的外衣"。但这些职业往往进入门槛高，也并不是每个人都适合的。不顾自身能力和个性特征，盲目地选择热门职业很可能走向失败。

（2）别人说“好”的职业就是“好职业”。很多大学生在面对择业时，愿意把自己的前程交付给父母、老师或职业咨询专家。例如父母想要其从政，就放弃自己喜欢的工作去考公务员。这种指望他人帮自己决策的行为，是对自己认识不足，害怕对自己负责的表现。

（3）薪水高的职业就是“好职业”。很多大学生在择业时只关注高工资，而不管将来这份职业对自己的发展是否会有帮助。大学生在职业生涯初始阶段，应该更多地注重经验的积累，做到“长脑袋而不长口袋”，这样才有利于自己的长远发展。

小张是某高校管理系的毕业生，2000 年刚毕业的他认为银行工作较稳固，对于家境不好的他是个很好的保障，且在当时也属热门行业，因此他应聘进了某银行。然而一年过后，他发现自己每天的工作几乎没有太多技术含量，工作时间长，还要经常加班，枯燥的工作让他变得萎靡不振，便跳槽到行业远景不错的 IT 行业。孰料，两三年后，恰逢 IT 业进入“冬季”，各公司纷纷裁员，小张又开始懊悔当初选择这个热门行业。

下面我们将介绍一种环境分析工具，它能帮助我们理清千头万绪的想法。

（六）SWOT 分析

SWOT 分析是战略管理、市场营销等工作中经常使用的分析工具。S 代表 Strength（优势），W 代表 Weakness（劣势），O 代表 Opportunity（机会），T 代表 Threat（威胁）。其中，S、W 是内部因素，O、T 是外部因素（如表 8－5 所示）。

表 8－5　SWOT 择业分析

S（优势）	W（劣势）
O（机会）	T（威胁）

请思考你自己在个性方面的独特之处，填入 S 一栏；分析自己个性中的不足，填入 W 一栏；分析外部环境中的就业机会，填入 O 一栏；分析外部环境中的竞争等因素，填入 T 一栏。这样便能清楚地认识自己在择业中的长短和面临的局面。

三、确定职业生涯目标

“如果你不知道要到哪儿去，你通常哪儿都去不了。”在充分了解了自身个性和外界环境之后，我们应据此设定自己的职业目标。遵循 SMART 原则，按照短期、中期、长期和人生目标，一步一步地设计自己的职业目标。例如你今后想做 HR，那么你的人生目标是什么，为了达到这个目标，你在多少年之内应该达到什么职位，这样一步一步往回算。

确立目标是制定职业生涯规划的关键，在有了目标之后，我们便能排除干扰，全力以赴地致力于实现目标！

四、制定职业生涯策略

正如一次战役、一场足球比赛都需要确定作战策略一样，职业生涯规划也需要有确实能够执行的职业生涯策略，如增进实力、选择一个好的职业发展跳板、利用好身边的“人力资源”等，这些具体可行的策略会帮助我们一步步走向成功。

“罗马不是一天建成的”，只有制定出正确的生涯策略，才能保证职业目标以最快的速度达成。然而，现在许多大学毕业生并不懂得如何利用职业生涯策略，以至于刚步入职场，遇到“雪藏”的职业困境时，忍受不了那些平凡或平庸的工作，从而态度消极、没有工作热情甚至辞职。他们以应付的态度来经营自己的人际关系，他们也没想过通过充实自己的知识来改变现状，最终只能带来他们职业发展的停止。

史玉柱的“职场策略”

“你今天站在哪里不重要，但你下一步迈向哪里，如何去迈却很重要。”这句话在史玉柱身上得到了印证。

1984 年，名校毕业的史玉柱被安排在安徽统计局农村抽样调查队工作，他的工作任务就是对农民的消费水平、生活水平进行统计和调查。这种工作给史玉柱带来的是三天的新鲜和三年的寂寞。多少同龄的年轻人受不了这样的工作离开了，但史玉柱却留了下来，他意识到这是个磨炼意志的绝佳机会。他利用这段时间读书、参加研究生学习，这为他后来的成功奠定了基础。

史玉柱在成为《福布斯》大陆富豪第 8 位后，却因盲目扩张和巨人大厦的决策失误，一夜之间竟变成了“全国最穷的人”。1998 年，他开始二度创业。史玉柱吸取教训，避开了自己擅长且竞争激烈的软件行业，开始进军保健品市场。于是，以送礼为诉求的感性产品——“脑白金”系列产品开始走红大江南北。此后，史玉柱继续在保健品、网络游戏等领域开拓市场。

借助于外力顺势而为，永不放弃，这些“职场策略”都能帮助我们走向成功。

五、制定行动方式和途径

这里所指的行动方式主要是指落实目标的具体方法。它与职业生涯中的重要方面——发展、调动、晋升等紧密联系在一起。比如你想获得晋升，那么如何得到上级赏识呢？你可以在重要场合展示自己的能力，向老板毛遂自荐等。值得注意的是，不论什么方式和途径，都不应违背做人的基本原则和法律规范，否则所有的努力会与你的目标相背而行。

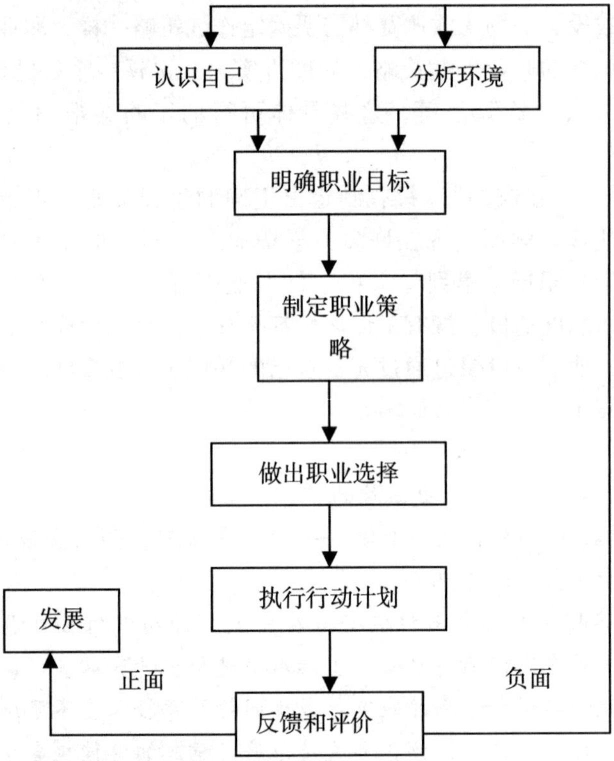

图 8－2　职业生涯规划图

六、评价和反思

计划赶不上变化。任何的规划都应该是灵活的，要适应外部环境而随时做出调整。根据自己的短期目标，适当地修改自己的中期目标和长期目标。在每一个目标达成后，检查前期的策略措施是否得当，总结经验以指导将来。

第三节 大学生择业心理问题的表现及调适

哈佛大学的一项研究显示：一个人获得成功、升迁等，85% 取决于这个人的心态，仅有 15% 是由人的专门技术所决定的。这意味着我们花 90% 的教育时间与金钱来学习 15% 的成功机会，而仅有 10% 的时间与金钱来学习 85% 的成功机会。

美国心理学之父威廉·詹姆斯说："这一时代最重大的发现，是我们可以因改变心态而改变生活。"造成大学生就业难的根本原因就是大学生不良的就业心态。调整不良的就业心态是当代大学生走向成功的必经之路，只有拥有良好的心态，我们才能找到最适合的位置，实现我们的人生理想！

一、择业自负心理与调适

（一）择业自负心理概述

大学生经过在学校的学习实践，对自己的知识水平和能力有了一定信心，表现出较强的成就欲望。在择业时，很多大学生常会表现出优越感，把自己的学历、知识作为资本，好高骛远，一味追求"高起点、高薪水、高职位"的"三高"工作，对用人单位提出过分的要求。但往往现实中他们的工作能力和社会经验不足，难以找到自己满意的工作，一旦未能如愿，情绪就会一落千丈，产生孤独、失落、烦躁、抑郁等心理现象。

（二）择业自负心理产生的原因

1. 主观认识不清

择业自负心理是由于大学生不能对自己的兴趣爱好、性格气质、专业特点及就业形势作一个全面客观的分析判断，对自我评价过高，没有自知之明。因此脱离了现实，高不成低不就，遭受不必要的挫折。

2. 外来文化冲击择业价值取向

由于青年大学生生理和心理正处于发展成熟阶段，一些社会上存在的个人主义和功利主义不可避免地会对他们产生影响，使一些大学生择业价值错位，表现为急功近利，急于求成，在择业中期望一步到位，忽视了个人才智的成长和发挥。

（三）择业自负心理调适

1. 全面客观地认识和评价自己

（1）自我定位。

面对择业中的各种矛盾和问题，我们首先要正确认识和评价自我，应当明确自己今后的职业发展方向是什么，自己的性格气质特点是什么，自己最适合干什么工作，自己的优势和劣势是什么等等，找出自己适合的职业方向，从而减少择业的盲目性，以才能的增长为职业目标，避免出现高不成低不就的状况。

（2）社会定位。

要正确地认识和评价自己，就要将自己与社会上的其他人加以比较。一是要通过与自己条件、情况类似的人的比较来认识自己，避免孤立地认识和评价自己；二是要通过他人的评价和态度来认识自己，看看别人是怎样评价自己的，找出自己的优势和不足；三是要通过参加社会活动，从活动的结果分析来评价和认识自己，如参加社会实践、毕业实习等，寻找客观的评价标准来认识自己。

2. 树立正确的择业观

大学生在择业时期望谋求到理想职业本是可以理解的。但要使期望变为现实，必须认清形势，正确把握就业期望值。当前，大学招生规模不断扩大，全球金融危机致使就业形势异常严峻。因此在择业时，不应盲目乐观、急功近利、虚荣攀比、眼高手低。只有把个人职业发展与社会要求有机地结合起来，才能提高自身能力。

一个中国留学生在美国的求职经历

他在求职中，一次次摆出自己从学士到博士的文凭，却一次次被人家客气地送出门外。

冷静思考后，他决定只以一个普通学生的身份，应聘一个电脑打字员的位置。他顺利地进入了一家公司。虽然只是一名小小的打字员，但是他经常自告奋勇地帮别人修理电脑，并就其中存在的操作不当问题提出了改进建议。老板一见，立刻意识到他拥有较强的能力。这时他拿出了自己的学士学位证，老板立即将他提升为业务主管。

不久之后，他对业务协作、提高电脑使用效率问题提出了一套大胆而可行的程序设计，老板找他详谈，他这时才告之自己的硕士学历。他立刻被提升为部门经理，并在他的设计开始实施后，被提升为总裁助理。当公司因他的设计拓展了新局面后，他又开发出一套新的产品。这时，人们才知道，他本是名牌学府本专业的一位博士。

老板笑问："你是在和我开玩笑吗?"他幽默地回答道："中国人做生意，有个让双方都放心的方法，叫做'先尝后买'。"如果自己的价值都还没有实现，有何资本去和用人单位谈价钱?

二、择业自卑心理与调适

（一）择业自卑心理概述

在择业过程中，有些同学过分低估自己的实力，缺乏自信心和勇气，不敢面对竞争，尤其是在择业多次失败后，容易产生强烈的自卑心理，觉得自己事事不如人。自卑现象多见于自我意识发展不健全的大学生、部分女大学生、家庭经济状况不佳的大学生以及性格内向或有生理缺陷的大学生。这些学生在面试过程中谨小慎微，常常语无伦次，以致缩手缩脚，在择业过程中不善于推销自己和表现自己的才能，影响正常水平的发挥，从而错失良机。

（二）择业自卑心理产生的原因

1. 个人原因。

（1）个人素质缺陷。

自卑心理的产生，主要是由于一些大学生知识面狭窄，文科生不懂得基本的自然科学知识，理科生不了解基本的人文社科知识。此外，一些大学生欠缺基本的人际交往能力、口头表达能力、开拓创新能力、实践动手能力，这些短处都给他们带来了或多或少的自卑。

（2）对自我认识不足。

很多大学生对自己评价过低，忽视自身的优势，缺乏自信。他们会因学习成绩平平或较差，缺乏实际工作能力和社会活动经验，对自身条件缺乏信心。

2. 客观人才供求矛盾突出

随着近年来高校大众化背景下高校毕业生数量大幅增加，供需矛盾愈演愈烈，毕业生求职竞争非常激烈，这给很多心理素质不好的学生带来了更大的压力，在求职场上越发没有自信，畏首畏尾。

（三）择业自卑心理调适

1. 提升自信

自信的基础是能力，能力的基础是经验。每做一次便多一次经验，就算失败也是经验的积累，能力的增加。失败不会是满盘皆输，只会是某个阶段性的失败（如第五步没有成功）或是程度上的失败（未能达到60%）。我们换个角度看，第五步失败了但之前四步还是成功的，60%未能达到但59%却是肯定的。因此在建立自信时，要多尝试，不要惧怕失败，多思考第五步可以怎样改变、如何再增加1%。下面我们将探讨如何提升能力从而提升自信。

（1）认识自己的能力。

把自己到目前为止所取得的成绩一一列举出来，包括学习、工作中的成绩或进步，某次演出或比赛的成功，甚至是自己所做的某件事受到师长、同学的赞许等，把这些归纳成自己的优势。然后细细品味，让自己沉浸在这种力量当中，这样不仅能让你感受到“神力相助”，而且能让你对自己的优点了然于心，便于求职中自我介绍。同时，不要去和别人比较，因为世界上没有两个人是完全相同的，每个人都有自己独特的能力。更有效的思想方式是和自己的过去作对比，发现自己已经拥有了哪些能力，哪些能力获得了增长。

（2）提升自己的能力。

懂得越多，便有越大的知识基础，越能支持经验过程。以三个月为一个阶段，每个阶段都定下一些学习目标，你最想拥有而尚未满意的能力有哪些？想出三条可掌握这些能力的途径，然后在每条途径上定下三个可行的步骤（如表8-6所示）。

表8-6 提升自信练习

你引以为豪的优势	提升计划	可行步骤
曾被忽略或否定的不足		
想拥有或提升的能力		

2. 要有积极的心理暗示

通过积极的自我暗示、自我激励，可以增强自信心。具体方法是运用内部语言或书面语言来调节消极情绪，例如，在心里默念“我会发挥得很好”、“我一定能成功”等语句，或者把这些句子写在纸上让自己每天都能看见，或者找个旷野大声地喊出来……这样的暗示对走出自卑，消除怯懦有较大的帮助作用。

3. 克服惧怕心理

在求职中有些学生底气不足，往往是由于他们害怕别人知道自己的缺点。“每个人都是上帝咬过一口的苹果，都是有缺陷的。有的人缺口特别大，只是因为上帝特别喜爱他的芬芳。”每个人都有自己的优点和缺点，坦然地说出自己的才能和不足，不造作虚假，也不遮遮掩掩，直率地承认自己年轻幼稚、缺乏锻炼，这反而会给用人单位留下好印象。

受青睐的中专生

很多中专生因为学历低而自卑，但有这样一个中专生却凭着自己的勇气和智慧，在求职中获得了成功。

一家大公司正在招聘人才，明确规定只要本科以上学历。江兴失业已久，他抱着一线希望决定去试一试。来参加应聘的基本都是大学本科生，有的还是名校毕业，所以江兴在等待面试的队伍中很不自在。尽管尴尬，他还是在默默等待。眼看快到中午12点了，许多人饿得无精打采。这时，江兴脑海里闪过一个念头——这不正是个赚钱的好机会嘛！他数了排队等候的应聘者人数，然后飞奔到1公里之外的一家快餐店买了60个盒饭。回到大厅，盒饭很快就全部卖完。江兴净赚了一百多元。

终于轮到江兴面试了，这时已将近下午5点。当他进入面试的房间，微笑着的经理告诉他：“我们已经决定录用你了。”江兴感到非常意外，不禁说道：“可我没有大学文凭啊!”经理回答说：“这只是我们的要求之一，我们更需要的是真正的人才。你能从上午9点一直等到现在，说明你很执着，有耐力，而且你对自己充满了信心。你中午卖盒饭的举动我们也看到了，你很有经济头脑，而且肯把想法转化成现实。这就是你的求职砝码!”

知识和经验不过是一个求职砝码，缺少这个砝码，还可以利用自己的其他品质来弥补。踏实和毅力，更是企业看重的品质。

三、择业焦虑心理与调适

（一）择业焦虑心理概述

在择业过程中，大学生普遍都会出现不同程度的焦虑心理，如用人单位能否选中自己，屡屡被拒绝怎么办，自己的工作不理想怎么办，到单位后能不能胜任工作等等。焦虑心理在一些性格内向、成绩不佳的大学生身上表现得尤为突出。它会使人忧心忡忡、烦躁不安、心理紧张、无所适从，严重影响正常择业。

（二）择业焦虑心理产生的原因

1. 个体承受能力较差

很多大学生在择业时，一方面害怕自己不能在竞争中获胜，另一方面又患得患失，担心工作不如愿，或是比别人的差，从而感到巨大压力。当理想与现实不能吻合时，这种巨大的压力就导致了大学生心理失衡，表现出择业焦虑。

2. 客观就业形势严峻

在严峻的就业形势下，不论什么学校、什么专业的大学生，都面临着求职的考验。不容乐观的就业形势无疑成为大学生择业焦虑的客观原因。

（三）择业焦虑心理调适

1. 排解焦虑情绪

人在焦虑时往往什么都做不好。因此要走出择业焦虑的困境，必须先排解自己的焦虑情绪。

（1）合理宣泄法。

大学生择业中处于焦虑、抑郁等消极情绪状态时，不能一味地把不良心情藏在心底，而应进行适当的宣泄。比较好的办法是向知心朋友、老师倾诉，把心中的不悦说出来，甚至可以大哭一场，使紧张的情绪得以缓解或消除。另外，也可以通过参加一些大运动量的户外活动，如打球、爬山等来宣泄不良情绪。但是宣泄情绪要注意场合、身份、气氛，宣泄要适度，没有破坏性。

（2）松弛练习法。

松弛练习是一种通过练习学会在心理和躯体上放松的方法，常用的有肌肉松弛训练、意念放松训练等放松练习方法。网络上也可以下载一些专门的放松指导音乐，帮助身体解压。放松练习可以帮助人们减轻和消除各种不良身心反应，如焦虑、恐惧、紧张、失眠等症状。如果在择业中遇到较严重的焦虑问题，可在专业人员如学校心理指导中心老师等的指导下通过放松练习来解决。

2. 克服急躁心理

个体感到就业压力较大，这多是由于其有急于求成的思想，想一步完成自己的职业生涯发展。抱着这种思想，会让大学生在择业时举棋不定、畏首畏尾。因此，大学生应正视就业中存在的客观困难，降低对工作的期望，例如面对有的用人单位不能按约定给予相应待遇时，应正确看待。“罗马不是一天建成的”，第一份工作也不太可能就是你最理想的终身职业。在择业时正确看待自己和工作，不急于求成，这是克服择业焦虑的关键。

四、择业依赖心理与调适

（一）择业依赖心理概述

一些大学生缺乏独立意识，存在明显的依赖心理。依赖心理在求职择业中具体表现为两种倾向：一种是依赖多数人的从众心理，自己缺乏独立的见解，不能根据自己的实际情况做出相应的选择，而是随波逐流，见别人都往大城市、事业单位求职，自己也去尝试；另一种是依赖他人的倾向，不敢积极主动选择求职，而是坐等学校、家人、亲戚朋友给自己提供机会，这与竞争激烈的求职现状是不符的。

（二）择业依赖心理产生的原因

1. 主观原因

（1）个体缺乏自信。

由于对自身能力认识不足，个体显得没有主见。在面临职业选择时，会在思想上、心理上和行为上都表现出优柔寡断、瞻前顾后、犹豫不决，害怕自己的选择会出错，害怕承担责任。

（2）缺乏实践的磨炼。

当前的大学生都是从高中直接考入大学的，缺乏一定社会实践的历练，不能独立分析和解决实际问题，在面对就业这样的人生课题时，更是分不清主次，拿不定主意。

2. 客观社会原因

（1）公平竞争的就业环境尚未完全形成。

尽管大学生就业实行“供需见面，双向选择”的原则，在招聘活动中提倡“优胜劣汰”、“公平竞争”，但由于受社会大环境的影响，一些用人单位仍存在就业信息不能共享，大学生就业拉关系、走后门等不公平现象，这让大学生在面临就业选择时无所适从，只得依赖亲友、师长的关系来帮助择业。

（2）家庭与学校的包办地位。

家长都会望子成龙、望女成凤，期望自己的子女能有一个稳定、有发展前途的工作。因此，很多家长会用尽自己所有的关系和努力为子女谋一份好职业，以使自己的投资获得较好的回报。而学校对毕业生的就业率也十分看重，对毕业生的就业期望较高，也会利用各种关系为毕业生推荐就业。在这种条件下，大学生的依赖心理越来越严重。

（三）择业依赖心理调适

1. 正确认识自己

利用第二节谈过的方法，正确认识自己的优缺点，并在此基础上发现自己喜欢的职业，确定自己的职业锚和职业生涯规划，这样在择业时，就不会六神无主、听从他人安排。

2. 建立择业自信

可通过本节提到的提升自信的方法，以及积极的心理暗示来帮助自己建立择业自信。

自己是一支利箭

春秋战国时期，有一对父子。父亲已经做了将军，但儿子还只是马前卒。父亲希望把儿子也培养成一位将军，于是他庄严地托起一个箭囊，上面插着一支精美的箭。父亲郑重地对儿子说："这是家传的宝箭，佩戴在身边就能获得无穷力量，攻无不克战无不胜！但切记，千万不能抽出来！"儿子接过这件宝物，心中不禁大喜，顿感浑身上下充满了力量。

号角响起，战士们开始冲向敌阵。儿子手握箭囊，杀敌无数，所向披靡。当鸣金收兵的号角吹响时，儿子终于忍不住拔出了宝箭。他惊呆了，那竟是一支断箭，儿子回想这一路，不禁吓出了一身冷汗，仿佛顷刻间失去了支柱，结果就在这时，他被敌军偷袭致死。

战争结束后，父亲寻到了儿子，看到了那支断箭，沉重地说："不相信自己的能力，把胜利寄托在一支箭上，永远也做不成将军！"一支宝箭、一个铁饭碗、一个好家世，都不如自己的努力更可靠，自己才是唯一可依靠的利箭！

资料来源：网易博客，http：//2009yangguang. wap. blog. 163. com/w2/blogDetail. do

五、择业挫折心理与调适

（一）择业挫折心理概述

择业挫折心理是指大学生求职的需求不能得到满足，行动受到阻碍，目标未能达成的失落性心理状态。这在大学生求职过程中是很常见的。投出上百份简历却没有得到一个面试的机会，在面试中被拒、经过层层选拔却最终未能拿到 *Offer*，在工作之初自己未能得到重用、能力不能发挥……这些挫折无疑会给大学生带来较大的挫败感。但“不经历风雨怎么能见彩虹”，在就业形势如此严峻的今天，大学生必须面对这些困难。

（二）择业挫折心理产生的原因

1. 主观原因

（1）过高的择业期望。

一些毕业生尽管十分清楚目前的就业形势，但在择业意向上往往不切实际，择业过程中总是过多看重就业地域、职业、收入、工作条件，忽略自己的专业，不愿到基层就业，更不会考虑艰苦创业和自主创业之路，即便是从贫困地区出来的同学也很少愿意再回到生源地工作。这些不切实际的想法，往往给自己带来挫败。

（2）个体承受能力差。

当代大学生从小就很少受到挫折教育，成长基本都是一帆风顺，没经历过什么大挫折，因此个体在心理上承受挫折能力较差。在面对就业这样的人生课题时，更是显得不堪一击。

2. 客观就业形势严峻

面对残酷的就业竞争，许多单位特别是大型外企、国有企业，都是毕业生角逐的对象。激烈的竞争必然带来巨大的心理压力和挫折。

（三）择业挫折心理调适

1. 自我慰藉法

自我慰藉就是自我安慰。大学生在择业中遇到困难和挫折，在经过最大努力仍无法改变状况时，要说服自己，适当让步，将不成功归因于客观条件和客观现实，同时要勇于接受现实。这样，就能缓解因心理矛盾而引起的悲观、失望等不良情绪，重新找回自信，树立继续努力的信心。

2. 情绪转移法

在情绪低落时，可以采取折中的办法，把自己的注意力转移到其他活动中去。例如，学习一些新知识或技能，或是参加一些自己感兴趣的活动，把不愉快的情绪抛在脑后，使自己没有时间和可能沉浸在不良情绪中，以求得心理的平衡。

3. 保持积极的择业心态

在就业竞争激烈的今天，大学生应该认识到就业不太可能一帆风顺，必然会经历各种挫折。找到的工作可能和我们的预期相差很远，但只要不放弃，成功终是属于我们的。如果面对挫折能够越挫越勇，那么任何困难都会成为一份伪装过的礼物，成为我们人生的财富。

三棵树的理想

很久以前，山顶上矗立着三棵小树，它们谈论着自己长大后的梦想。

第一棵小树说："我想装载上最炫目的珠宝！每个人都能看见我的美丽。"

第二棵小树接着说："我要承载有权柄的君王和王子们，让他们乘着我完成重要的旅行，并感受到我的坚固无比。"

第三棵小树说："我希望成为这里最高的一棵树，当人们抬头看这座山的时候，会看到我站在这里，与上帝为邻。"

许多年过去了，三棵小树长得又高又壮。一天，三个伐木工人爬上了山顶。

第一个伐木工人觉得第一棵树很漂亮，决定把它卖给木匠。第二个伐木工人看到第二棵树很强壮，决定把它卖给造船厂。第三个伐木工人看到第三棵树站得笔直，他喃喃自语道："我要哪棵树都行"！然后他砍倒第三棵树带走了。

在木匠的店里，第一棵树被做成了一个喂养牲畜的简陋食槽。在造船厂里，第二棵树被造成了一艘简陋的小渔船。在木材厂里，第三棵树被劈成了木头柱子堆在院子里。三棵树的愿望都破灭了，它们失望至极。

又是很多年过去了，三棵树也都忘记了自己曾经的梦想。

一天晚上，第一棵树做成的马槽里被放入了一个初生的婴儿，那是一个普通的犹太人的孩子，但却有天使在旁边飞翔歌唱。在圣洁的光中，第一棵树忽然知道，这个婴儿一定比全世界的珍宝加起来还贵重。

过了数年，第二棵树做成的小渔船被拉到加利利的海边，一个年轻人站在船上，对仰慕的人群传讲真理和生命的话语。小船听着听着，知道自己承载的，乃是万王之王的智慧。

又过了几年，第三棵树被做成了一个十字架抬到山顶上，一个人被钉在了上面。当人们来朝拜它时，第三棵树突然明白，自己是如此强壮地站在山顶，与神同在。

三棵树虽然都没有按照自己原先所期望的方式实现理想，但它们却都因伟大的耶稣完成了自己的理想。尽管我们猜不透神的旨意，但我们知道他的方式不同于我们的方式，而他的方式永远是最善最美的。如果你相信他，就永远不要放弃，他终会将美丽的礼物赐予你。

资料来源：《赛亚书55章》

思考题

1. 概述大学生常见的择业心理问题及表现。
2. 大学生职业生涯规划的步骤有哪些？
3. 如何理解能力的内涵？
4. 结合大学生实际，试述能力、兴趣与职业的关系。

附录：大学生择业心理失衡案例

案例一：自愧不如

某用人单位到学校来招毕业生时，小李去面试，可没有几分钟就被淘汰下来了。据了解，小李是因为得知与其一起来应聘的有武汉大学和华中师范大学的“高手”，深信自己无用武之地，一时间信心全无，甚至想打退堂鼓，结果很快就被淘汰下来了。

自信心不足，自愧不如，是自卑的心理表现。这是一种消极的求职心态。在这种消极心态的影响下，许多大学生像小李一样已经不战而败。事实上，自卑感是青年心理上的一种失调。心理学家认为，自卑属于性格上的缺陷，表现为对自己的能力和品质做出过低的评价。由于青年对与别人的关系和别人对自己的关系及别人对自己的评价非常敏感，因而自尊心很容易受到伤害，尤其是对有竞争性的活动，怕受到挫折被嘲笑而往往采取“退避三舍”的态度。而求职并非一般性的竞争活动。如果在有限的机会面前，畏缩退让，精神不振，只会让本该属于自己的工作白白丢掉。

面试通常是用人单位的第一个考试，而这恰恰就是自卑者的难关。如何克服这一难关呢？吉尔福德研究指出：人们可以通过在头脑中设置自己已经取得的胜利画面，而使自己的心智达到最佳状态。因而，自卑者可以在求职前进行积极地自我暗示，持着“你行我也行”的信念，努力克服自卑心态。在与用人单位交谈时，尽量表现出自己擅长的一面，充分显示自己的一技之长，从而体验“我能胜任”的愉悦感。

案例二：自视过高

小张是一名成绩十分优秀的学生。在求职期间，很多用人单位都抢着要她。但小张偏偏就有自视过高的缺点，对那些令其他同学羡慕不已的单位不屑一顾，所以迟迟都不愿与之签约。最后当她有危机感时，以前的那些用人单位都拒她于千里之外。

过分的优越感和自负感都属于高自我价值感。这种高自我价值感与自卑对立，但二者都是对自我的非客观评价。小张就是一位典型的高自我价值者。虽然她是一名优秀的学生，可自负感和超优越感使她头脑发热，无法正视自己与用人单位，结果错失良机。其实，高自我价值感是优秀生中一种较为普遍的心理。他们自信，有活力，这并非坏事，但是在求职期间，人才济济一堂，职位供不应求，用人单位的选择也绝不会是唯一的，而且他们对这种缺乏自知之明、自视清高的毕业生是最有戒心的。因此需要毕业生正确地看待自己，权衡利弊，勿失良机。

高自我价值者在求职期间应保持一种谦虚平和的心态，多与周围的同学交流，多听听别人的想法和意见，这样可以有效防止想法的极端性。在与用人单位交流的时候，要尊重对方，客观评价自己的实力，正确处理双方关系。必要时，还应该向家人和老师征求意见，以便明智地做出决定。

案例三：犹豫不决

小邓还算是一名比较幸运的同学。他初次参加人才交流会就被一家用人单位看中了。因为时间尚早，小邓担心如果草率决定，可能会失掉更好的选择。可他同时又担心会错过机会，所以一直都犹豫不决，苦不堪言。

从学校到社会是人生一个重要的转折点。每一个同学都希望能找到最适合自己的位置。而择业时的双向选择便为学生带来了一定的自主性和灵活性，但同时也增加了他们选择的复杂性。因而，在面临选择时，犹豫不决的心理是可以理解的。但过分的优柔寡断则会使一些大学生产生困惑与迷茫，以至白白失去择业良机。

毕业生在择业时要想不失良机、当机立断，就需要相当的观测力和判断力才能实现。在向用人单位推销自己的时候，不仅要了解自己的实力，还要看清楚对方的意图和价值感，最重要的是要能正确判断对方对你的看法。只要判断正确，处理得当，即使是某些对己不利的情况，也可以转变为有利条件，这样才能做到“知己知彼，百战百胜”。

案例四：依赖心理

小黄是生长在大都市的独生子。出身“豪门”的她从来都是一帆风顺的，就连毕业前找工作都比别人轻松。她说：“我参加过几场人才交流会，可杳无音信，心里真是挺难受的。我想现在竞争压力实在是太大了，再努力也是白费，还不如交给我爸。”

在求职期间，过分地依赖他人属于思想上缺乏独立的表现。小黄从小养尊处优，习惯性地依赖他人，以至于求职压力一大，便马上把找工作的事推给了父母。这实际上也是自我挫败的行为表现。大学生择业时，一般要经历新鲜兴奋——观察思考——协调发展这样一个变化过程。这就需要他们具备独立的思考能力和判断能力。可是有些学生因缺乏独立性而显得软弱无能，根本无法适应自身与新环境之间的摩擦和碰撞，最终只会被环境所淘汰。

要克服依赖思想，关键就是要加强自我意识。心理学家艾里克森曾指出：自我是自主的、有力量的实体，自我能决定个性的“命运”，参与决定个性行为的方向。自我不仅保证个人适应环境，健康成长，而且是个人自我意识和统一性的源泉。加强自我意识首先就是要树立独自处理事情的信心和决心，要明确自己的目标，即自己最想从事的职业，然后再多看看有关应聘技巧方面的书籍，增强自信度和踏实感。遇到困难时，也要与人交流，可以采纳别人的建议，但最终的决定权还是要掌握在自己手中。

案例五：不善沟通

小陈一直都找不到单位，原因就在于他极不善于和用人单位进行沟通，总觉得与对方格格不入。比如，有一次招聘单位到学校与其见面，一位同志在交谈中向小陈递了一支香烟，小陈连忙说：“不抽，我没有这种坏习惯。”这一举动把招聘单位的领导搞得十分尴尬，而在座的人都啼笑皆非。

小陈的失败就在于他和社会角色之间存在着较大的心理距离。学校是个较为单纯的环境，而社会环境就相对复杂得多。通常习惯了一种单一生活的人很难在一时间转换自己的角色意识，于是就很容易产生学生行为习惯与社会角色要求之间的矛盾。这主要还是由学生对外部环境反应不敏感造成的。有些学生平常总习惯于将自己封闭在校园内，两耳不闻窗外事，与社会保持隔离状态。久而久之，就会与社会上的人和事之间存在着一种心理距离。这种心理距离就是你求职时的大障碍。

大学生在与用人单位进行交流时，就应该善于与之沟通，要从对方的角度来考虑问题。投其所好也是一种心理战术，这往往是你在择业时迈向成功的第一步。良好的沟通需要得体恰当的言谈，这就要求毕业生要善于控制自己的学生腔，多留心一些常用的学习工作用语、办公室用语等礼貌语言。培养自己幽默、积极向上的语言风格，尽可能地在交流中将自己的闪光点展现出来。

资料来源：新浪博客，http：//blog. sina. com. cn/s/blog_ aofe232801031jd. html

第九章 大学生的网络心理

【学习目标】

通过学习本章内容，了解网络虚拟世界与大学生心理需求的关系，了解网络对大学生的积极和消极影响，了解网络偏差行为，通过对网络心理障碍的分析，掌握网络心理障碍的调适方法。

随着信息时代的到来，互联网正以其惊人的发展速度深刻地影响着社会的变革。大量的网络信息、丰富的网络资源、平等的交流方式、便捷的网络搜索，超空间性、超地域性冲击着人们的思想，改变着人们的学习、生活以及工作的方式。这些对于具有丰富的知识、开阔的视野、高智商的年轻大学生群体来说，无疑为他们开启了获取知识的另一扇门，扩展了更为开放的学习空间，提供了更为畅通的信息渠道。然而，网络是一把双刃剑，大学生具有创造性强、接受新鲜事物快等特点，但由于涉世不深、追求刺激、喜欢娱乐、自我控制力较弱，这些特点容易使他们沉迷于网络、荒废学业、浪费青春，甚至走上犯罪的道路，对其生理、心理造成负面影响。

第一节 互联网的使用与心理需求

一、互联网的使用与特点

大学生是互联网的忠实使用者。那么，大学生上网都做些什么呢？有关调查和研究表明，青年大学生上网主要有以下几种情况：

（一）信息查询

互联网的开放性，使得 Internet 如同一个信息的聚宝盆。这些取之不尽、用之不竭的多彩信息赋予了网络无穷魅力，很多大学生正是把互联网看作一个庞大的信息库，经常上网寻奇觅宝，这也正是大学生们上网最主要的目的。

（二）收发邮件

随着学习生活节奏的加快和电子信箱的普及，Email 作为一种传递信息迅速、及时、费用低廉的通讯方式，正在逐渐取代传统的书信而成为大学生人际交往的重要手段。每天开邮箱收发邮件已逐步成为当代大学生日常生活的一部分。

（三）网上聊天

在网络上聊天交友，是大学生在网上的主要活动内容之一。各式各样的聊天室是大学生漫游网络的第一个驻足地，也是他们课后经常光顾的地方。聊天、交友、网友见面成了一些大学生日常生活的组成部分，有的乐此不疲，甚至深陷其中，不能自拔。

（四）网上游戏

与游戏机或游戏光盘相比，在线游戏因其具有交互性，更加显得魅力难挡，因此，游戏网站也是大学生们经常光顾的地方。有的大学生在游戏网站一待就是七八个小时，甚至为此逃课逃学，严重影响了学业。当然，并不是所有大学生上网都以聊天或游戏为目的，但问题的关键是，这样的情况远没有我们想象的乐观，很多大学生没有很好地利用网络来增长知识、增长才干，相反却把大多数的时间和精力，都放在了聊天交友和游戏娱乐等“细枝末节”上。

（五）声讯影像娱乐

网络中，多媒体声色俱佳，让大家可以有广泛的选择。大量的来自全世界最新、最全的文化产品都能轻松从互联网上获得。

互联网作为一种崭新的信息技术，把网民带入了一个真正的信息时代。今天，网民不仅可以通过互联网了解世界、学习、购物，而且可以在网上交友、聊天、开会，甚至玩游戏、赌博等，互联网正在改变网民的学习方式、工作方式和生活方式。浩瀚的信息，开阔了人们的视野，但是也让一些不良的信息进入人们的视野；宽松自由的网络环境，让人们得到了休息和放松，也招致了贪婪自私的膨胀意识。互动的音像便利了人们进行交互式的学习，但是也给某些人提供了色情服务的工具。

二、互联网的特点

（一）全球性与开放性

网络拓展了人类的认识和实践空间，使得终生难以相见的人瞬间变成了近在咫尺的网友。庞大的地球在不知不觉中变成了“地球村”、“电子社区”，人人都可以成为其中平等的一员；人人都可以在网络上使用最新的软件和资料库，不同的观念和行为的冲突、碰撞、融合就变得直接和现实；网络还把异质的宗教信仰、价值观、风俗习惯、生活方式呈现在人们的面前，经过频繁的洗礼和自主的选择，不同国家、不同民族、不同生活方式的人们通过交往、学习、借鉴，达成共识，获得沟通和理解。互联网无论在广度上，还是在深度上，都在我们无法想象的空间蔓延、伸展着，它突破了种族、国家、地区等各种各样的有形或无形的“疆界”，真正体现了全球范围内的人类交往，体现了人与人之间的“无限互联”。互联网的作用很大，互通的程度非常高，共享信息异常丰富，开放性很高。在这里，人们不分国家、种族、贫富、性别、职位高低、年龄大小，都可以体会网上冲浪的乐趣。

（二）平等与个性化

互联网作为一个自发的信息网络，所有的用户都是自己的领导和主人。因为所有人都拥有网络的一部分，所有人都有发言权。这样，网民可以充分感受到自由性与主体之间的平等性。网民可以阅读来自许多外信息源的消息，可以自由选择议论的话题。网上的信息不为某一个人独有，而是平等地属于每一个网民。互联网的这种特点，使网民的意识和思维进一步走向平等和双向沟通，思维方式更加多样化，从而也更加具有个性和创造性。每个网民都有可能成为中心，人与人之间趋于平等，不再受等级制度的限制，个体的个性意识逐渐增强。网络呈现出的分散性、自主性等特点正是网民生活的个性化体现，这种体现还包括上网目的、浏览内容的多样性以及言论和创作的新颖性。可以说，网络为人的个性发展提供了广阔的空间，使个体的创造性能够获得良好的客观环境。

（三）虚拟与易伪装性

一方面，网际关系的虚拟性是与其实体性相对的，交往主体隔着“面纱”，以某种虚拟的形象和身份沟通、交流着，交往活动也不再像一般社会行动那样依附于特定的物理实体和时空位置；另一方面，网际关系的虚拟性并非与虚假性等同，尽管由于人的恶意操作它会堕落变质为虚假，但在人工构建的虚拟情境中，网络赋予人一种在现实中非实在的体验，从功能效应上来说这是真实的，所发生的虚假关系与交往者的个人行为有关，而与网络的上述功能无关。

信息的庞杂性、虚拟性和超时空特征使得作为行为目的、意义和情感的传播通道并不是清晰可辨的。这使得发生在人与人之间的网络交往易变、混沌，网络世界中的人际关系也因此充满了不确定性。不仅如此，在“网络社会”这个崭新的信息世界，主体的行为往往是在虚拟实在（Virtual Reality）的环境上进行的，在网络技术的帮助下，每个人都可以成为“隐形怪杰”，其身份、行为方式、行为目标等都能够得到充分隐匿或篡改。例如，一个白发老翁可以发布电子讯号将自己伪装成红颜少女，强盗亦可自称警察而难被发觉，甚至就像比尔·盖茨的那个玩笑：“在 Internet 上没人知道你是一条狗！”

（四）冲突和攻击

正是因为网络的虚拟性、隐蔽性和个性化的张扬，在使用网络时网民间常常会发生冲突和相互攻击的行为。比如在网络游戏中，网络聊天室或者论坛里，观点冲突屡见不鲜，肆意谩骂、诅咒、侮辱他人等过激的言语和行为比日常生活中要多。甚至有攻击者利用网络技术入侵他人的网络系统，俗称“黑客”，以实现破坏行为。黑客的破坏踪迹遍及个人、公司机构、甚至国家政府安全部门。

三、网络虚拟世界与大学生心理需求的关系①

（一）满足了解和探索外部世界的需求

互联网是一个巨大的图书馆，是知识、信息的宝库，它所包含的信息量是以往任何媒体都无法比拟的。大学生正处于求知欲旺盛的时期，渴望了解书本以外的各种知识、信息和周围多彩的世界。而且网络消除了大学生的心理顾虑，不像课堂一样受到诸多的限制与约束，互动性更强，形式更多样。网络提供了充分自由和开放的环境，拥有丰富的信息资源，影响面广，功能齐全，方便快捷，可以很好地满足大学生了解与探索外部世界的需求。

（二）满足舒缓紧张情绪和宣泄情绪的需求

对于当代大学生来说，竞争给了他们很大的压力，在日常生活中也或多或少拥有这样或者那样的紧张或不快。他们希望能够有人来倾听自己的心声，一起分享快乐和痛苦。很多人心情不好的时候，受到某些事情影响的时候，处于迷茫境

---

① 石红，邓旭阳．大学新生心理自我保健．上海：华东理工大学出版社，2007.

地的时候，需要情感释放的时候，常常会通过上网发帖、通过“虚拟社区”聊天等向网友倾诉自己的不快，以此来获得安慰或者是寻求一种共鸣，或者通过打网络游戏等来排除消极的情绪。在虚拟的世界里通过不被人发现的伪装，不用再为现实生活中没有朋友的青睐、自己的性格孤僻、世上的市侩心理、以貌取人等而烦恼。网络给了一张很好的面具，面具能给人带来安全感，于是更多的人通过这种渠道来寻求情感的宣泄。

（三）满足情感的需求

人与动物有着一个很大的区别是，人有很强烈的情感需要，通过沟通交流能让这种情感需要得到满足。网络范围尤为宽泛，可以根据个人的需要寻求志同道合的朋友，而且由于时空的阻隔，还可以利用网络和朋友倾诉一些平时深藏于心底的难以启齿的问题。大学生不仅有与同性交往的意愿，更希望与异性交往。在网络上可以随心所欲和素未谋面的异性进行交流，甚至还有很多浪漫的网络爱情故事令诸多大学生心驰神往。网络打开了一扇方便之门，网络上的男女变得大胆、浪漫、开放，无数的大学生为浪漫的爱情心醉、痴迷。大学生希望通过借助网络找到情感的归宿，为孤单寂寞的心找一个可以停靠的港湾。更有甚者希望可以在网络上组织虚拟的家庭，体验幸福美满的家庭生活。

引导案例

小朋是北京某市属大学学生，20 岁，是个超级网虫，每天都要在网上泡十多个小时。他和一个 17 岁的女孩在网上认识半年后，两人很快就发生了“网恋”，并在某网站进行了“结婚”注册，在网上建立了自己的“家庭”——一个共同的网页。他们这个网上的“家”真的太像家了，这个用文字和图片堆砌的家不但有像模像样的家具和房间布置，而且有每日三餐的菜谱，甚至还有他们虚拟的“夫妻生活”描述！在小朋和那个女孩“结婚”不到 3 个星期时，网站通知他，他的“爱人”怀孕了，小朋大喜，每天抱书苦读孕产妇注意事项。6 个星期后网站通知他，说他们已经拥有一个可爱的小宝宝，小朋更是兴奋得睡不着觉。

资料来源：《北京青年报》

（四）满足追求娱乐、时尚的需求

网络的自由性和上网的时尚性及互联网传播信息的高速性满足了当代大学生追求个性时尚与时效的心理需求。网络是继广播、报纸和电视等传统媒体之后的新媒体，它传播速度快，信息量大。与以往单向传播的传媒方式不同的是，在网络中，受众可以根据自己的喜好选择所需。网络是全球各种文化冲突和交汇的地方，能为网民带来最快最新的娱乐资讯。网络上的娱乐活动丰富多彩，网络聊天、听音乐、看电影、玩游戏，还可以将文字、图片、声音融为一体，形成视、听、感全方位的娱乐体验。而且网络的活动还具有互动性和交互性，更加成为了大学生所钟爱的休闲娱乐方式。

（五）满足寻求猎奇刺激、性刺激及生理方面的需求

网络上的内容包罗万象，异常丰富。作为一种新的学习娱乐方式，大家可以从网络上获得千奇百怪的资讯，了解闻所未闻的奇闻逸事。没有不知道，只有想不想知道。网络游戏更是将动人的故事情节、完美的视听效果、高度的可参与性，以及冒险、悬念、神秘、刺激等诸多因素融合在一起，为玩家提供了一个神秘的世界，大大激发了人们的好奇心。

此外，在中国传统的教育下，“性”一直都是一个神秘与隐蔽的话题。大学生由于生理和心理的发育成长，对性的好奇心依然存在，而且愈发强烈。网络恰恰就给大学生提供了获得各种性知识的途径。不过有一些色情内容对大学生的负面影响不容低估，那些低俗黄色文化的传播对大学生的冲击力与破坏性是很大的。网络世界中应有尽有，从某种意义上说，它既是信息的宝库，也是信息的垃圾场。调查显示，有近78%的青少年有浏览色情网站的经历，有35%的青少年经常光顾色情网站。“性”是搜寻引擎中最常被检索的关键词。此时，抵御诱惑、明辨是非对于大学生来说就显得异常重要了，以避免自己落入一张黑网当中，被其牢牢地困住，不能自拔。

（六）满足归属感的需求

对人类来说，寻求归属感是一种基本需求。由于网络空间提供了许多不同的虚拟环境，所以每一种人都可以找到一个让自己感觉“趣味相投”的地方。一些网迷往往存在着现实的或潜在的归属认同危机感，如家庭成员之间的关系危机；对师长及同学缺乏认同感等。他们上网既是在逃避着不愉快的现实，又是在寻觅着另类的归属认同。

（七）满足自尊、成就感和自我实现的需求

在网络世界里，不再强调相貌的作用，每个网民在一个非以貌取人的环境下拥有平等的发言权，人们不需要过多的面具。个体还可以建立个人主页，把自己的兴趣爱好等资料通过网络传媒让网友认识和了解。由于网络的匿名性，网络还为大学生提供了一个重建自我认同的机会。

研究发现，经常上网的学生能从网络中得到平等的社会支持和评价，在网络中体验获得成功与实现抱负的喜悦，能够将网络作为个人价值实现的平台，从而

提出网络对自尊可能有一定的积极作用。

第二节 网络对大学生心理的影响以及网络偏差行为

伴随着信息时代的到来，互联网已成为大学生获取知识、交流思想感情的重要途径。它消除了人类跨地域沟通的障碍，拓展了人类的交往空间，深刻地改变了人与人、人与社会的关系，给我们的学习、生活带来了翻天覆地的变化。但是互联网既给我们提供了一个自由、开放、平等、轻松的世界，又给了我们一个充满诱惑与陷阱的危险世界。它为大学生提供了一个扩大交际圈、增长知识、宣泄不良情绪的巨大精神空间；然而，网络也对部分学生的心理健康产生了诸多负面影响，使得大学生产生了许多网络偏差行为，这种情况已越来越受到社会各界的广泛关注。

一、网络对大学生心理的积极影响

（一）网络对大学生学习心理的积极影响

网络的发展引起了教育方式的历史性变革，对大学生学习产生了巨大影响。一方面，网络激发了大学生的好奇心和求知欲，满足了他们探索和了解外部世界的需求。大学生处于青年期，对知识如饥似渴，有着积极探索外部世界的心理倾向。网络世界是一部百科全书式的资源平台，它以广阔的空间、丰富的信息资源、方便快捷的搜索方式、轻松自由的氛围，激发了大学生对新生事物的好奇心，满足了他们探索和了解世界的需求。另一方面，网络产生的虚拟学习行为，改变了学习行为的时空概念。网络教育学习平台是学生与老师的另一个交流场所，其实质是一个新型、动态、开放的网络教育交互式学习平台，令人身临其境。例如医科专业的学生可在虚拟实验中进行解剖，弹药工程专业的学生在网络上做爆破实验而绝无危险，金融专业的学生可通过虚拟股市学习股票交易知识等。学生在教师的协助和指导下，从学习实践中自主发现问题、探究问题并解决问题。

（二）对大学生人际交往心理的积极影响

进入大学校门，他们远离了昔日熟悉的老师、同学和家人，来到一个全新的环境，这既让他们感到新鲜，又让他们对这陌生的环境感到无助。渴望与人交往、渴望获得友谊，是大学生的普遍心理。但只注重文化知识的中学教育，忽视了对学生社交技能的培养，使其社会交际能力欠缺，这与他们渴望与人交往的心理相冲突。而虚拟的网络给大学生提供了一个安全的平台，在这里他们可以敞开心扉，通过与网友的交往，可以使他们隐藏于内心深处的交际需要得到满足。调查显示，有 39.7% 的学生曾与网友见过面，其中，11.2% 的学生常与网友见面。在大学生的各类朋友中，网上认识的占 57.6% ，老同学占 28.3%，生活中结识的占 14.1%。在网上，他们可以突破时空的限制，和天南海北的甚至地球另一端的网友聊天，扩展了他们的交往范围，满足了他们渴望交友的心理。网络扩展了交往范围，满足了大学生渴望交友的心理需求。

二、网络偏差行为

网络的使用是一把双刃剑，网络带来的种种便利，具有积极的影响。但是面对这个利器，还有很多问题是需要引起大家关注和亟待解决的。网络导致诸多大学生的行为偏差，诱发了大学生生理、心理疾病，严重影响了大学生的身心发展。

上网时间过长，会使大脑神经中枢持续处于高度兴奋状态，引起肾上腺素指标异常增高，交感神经过度兴奋，血压升高。这些改变可引起一系列复杂的生理和生物化学变化，尤其是自主神经紊乱、体内激素水平失衡，从而导致免疫功能下降，诱发多种生理疾病，如心脑血管疾病、胃肠神经官能症、紧张性头痛、神经衰弱等。同时，由于眼睛长时间注视电脑屏幕，视网膜上的感光物质视紫红质消耗过多，未能及时补充其合成物质维生素 A 和相关蛋白质，会导致视力下降、眼痛、怕光、暗适应能力降低等。此外，长时间受到电脑的辐射也会对身体造成伤害。长期沉迷于网上冲浪、网络游戏，有可能导致大学生思维能力的弱化，同时也占用了大量学习时间。近年来，大学生因长时间沉湎于网络而导致旷课，甚至挂科过多的现象，使得因此而退学的比例占到退学人数的 50% 以上。同时，长期处于网络虚拟环境中，容易罹患网络性心理障碍，出现网络行为偏差。

（一）网络成瘾

"网络成瘾综合征"① （Internet Addiction Disorder，简称 IAD），也称为网络性心理障碍、网络综合征、网络依赖，是指"上网使用者达到一定的时间量且反复使用互联网，其认知功能、情绪情感功能以及行为活动，甚至生理活动，已偏离现实生活，受到严重伤害，但其仍不能减少或停止使用互联网"。网络成瘾是

① 蔡茂华．心理健康教育理论与实务．成都：四川大学出版社，2008.

重复地使用网络所导致的一种慢性或周期性的着迷状态，并且带来难以抗拒的再度使用欲望，同时对上网带来的快感一直有生理及心理依赖。也就是说，因为网络的许多特质带给使用者快感，同时又因很容易重复获得这些愉悦的体验，使用者便在享受这些快感时渐渐失去了时间感，一方面逐渐对网络产生依赖，另一方面导致沉迷和上瘾。据悉，中国青少年网络成瘾综合征发病率高达15%，人数多达244万，互联网已成为部分青少年的“电子海洛因”。他们对网络的使用有强烈的渴望或冲动感。当减少或停止上网时，他们会出现周身不适、烦躁、易激动、注意力不集中、睡眠障碍等戒断反应。

课外阅读

美国心理学家杨格提出诊断网络成瘾的10条标准有：

（1）上网时全神贯注，下网后念念不忘“网事”；

（2）总嫌上网时间太少而不满足；

（3）无法控制自己的上网行为；

（4）一旦减少上网时间就会烦躁不安；

（5）一上网就能消除种种不愉快情绪，精神亢奋；

（6）为了上网而荒废学业和事业；

（7）因上网放弃重要的人际交往、工作等；

（8）不惜支付巨额上网费用；

（9）对亲友掩盖自己频频上网的行为；

（10）有孤寂失落感。

杨格认为上述10种情况，在1年间只要有过4种以上，便可诊断为网络成瘾综合征。

网络成瘾综合征包括以下几种类型：

1. 网络游戏成瘾

引导案例

就读于某高校的小肖以前一直是个优秀学生，刚进大学时，看到身边的同学玩游戏，他也跟着买了一台电脑，开始通宵达旦地玩游戏。从此以后，他就经常上课迟到，甚至旷课，成绩也从班级前十名跌到了三十几名。短短一年时间，就有三门必修课不及格，“有时候玩到凌晨四五点，第二天早上就起不了床。其实我也想早点休息的，但是一玩起来就把什么都忘了。”小肖显得很无奈。

根据心理学测试统计结果，所有服食毒品的人都存在不同程度的心理障碍，如焦虑、忧郁等等。而迷恋网络游戏的人经过测试后，其结果也无一例外地显示其具有心理障碍问题。网络游戏往往都含有血腥、恐怖、枪战、搏杀、色情等内容，很容易使沉迷其中的人产生性格孤僻、不合群的心理缺陷，轻者染上网络成瘾症，重者甚至走向犯罪。上海心理学专家郭莲舫指出，沉溺于网络游戏难以自拔，其危害等同于毒品成瘾。

引导案例

2003年2月27日，武汉某大学计算机学院21岁的大一学生唐某，上午课程结束后，顾不上吃午饭，便和同学直奔校门外的一家网吧打游戏。连续上网5个小时后，突感头疼，口吐白沫，继而昏迷，最终导致“脑死亡”而离开人世。

网络游戏成瘾会导致缺乏睡眠、食欲下降、身体免疫力下降、情感冷漠、心理活动异常，感知、记忆、思维、语言等各种反应能力显著下降等。

2. 网络色情成瘾

网络色情成瘾是指沉湎于网络上的色情内容，包括色情文字、图片、视频、Flash以及色情聊天等。调查显示，“性”是互联网搜索引擎中查询频率最高的词汇。国际互联网上提供色情信息的网络站点多达百万个。

网络本身存在的一些特点使得网络色情成瘾具备了客观的条件：①可得性——网上数百万个站点随时可登陆，没有时间限制；②匿名性——网络使用者之间的交流是匿名的；③直观性——随着网络的发展，除了文字之外，还有图片、Flash等多媒体播放效果。正是由于网络有这些便利之处，使得一些人经常在聊天室花费大量的时间，浏览一些色情图片，利用网络寻找在线性伙伴，经常使用匿名交流进行性幻想。有专家指出，随着性主题网站为人们提供寻找虚拟性爱的途径，人们在网上进行性幻想、相互调情、结交性伴侣，不少人已经陷入了严重的心理危机与关系危机。当然这其中也有上网者本身的原因，比如猎奇心理以及低级娱乐趣味。

引导案例

陈妈妈发现上大二的儿子每天回家就迫不及待地钻进自己的小卧室，第二天起床上学时没有精神。有一次，陈女士半夜起床，从门缝中看到儿子还没有睡，她打开门，一下被眼前的情景惊呆了，电脑屏幕上一女子正半裸上身，对着她儿子搔首弄姿，而儿子正看得津津有味，全然没有发现妈妈就站在他身后。

大学生性意识有所发展，是“网络色情成瘾”的高发群体。一部分人可能因某个偶然机会体验了某种形式的虚拟性爱，这类刺激和体验过于强烈，使他们很容易陷入其中无法自拔。另外，由于尚未树立起成熟的性爱和性道德观念，因此在进行虚拟性爱之后，他们常常会伴随羞耻、内疚、自责的想法，从而影响其学业、人际以及心理的健康发展。此外，虚拟性爱引起的性冲动，也可能导致其走向犯罪的边缘。

引导案例

21岁的刘某是北京某重点高校大三的学生。在一次不经意进入成人话题聊天室后，便每天沉溺于成人话题聊天室和网络色情小说以及付费色情视讯，脑海里成日都是香艳的成人图片。由于长期浏览色情网站，想效仿的他向女朋友提出了性要求，在遭到拒绝后，对其实施了强暴，最后被起诉并最终获刑。

据南京晨报报道：据有关部门调查显示，南京市70%的青少年性知识的获取来自于黄色网站。还有资料显示：网络色情是导致大学生性犯罪的重要原因之一。

3. 网络交际成瘾

网络交际成瘾是指上网者沉溺于凭借各种聊天软件以及网站的聊天室进行的人际交流，过分迷恋网络人际关系。他们喜欢在网上结识朋友，愿意向其倾诉，而对现实中的人际关系感觉很困惑，表现出不愿意交往和交流的倾向，但他们利用这些网络人际关系取代了现实生活中的人际交流。他们每天都要花费大量的时间通过网络与网友聊天，从而形成一种对网络和网友的强烈依赖，一旦脱离了这种沟通和交流，他们会出现焦虑等心理障碍。

触网情深、一网深情。在网络交往成瘾中较为突出和常见的表现就是网恋。在最近一次对网恋态度的调查中，有25%的人认为网恋是“选择理想恋人的又一有效途径”，有17%的人认为网恋是“脱离现实的”，而58%的人认为网恋“不应提倡，也不反对”。

网恋一般很容易上瘾，而一旦上瘾就会沉湎于其中不能自拔，把网上爱情视为生活的唯一追求。如导致学生不休息甚至逃课去追求网恋从而影响学习；网恋上瘾致使他们减少与人交流，不参加集体活动，性格变得孤僻，甚至出现人格分裂；一旦网恋失意，会出现精神崩溃；网恋的欺骗性则会对其造成沉重打击，甚至断送前程。

4. 强迫信息收集成瘾

强迫信息收集成瘾，又称信息超载成瘾，是指强迫性地、无法自制地从网上收集无用的、无关的或者不迫切需要的信息，并伴随有强迫性冲动倾向和下降的工作效率。强迫信息收集成瘾体现为没有计划和目的地耗费时间，是纯粹的盲目行为或网络生活怪癖。这种现象与以强迫性物品收集为主要特征的强迫症类似。

患者下网后担心错过了任何“重要”的信息，即使这些信息对他来说是无关紧要的，也总想查看或者下载到自己的计算机中。有的甚至在夜间起床时，还情不自禁地打开电脑，到网上浏览，看看有无“重要”信息。例如有一些同学的网址收藏夹里面已经是乱成一团、不堪重负了，不但没有得到很好的整理和清理，却反而继续往里挤塞和添放。此时，互联网带来的不再是快捷和便利，而是心理上的困惑、负担和痛苦。

上述提到了网络强迫行为。网络强迫行为指一种难以抵抗的冲动，还有诸如着迷于在线赌博、网上贸易或者拍卖、购物等行为。随着现代电子商务的发展，越来越多的商品可以通过网络渠道以更加便宜的价格购买。网购已经成为时尚的大学生生活中必不可少的一个部分，但是有很多大学生尤其以女生较为突出，终日沉迷于网购。甚至当很多购买回来的商品是劣质的或者无用的，她们也无法因此而停止或者收敛疯狂的网购行为，这已经发展成为一种病态的网络强迫行为。

（二）网络焦虑症

网络焦虑症①主要是指使用者在触网后由于缺乏网络知识，对于五花八门、眼花缭乱的电脑书籍和软件不知从何学起，担心被他人嘲笑或被社会淘汰而造成的紧张和焦虑的不适应状态。畏惧感和无所适从的焦虑心理在网络使用者中也很普遍。

（三）网络孤独症

网络孤独症②是指上网未能解除孤独，反而因为触网而引发或加重了原有的孤独感等不良的心理状况。终日在网上漫游，减少了现实中人与人之间的交流，社会交往程度被大大地削弱了，于是与周围人群的感情联系日渐减少，生活的情趣也开始被消磨，内心枯燥而空虚，慢慢失去了对快速变动而丰富多样的现实生活的感受力和参与感，堕入了情感交往的“网络漂移”症漩涡，出现了“精神真空”。网络孤独往往导致人们患上“社交恐惧症”，若不克制，持续发展下去将会演化成自闭症。

引导案例

某高校有个大学二年级学生，生活中的他性格内向，表现得有些孤僻，不善言谈，不善交往，却特别喜欢泡在网吧里聊天会友。在网上，他口若悬河，成了人见人爱的“大众情人”。但是，他在网上越是感到得意，在现实生活中就越是

---

① 杨伊生，侯友，张秋颖．大学生网络成瘾与焦虑形态的关系研究．内蒙古师范大学学报（哲学社会科学版），2007（6）．

② 杨永信．让“网络孤独症”患者不再孤独．家庭健康，2008（10）．

木讷笨拙，平时躲避着同学老师，被同学称为“最古怪的人”。

（四）网络身份迷失和自我认同混乱

在现实生活情境中，大学生一般都始终如一地扮演着自己的角色，但在网络交往中则不然，网络所提供的是各种虚拟情境。长期沉溺于网络的大学生会感到身份迷失，逐渐迷失现实生活中的“真实自我”，角色混淆，无所适从。但在网络里，个体表现可能和现实生活中截然不同，现实生活中一个内向、不善言辞的人，在网络中可能变得异常幽默风趣，一个胆小怕事的人可能在网上“叱咤风云”。美国心理学家艾里克森指出，青少年面临的是“同一性（Identity）与角色混乱（Role Confusion）”的矛盾。角色混乱①是指个体不能正确选择适应社会环境的生活角色。虚拟网络给个体带来了自我体验的“边缘感”。大学生自我意识发展还不够成熟，有一些还没有形成清晰和牢固的自我同一性，一旦网络屏蔽了与现实生活的联系，虚拟性很容易造成角色混乱、性别混乱等心理危机。

（五）网络欺诈与犯罪

基于网络的隐匿性以及自我角色混乱、自我膨胀无度，一些人认为，在网络世界里不需要对自己的行为负责，将自我凌驾于法律之上，无视道德的存在，不忌伤害别人，甚至违法犯罪。大学生网络犯罪主要表现有以下三类：①危害互联网运行安全的犯罪行为；②利用互联网破坏市场经济秩序或社会管理秩序的行为；③利用互联网危害人身权利及合法财产权利的行为。

一旦涉及网络违法犯罪，大学生就掉入了一个无比黑暗的深渊，美好的前程就会毁于一旦。不但自己要接受法律的惩罚，同时也将会给自己的家人带来无比的悲痛与极大的伤害。珍爱自我，关爱家人，请远离网络违法犯罪！

第三节　网络心理障碍分析与调适

网络是一把双刃剑，我们在享受它带来的便捷和高效的同时，也应充分认识到它的负面影响。科学家推出的一组最新统计数据为我们敲响了警钟：目前全球2亿多网民中，约有1 140万人患有某种形式的网络心理障碍，约占网民总人数的6%。大学生网络心理障碍主要包括：网络成瘾综合征、网络孤独、网络自我

---

① 侯玉波．社会心理学．北京：北京大学出版社，2008.

迷失与自我认同混乱等。因此，要针对不同的原因对症下药。例如，针对性格内向的群体，鼓励他们积极参加其他活动，多与人交往，提高现实生活中的交流沟通能力，重塑自信；针对自制力不强的群体，帮他们规划学习和生活，合理安排上网时间；针对学习生活压力过大的群体，给予相应的现实生活方面的指导，让他们了解只有理性认识问题才能使自己适应并融入现实的社会生活。虽然，网络会让我们的生活更多彩，但它不是生活的全部。

一、大学生网络心理障碍分析

（一）网络成瘾综合征分析

1. 网络成瘾综合征的发展形成

“网络成瘾综合征”（Internet Addiction Disorder，简称 IAD）有以下体现：①网络成瘾的耐受性，指随着网络使用经验的增加，必须通过更多的网络内容或更长久的上网时间才能得到与原来相同程度的满足；②强迫性上网症状，有一种难以自拔的上网渴望与冲动；③网络退瘾症状，指如果突然被迫离开电脑，容易出现挫败的情绪反应，如情绪低落、生气、空虚等，或是出现注意力不集中、心神不宁、坐立不安等反应；④网络成瘾相关问题，指由于使用网络时间过长，而忽略原有学业与社交生活并产生身体不适等反应；⑤网络成瘾用户普遍缺乏对上网时间或使用计算机时间的控制，造成生理上的不适反应，如眼睛酸痛、视力减退、头痛、肩膀酸痛、腕肌受伤、睡眠不足、胃肠不适等，有的甚至还引发身体上的严重疾病或精神障碍。

一般来说，大学生从开始接触网络到网络成瘾，往往会有三个明显的阶段：

第一阶段：开始进入网络。此时可称他们为“网络爱好者”。他们可以了解互联网并开始学习如何使用它，从而发现这是一个非常有趣的，他们以前从来没有体验过的世界。几小时或几天之内，他们会发现所有应用中，有一个他们特别感兴趣，并且以后会经常光顾的内容。他们可以参加 MUD、进入聊天室、收发 E-mail、浏览最新信息，在那儿，他们有了一个新身份。如果仅仅是一个“网络爱好者”，这对他们的学习和生活不仅不会产生负面影响，反而有时还会有利于他们的学习和生活。

第二阶段：网络替代生活中的某些人或事。此时可称他们为“网迷”。他们开始压缩自己的学习时间、娱乐时间和休息时间，尽量过简单的生活，以便腾出更多的时间去上网。因为他们在网上已有一个朋友，或者几个甚至更多，他们已经找到了刺激、信任、关怀和支持。他们已经有了可去的地方，可做的事情，而忽略了那些曾经使他们进步的人或活动。网络已替代了他们生活中的某些人或事。该阶段网络已经开始影响他们正常的学习和生活，但他们尚有一定的自控能力。

第三阶段：完全依赖网络。他们上网的时间越来越长，而对学习及其他活动越来越不感兴趣，甚至睡觉都可以放在一边，只要让他保持网络在线。因为他们在网上感到平静、安宁和快乐，他们可以在网上展示自己的才华，可以在网上找到知心朋友并且真诚交谈，可以在网上找到自信心，他们已越来越依赖网络。一旦下线便会觉得失望、失落、烦躁、易怒。他们已经对所有的校园活动，甚至自己的女友（或男友）都失去了兴趣。此时他们便形成了真正的“网瘾”。那些因迷恋网络而导致退学试读或留级的同学，大部分处于该阶段。

2. 网络成瘾各阶段心理特征

在网络成瘾中，以下几种心理状态是常见的（如图 9－1），这些心理特征反映了从开始上网到上网成瘾的三个阶段，并且随着迷恋程度的加深而渐趋严重。

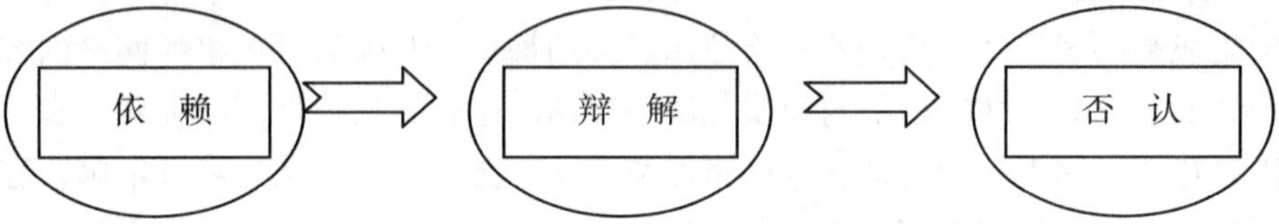

图 9－1　网络成瘾阶段图

（1）依赖。

他们拒绝参加所有的校园活动，有的甚至拒绝与女友（或男友）的交往，而遁入“虚拟世界”，到网上去寻找寄托、寻找自信、寻找现实生活中得不到的其他东西，并且认为这个“虚拟世界”会使自己感到更加轻松、平静；在这个“虚拟世界”里，自己更受人欢迎，更被人需要以及更被人理解。于是，他们越来越依赖网络，越来越离不开网络，越来越沉溺于网络，一旦离线，就会变得冷漠、紧张、易怒。

出现依赖心理的表现有：①在网上，我实现了自我；②网络是我结识真正朋友的唯一场所；③我的网上伙伴是我最好的朋友；④在网上我能够用生活中无法使用的方式向人们敞开心扉；⑤我的网络朋友认为我幽默、聪明和富有魅力；⑥在网上，我的思路更清晰、更流畅，而且我更富有创造力，等等。

（2）辩解。

虽然患有网瘾的大学生们已偏离了正常的大学生活，但他们毕竟还生活在校园里，所以他们总是找出种种理由来说服“自己这样上网没什么，并且也不会上网成瘾”。而这些理由的后果之一是使这些学生暂时可以心安理得地上网，后果之二便是使他们在网络中越陷越深。

出现辩解心理的表现有：①我的成绩差是因为课程令人乏味，而不是因为我上网；②我整个晚上上网也没关系，因为我在学校仍然表现得很好；③我的学习生活太紧张了，我需要来这个网络世界放松一下；④我在一个小时内通过浏览网上信息所学到的知识要比今天上课或看书学到的多；⑤我上网只是挤掉了几个小时的睡眠时间，那只不过是多余的时间而已；⑥任何时候我都可以和室友、同学、朋友、父母共度时光，但我只是在特定的时间内和我的网上朋友谈话而已等。

（3）否认。

上网成瘾的大学生又一个心理特征是：否认问题的严重性。他们认为自己并没有上网成瘾，退一步说，即使是已上网成瘾，自己也随时随地有能力摆脱。

出现否认心理的表现有：①网络我确实用得很多，但这并不是什么大问题；②我并没有沉湎于上网，任何时候我想停下都行；③我使用网络并没有伤害任何人，当然也不会伤害自己；④只要我少去聊天室，我的考试就能及格；⑤那些关于网络心理问题的话题都是小题大做；⑥不管怎样，我不会像计算机专业的那些家伙们一样糟，他们从不离线，而且必须了解所有的软件程序。而我可以在我希望的任何时候缩减在网上闲逛的时间等等。

3. 网络成瘾的原因

（1）补偿心理。

有很多的学生在高中阶段是比较优秀的，可是在大学里与来自五湖四海的同学一比较，或者是学习上比拼不上，或者有部分在家庭经济条件上无法相比，于是出现了心里失衡。想大展拳脚、胜人一筹的“理想自我”与“现实自我”出现了矛盾。为了缓和矛盾，于是便通过网络来寻求心理补偿，寻找心灵的慰藉，希望在网络中找到自我，于是将宝贵的时间和精力倾注于多姿多彩的网络世界，并通过网络来满足自己。

（2）畏难心理。

基础较差的新生在大学里，接受能力与适应能力受到严重的挑战。刚开学，由于好奇心和进入大学的喜悦使他们有耐心坐在教室里听课，但大学的授课与教育模式和高中阶段相比存在一定的差异，有部分同学不能很好地适应这种转变，几节课下来便产生了逃学心理。加上高校的管理模式不像高中那样严格刻板，部分同学就选择沉迷于网络。

（3）逃避心理。

大学生进入校园后，希望拥有一个生机勃勃、积极向上的好集体，渴望拥有一个和谐的人际关系环境，渴望人们的理解与支持。但大学生在交往中存在因缺乏经验、技巧而不善交往，因担心他人轻视而不愿交往，因性格内向孤僻而不会交往，因个性自卑而害怕交往等现象，由此造成与他人难以沟通，从而感到压抑孤独。就像有同学抱怨说，在大学生活中人与人之间总是隔着一层薄膜，大学每个人都戴着面具，徒见其外表而不知其内心。在这种心理作用下，一旦他们在学习、交往中遇到挫折，就很容易产生逃避心理。

（4）从众模仿心理。

在网络上有很大一部分网瘾者始于从众模仿。学生普遍认为，进入大学以后没有了学习压力，缺少父母的督促，甚至中学时代无孔不入的老师也变得时隐时现，不再板着脸孔了，因而感到十分自由。有相当部分新生自入学开始便尽情放纵自己和追求享受。从心理学的角度看，这部分同学进入大学后缺少学习压力，缺乏求学的目标与动力，出现暂时的目标真空，导致刚入校园时无所适从，在外界诱惑下极易产生从众心理和模仿心理，在其他同学的影响下很自然地加入了网民的行列。网络游戏是其中一个很典型的例子。网络游戏是时下大学生一个热议的话题，也是平时游戏迷们沟通交流的必选。尤其在男生宿舍，往往有一个人开始玩网络游戏，其他人也为了避免落伍掉队，都会争先恐后地加入网络游戏搏杀的队伍当中。

网络成瘾是一种心理障碍，它既有网络传播特性的原因，同时又有个体自身的问题，还有来自于外部的压力等诸多原因。网络成瘾不仅不利于个体的健康发展，并已成为一种日益严重的社会问题。

引导案例

陈女士的儿子上大学后，就整天和电脑做伴，没日没夜地玩电脑游戏。他不愿意和家长、同学说话，也不关心周围发生的事情。家里母亲在外开店，父亲开了一家工厂，平时两人都很忙，根本没有时间和儿子沟通，但是现在想和他讲讲话了，儿子却嫌烦，什么都不愿意讲。儿子还通过网络游戏结识了很多所谓的网络好友。网络游戏需要网络金币，最后他由于迷恋网游，在同伴的教唆之下，利用计算机技术非法盗取他人的账户。

资料改编自：http：//www. scxz. net/xlkt/ShowArticle. asp？ArticleID＝256

分析：网络成瘾除了学生自身的一些原因之外，也还有其他的社会因素。在孩子最初接触网络游戏的时候，老师和家长没有及早做好引导。待到孩子真的沉溺网络之后，他们很容易在网络中建立自己的虚拟世界，并在其中感受自己的掌控能力和尽情宣泄自己的情绪。他把所有的寄托放在这个虚拟的世界里，对现实世界的一切都不感兴趣。这个时候再对孩子做引导，已经不容易了。家长与孩子的沟通是必要的、不可缺失的，否则也会成为孩子网络成瘾的诱因之一。

（二）网络心理障碍的其他心理因素

除了网络成瘾之外，还有一系列的网络心理障碍，诸如网络孤独、交往障碍、网络焦虑、自我认同混乱以及网络迷失等等。这些心理障碍的出现大多有着相同或者相似的原因，除了上述存在的几个心理机制外，还存在以下一些心理方面的因素：

1. 性格、个性

网络心理障碍的发生与网络本身的一些特性是密不可分的，但是更多的是作为上网个体自身存在的心理根源。上网者自身的人格特点，尤其是一些负面特征，如抑郁、焦虑、孤独、自卑等。以上症状患者要比那些具有积极健康心理的大学生更容易形成网络心理障碍。因为他们敏感、忧郁、脆弱、情绪不稳定、孤僻、自制力差、自我成就感低，网络恰好给了他们一个逃避现实以及弥补现实生活中存在的不足、增强自我成就感的平台。

部分大学生性格内向、自卑、心思敏感，不愿意或不善于与他人交往，当互联网走进他们的生活时，网络世界的匿名性、隐匿性让他们可以随心所欲地发泄自己的不良情绪，排解忧虑，这时他们觉得心情得到一定的放松，从网友那里得到了一定的心理支持。现实生活中人与人之间的交往 80% 的信息是通过非语言的方式来实现的，如眼神、手势、语调等。但人—机对话模式的网络人际交往却掩盖了这些丰富多彩的非语言符号，往往使上网者感到深层情感交流不足的缺陷。由于长期沉迷于网络交际，减少了与现实中的人的交流，慢慢失去了对丰富多彩的现实生活的感受力和参与感，社会交往大大地减少了，于是与周围人群的情感联系日益减少，生活情趣也开始减少。内心显得枯燥而空虚。这些往往都伴随着自卑、逃避、向网络求助的心理。网络不仅不能改善，反而加重或者恶化这种本来就存在的负面个性心理。当回归现实时，他们只会越发地抑郁、焦虑和孤独。

2. 压力耐受与调节不良

大学生也面临着这样或那样的压力。学业课程负担过重，没有找到适当的学习方法，考试成绩不佳；人际交往有障碍，无法与人正常沟通与交往；家庭贫困，无法面对自卑；恋爱失败，深受打击……这些都是大学生在学校或多或少要面对的现实问题，并且都是压力的来源。大学生经济上没有完全独立，情感尚未成熟，耐受力较差，调剂能力不强。每个人的心理资源是有限的，一旦没有找到良好的宣泄或者舒缓紧张压力的方法，将导致注意力转移或寻找替代品，网络担当了这方面的角色，这也是大学生网络心理障碍高发的原因之一。

二、网络心理障碍调适

互联网对人们的生活、学习，特别是人们的心理产生了重大的影响。我们应积极理性地认识网络，科学地使用网络。同学们应当积极参加校园文化及健康有益的活动，合理安排上网时间；增强交流沟通的信心，体验现实中人际交往的快乐，从而重建自信，摆脱“瘾症”。此外还要培养网络道德，自觉做到遵纪守法，文明上网。

（一）正确认知、了解互联网的心理影响

网络的出现克服了时空距离的障碍，使得人与人之间的沟通更加便利，网络的虚拟性在一定程度上让人们获得了平等和自尊；网络的发展使得人们能够更加直接、便捷地获得大量而有效的信息，足不出户就可以遨游浩瀚的知识海洋。但是网络的虚拟性、随意性和隐匿性导致了现实生活中非道德现象的滋生和人与人之间的信任危机。虚拟化的交往最终会导致人们对社会现实感到悲观失望、道德情感冷漠和个体责任感缺失。网络中不同的文化形态和思想观念很容易使大学生陷入迷茫的境地，从而导致价值观的倾斜。如一些不良思想很容易使人迷失自我，对未来丧失信心。只有真正清楚、全面了解了互联网才能趋利避害。在面对光怪陆离、真真假假、充满诱惑的网络世界，大学生应该树立正确的世界观、人生观、价值观，提高明辨是非的能力，增强对网络糟粕的识别和警觉能力，对网络信息能进行有效的选择和接收。

（二）信任自我、掌控自我、摆脱依赖

过分依赖网络的学生，常常是在现实中比较自卑、缺乏自我价值感和成就感的人，他们或者不敢与他人交往，或者不会与他人交往，内心十分孤独，他们渴望交到知心的朋友。网络给他们提供了这样一个平台和机会，他们在网络上通过虚拟的自我来获得平常在日常生活中缺少的东西。比如自己不漂亮却说自己漂亮，这样就能寻求到自尊的满足。但是网络并不是避风港，从网络中获得的心理满足只是暂时的，快乐也是暂时的，因为问题并不会就此消失。当回到现实时还是要重新面对真实生活中的自己。

外界很难改变，也是无法操纵的，但是自己的心理世界是可以建设、可以操控的。一个人要融入社会，要在社会中找到自己的立足之地，需要主动做出努力，而不是逃避。作为大学生，只有信任自我，增强自信，以积极的态度去面对现实生活中的困难，才是解决问题的根本途径。充分信任自我是必要的，大学生本来就是天之骄子，是同龄人中的佼佼者。大学生可以通过参加各种自己感兴趣的社团或者课余活动，发挥自己的长处，在学习和活动中不断磨炼自己，提高自身的综合素质。首先，大学生要提醒自己，网络只是一种资讯工具，上网也可以成为一种娱乐方式，但是不应该成为光阴悄然的谋杀者。所以大学生应该给自己制订一个上网计划，使上网具有时间性和目的性。具体的做法是：当面临上网与否的选择时，拿出自己的计划表，提醒自己今天的学习任务有没有完成，还有没

有更重要的事要去做；需要上网前明确目标，把具体要完成的学习任务列在纸上，估计一下时间，并附上自己的座右铭对自己进行监督。以保证有针对性地浏览信息，避免成为“网络上的迷途羔羊”。其次，大学生还要控制上网操作时间。每天操作累积时间不应超过 2 个小时，连续操作 1 小时后休息 10 分钟左右，有效地控制自己的上网时间。再次，应设定强制关机时间，准时下网。通过规划自己的学业生活，合理安排上网时间，不断提高自己的自制力，做网络的主人。

（三）打造良好的人际关系，享受真情、超脱虚空

大学生都渴望自己成为最受欢迎的人，网络打破了传统的时空观，创造了一个有利于交往和建立友谊的环境。但网络交友只是人们传统交友方式的一种延伸和补充，它无法完全替代现实中的人际交往。因此，在热衷网络交友的同时，应该清醒地区分虚拟世界和真实生活的不同，提醒自己不要忽略了与同学、朋友的相处。多参加集体活动、积极参加有利于提高人际关系沟通技巧的课程，多与同学沟通，尤其是同寝室的同学、同专业的同学，真诚地敞开心扉，提高自身的交往沟通能力，拓展人际交往圈，打造良好的人际关系。学会在现实中从同学、朋友那里寻找信任和支持，充分体会现实世界的意义。在遇到困难挫折的时候，首先向周围的同学、朋友、老师求助。

要建立和谐、亲密的人际关系还应当注意以下几点：①必须尊重他人，尊重他人的人格、习惯和价值观。只有尊重他人才能赢得他人的尊重。②与他人交往时要保持真诚的态度。只有这样才能相互理解、接纳、信任，彼此在情感上才能获得共鸣，才能使交往关系得到巩固和发展。③不要对小事斤斤计较，要忍让和宽容。④尽量设身处地为他人着想，多关心和体恤别人。⑤人与人之间的交往要讲求诚信。与他人交往时要做到言必信、行必果，言行一致，遵守诺言。人际交往的技巧是后天习得的，没有人是天生的交往高手。所以在交往过程中，大学生要抱着积极学习的态度，认真体会。大家要在环境中不断完善自己的性格，使自己变得更加主动、大方、热情和真诚。只有这样才能使自己的人际关系变得和谐起来。

（四）提高心理素质水平，培养成熟的心理防御机制

生活的主旋律是磨难与成长，每个人的成长都不会一帆风顺，挫折和困难总是和我们不期而遇。面对生活中的种种失意与挫折，我们要学会辩证地看待问题，积极调节自我心态，提高心理承受能力，敢于面对困难并克服它。

有研究表明，网络心理问题与人格因素有关，一定的人格倾向容易导致使个体出现网络成瘾。因此，要不断完善自己的个性，提高自己的心理素质水平。学会合理宣泄情绪，提高适应能力，只有这样才会形成成熟的心理防御机制。宣泄即找一个对象进行酣畅淋漓的倾诉，把心里的痛苦一吐为快。只要能把心里的不

快说出来就能达到一定的调适目的。学着用转移和替代的方式摆脱对网络的依恋，用自己的爱好和其他休闲方式转移自我的注意力，游泳、爬山、打球、下棋等方法都可以有效地转移注意力，培养积极健康的生活方式。升华是替代作用的一种表现形式，对调节因挫折引发的心理不适具有良好的作用。在个人需要不能得到满足而遭遇挫折的情况下，尽快设立一个新的目标，使受挫后的压抑心理转化为新目标奋斗的动力，从而使不良的心理反应得到升华。歌德就是因为爱上了朋友的未婚妻而感情受挫，转向了浪漫小说的编写，这才有了名著《少年维特之烦恼》的问世。

（五）增强抗体，远离“黄毒”

“性”本来是人的天性之一，是人间美好的东西之一。人类的繁衍生息都有赖于它。大学生对性知识的渴求与需要本无可厚非，对于异性的追求是自然的现象。但是在面对网络林林总总的性解放观念与信息面前，大学生要如何维护好性心理健康，防止“黄毒”显得尤为重要。

首先，大学生应当对“性”有一个科学的认识。性不仅具有生理性、心理性，同时也具有社会性。除了生理特征，性还包括角色认同、恋爱婚姻等诸多心理方面的特性。大学生首先应该系统而科学地学习性知识，这样才能消除自身的性禁忌，减少性的神秘感，降低性抑制。其次，大学生要培养健康的人格。大学生在两性交往中要树立自信心，勇于接纳自己的外貌和生理特征，发挥自己的个性品质，展现自身独特的魅力。作为大学生还应当正确对待手淫、性梦等正常的生理现象，通过健康有益的文体活动和适度的两性交往来缓解自身的性压力，正确调控性冲动，自觉抑制“黄毒”侵害。

（六）向心理咨询中心主动求助

据了解，沉迷网络或网络成瘾的学生，往往因为自己承受很大的心理压力，大多比较敏感，对现实抱有退缩和逃避的心理，不愿主动寻求他人或心理咨询中心的帮助，因此，网络成瘾的学生大多是被老师和周围同学发现后带到心理辅导中心接受咨询。心理咨询老师会根据他们的成瘾程度，从专业角度采取必要的心理咨询和干预措施。帮助他们分析上网的动机和情结所在，充分认识上网的诱因，并制订改变的计划。因此，成瘾者要鼓起勇气，不要逃避，积极主动向心理咨询中心求助，尽快摆脱“瘾症”，回归积极健康的大学生活。

网络能带给我们丰富的知识和信息，带来愉快和欢乐，让我们的生活多姿多彩。然而，它也可以使我们沉沦，使我们虚度光阴，使我们消磨意志而受到“病毒”的威胁和毒害。网络本身无所谓好坏，关键是我们如何利用它、驾驭它，为我所有。

思考题

1. 试述网络虚拟世界与大学生心理需求的关系。
2. 网络对大学生心理发展产生了哪些影响?
3. 大学生网络偏差行为有哪些?
4. 论述大学生网络成瘾综合征的发展过程及其特点。

附录一：案例分析：人肉搜索与网络暴力

请分析以下两个人肉搜索案件的不同参与者的心理状况，以及我们如何在上网时保持健康的心态。

2001 年的某月某日，有一网民在猫扑网贴出一张美女照片，并吹嘘该女子是自己的女朋友云云。有人则指认该女子为一位 AV 女演员。此女的真实身份是微软第一美女，即该公司的女代言人陈自瑶，还贴出了她的大部分个人资料。微软陈自瑶事件开创了人肉搜索的先例，是第一次真正意义的人肉搜索事件。从此，一个真正意义上的、被人称为“人肉搜索”的互联网搜索行动诞生了。

北京女白领姜岩于 2007 年 12 月 29 日从 24 层的家中纵身跳下，在自杀之前，她写下“死亡博客”，记载了自己自杀前的心路历程，还提及丈夫王菲的姓名、工作单位地址等信息。

此后，大旗网于 2008 年 1 月 10 日刊载了《从 24 楼跳下自杀的 MM 最后的日记》专题报道；天涯论坛也于当日发表《大家好，我是姜岩的姐姐》一文；姜岩的同学张乐奕于 1 月 11 日注册了“北飞的候鸟”网站。这三个网站上的部分文章均披露了王菲、第三者东方的真实姓名，以及王菲的工作单位、居住小区地址，还提到“王菲一直不露面”、“王菲另有新欢”等内容。

有的网友甚至到王菲父母家门口写下“逼死贤妻”、“贱人”等字句。王菲不堪其扰，将张乐奕和这三个网站告上法庭。至此，“人肉搜索”第一次进入司法程序，被称为“人肉搜索第一案”。

资料来源：http：//www. docin. com/p－235868393. html

分析：

网络是一把双刃剑。网络暴力的产生来自于不良的网络心理。网络的确是工作学习的有力平台，但是如果滥用网络赋予的匿名性，对别人的生活造成困扰，对他人的名誉做出损害，不仅会违反法律，还会滋生恶性的网络心理疾病，引发心理障碍和人格障碍。

G. 奥尔波特认为流言一般发生在和人们有重大关系的问题上，并且指出流言的发生与流传的三个条件：

（1）在缺乏可靠的信息的情况下，最容易产生与传播流言；

（2）在不安和忧虑的情况下，会促使流言的产生和传播；

（3）在社会处于危机状态下，如战争、地震、灾荒时，人们容易产生恐怖感和紧张感，流言容易传播。

因而，网络是流言滋生的得力温床，特别是在危机状态下。

附录二：你是否有网瘾综合征

以下是国外心理学家提出的 8 项标准可以进行自我诊断“网瘾综合征”：

1. 是否觉得上网已占据了你的身心？

2. 是否觉得只有不断增加上网时间才能感到满足，从而使得上网时间经常比预定时间长？

3. 是否无法控制自己上网的冲动？

4. 每当因特网的线路被掐断或由于其他原因不能上网时，是否会感到烦躁不安或情绪低落？

5. 是否将上网作为解脱痛苦的唯一办法？

6. 是否对家人或亲友隐瞒迷恋因特网的程度？

7. 是否因为迷恋因特网而面临失学、失业或失去朋友的危险？

8. 是否在支付高额上网费用时有所后悔，但第二天却仍然忍不住还要上网？

诊断：如果你有 4 项或 4 项以上表现，并已持续一年以上，那就表明你已患上了“网瘾综合征”。

第十章 大学生心理疾病的诊断与防治

【学习目标】

通过学习本章内容，熟悉心理疾病的相关概念，加深对常见心理疾病及其产生原因的认识，了解应激障碍、神经症、精神分裂症和心境障碍等大学生常见的心理疾病，掌握对精神疾病早期的识别和大学生心理疾病的防治方法。

大学生正处于人生发展的关键时期，充满各种机遇与挑战，在体验兴奋、喜悦、欢乐和自信的同时，也会遇到各种困惑和矛盾，焦虑、苦恼、悲观、失望也会随之而来。当然，大部分大学生都具有良好的心理素质，能够顺利应对成长过程中遇到的各种压力和问题，但也有些大学生不能有效地解决所面临的压力和问题，从而产生一定的心理困扰，如果没有外界的帮助和支持，他们的问题就有可能进一步加剧，甚至诱发心理疾病。

从年龄上讲，大学生正处于某些心理疾病的高发年龄阶段，现今大学生的心理状况令人担忧，心理问题已经给高校的管理工作带来很多困难。而且，一些心理疾病可能引发自杀、犯罪等严重的社会问题。

心理疾病与其他疾病一样，及早发现、及早进行心理咨询和治疗，就可以较快地治愈；拖延治疗就会加重病情，给治愈带来困难。所以，学习和掌握大学生常见的心理疾病知识可以及时发现和消除心理疾病产生的危害。

第一节 心理疾病概述

21 世纪是追求心理健康的时代，随着与日俱增的学习和生活压力，人们普遍受到焦虑、抑郁等心理问题的困扰。人类自身最大的挑战就是心理危机。正如联合国专家断言："从现在到21世界中叶，没有任何一种灾难能像心理危机那样带给人们持续而深刻的痛苦"。美国已将改善青少年心理健康状态列为急需解决的国家级优先课题。那么，什么是心理疾病呢？心理疾病都包括哪些呢？心理疾病产生的原因又是什么呢？

一、心理疾病的概念

有关专家指出："心理疾病和精神疾病正在成为威胁人类生命及健康的第一号敌人"。世界卫生组织曾断言："没有任何一项灾难比心理障碍带来的痛苦更为深重"。

心理疾病也称为心理障碍，是指在各种生物、心理以及社会环境因素的影响下，大脑功能出现失调、紊乱，从而导致人在认知、情感和行为上偏离社会生活规范轨道的现象。一般是指人的整体心理活动的某些方面受到损害，大脑未见器质性损害，仅有高级神经机能活动失调。心理和行为上偏离社会生活规范的程度越厉害，心理疾病也就越严重。

调查显示，大学生中因心理疾病退学的人数达到最高，居于占退学总人数的首位。因此，早期识别和防治心理疾病是高校心理健康教育工作的重要内容之一。大学生应追求心理健康的更高层次，跨越心理健康的更大高度，发挥自己更大的潜能，使自己的人生更加辉煌，切不能让心理疾病阻碍了自己的美好未来。

二、常见心理疾病的分类

在日常生活中，我们常常提到神经病、精神病以及神经症这三个疾病名称，但是一般的人不大清楚这三者之间到底有何关系，有时甚至以为他们是一回事。人们开玩笑或者骂人时经常使用"神经病"这个词。其实，人们心里想表达的内容主要是"精神病"方面的含义。实际上，神经病、精神病以及神经症这三个概念有很大的区别（见表10－1）。

（一）神经病

神经病是神经系统疾病的简称。神经系统是人体内的一个重要系统，它协调着人体内部各器官的功能以适应外界环境的变化，起着"司令部"的作用。凡是能够损伤和破坏神经系统的情况都会引起神经系统疾病。神经病不是精神错乱，而是指脑、脊髓和周围神经因感染、血管病变、肿瘤、外伤和退行性病变等原因引起的疾病。神经病指中枢与周围神经或者说内脏神经与躯体神经表现出解剖学上的病理特征，其主要特征是神经有器质性的病变。在医学上，神经病属于神经病学研究的范畴，在医院里专门设有神经科来处理和治疗这类病人。

（二）精神病

精神病指严重的心理障碍，是由于人体内外有害因素引起的大脑功能紊乱，导致知觉、意识、情感、思维、行为和智能障碍的一类疾病，患者的认知、情感、意志等心理活动均可出现持久的明显异常。不能正常地学习、工作和生活。其动作行为难以被一般人理解，显得古怪、与众不同。在病态心理的支配下，患者有自杀或攻击、伤害他人的动作行为。有程度不等的自知力缺陷，患者往往对自己的精神症状丧失判断力，认为自己的心理与行为是正常的，而拒绝治疗。

（三）神经症

神经症又称神经官能症，是一组非精神病性的功能性障碍。其共同特征是：它们是一组心因性障碍，人格因素、心理社会因素是主要的致病因素，但非应激障碍；也是一组机能性障碍，障碍性质属功能性而非器质性；具有精神和躯体两方面症状；具有一定人格特质基础但非人格障碍；各亚型有其特征性的临床相。神经症是可逆的，外在压力大时加重，反之症状减轻或消失。社会功能相对良好，自知力充分，表现为当事人一般社会适应能力保持正常或影响不大，对自己的不适有充分的感受，一般能主动求治。

表 10－1 神经病、精神病和神经症三者的区别①

	病因	包含症状	临床表现	严重程度	治疗方法
神经病	神经系统疾病	痉挛、脑神经损伤、脊神经疾病等	感觉缺失、异常、疼痛	严重	药物治疗为主
精神病	起因不明	精神分裂症、躁狂抑郁性精神病	不承认自己有病	严重	药物治疗为主
神经症	心因性疾病	焦虑症、抑郁症、恐惧症、强迫症、癔症等	患病的感觉，主动就医	一般	心理治疗为主，药物治疗为辅

① 刘鲁蓉．大学生心理卫生．北京：科学出版社，2006.

三、大学生心理疾病的常见原因

人的心理健康是一个极为复杂的动态过程。影响心理健康的因素是多种多样的，既有个体自身的心理素质因素，也有外界环境因素的影响。就当前大学生的具体现状而言，影响其心理健康的因素主要体现在以下几个方面：

（一）心理因素

个体的心理素质是心理障碍产生的条件因素或内因。人的性格不同，处理事情的态度也不一样。一般问题发生在常人身上所产生的影响不可能延续太长时间，不会对正常的生活和心理造成危害。然而，心理素质差的人情感脆弱、神经敏感，遇到一些小事就会久久不能忘怀，感情易受伤害，继而引发自主神经功能的紊乱，产生一系列的身心障碍。如考试焦虑、升学就业、婚姻家庭、人际关系等问题都有可能变成心理疾病的诱发因素。研究表明，神经质特征突出的人容易产生各种神经症性障碍；而精神症特征突出者容易产生各种精神病性障碍。

（二）生物因素

心理疾病的形成还包括众多的生物因素，例如，遗传、年龄、性别等，另外一些化学因素和疾病感染也有可能促使心理疾病的产生。

1. 遗传因素

这是指遗传物质基础如染色体或基因发生了病理改变，改变了原来的正常的排列组合，导致心理的异常。染色体异常包括染色体数目异常、性染色体数目异常和染色体结构畸变。基因突变包括单基因突变和多个基因共同突变，最终导致疾病。

2. 年龄和性别

年龄不是致病因素，但某些年龄阶段会成为心理障碍的高发期。在青春期就容易发生精神分裂症和抑郁症等心理障碍。所以处于青春后期的大学生们就要注意对抑郁和精神分裂的防治。某些心理疾病与性别有着特殊的关系，如月经期易出现情绪变化，产褥期也容易出现心理障碍等。

3. 化学因素

各种对中枢神经系统有害的化学物质也都可以引起心理障碍，如毒品、酒精、工业毒品和农药等。

4. 感染

除了全身感染，中枢神经系统的感染和其他系统的感染均可以引起心理障碍。人体内的各大系统的疾病也都可以通过一定的机制引发心理障碍。

（三）社会因素

社会因素是指对个体心理健康产生好的或不好的社会影响因素，包括社会文化，社会压力和社会支持等。

社会文化因素是指社会制度、经济状况、生产力水平、民族传统、风俗习惯、伦理道德观念和文化教育方式等。这些因素在人的成长过程中已经与人的心理活动之间形成了一种内在的、本质上的、协调一致的关系。当各种社会文化发生改变时，个体未能做出相应的调整，或调整得不恰当，超出个体所能承受的范围，就会出现人与社会文化关系的失调，导致心理障碍。

来自家庭、学校和社会的种种压力，诸如父母的期望过高，家庭的经济困难，就业的选择，同学间的竞争等都会使个体形成心理压力，对其心理健康发展产生不利影响，甚至造成严重损害。

社会支持是指良好的人际关系对心理应激产生的有害影响所起的保护作用。社会支持能够削弱应激对健康的不利影响，在发生重大事件或危机时，如果能够提供及时有效的社会支持，对于当事人的心理应激无疑会发挥保护和缓冲作用。

心理疾病的产生是由多种因素引起的，各种因素之间存在相互的作用，这些作用的相互影响导致心理疾病的产生。心理疾病的产生不是由单一因素决定的，可能会存在某种主要的因素，但最终的形成却是多种因素共同活动的结果。

第二节 大学生常见的心理疾病

大学生处于人生的特殊时期，也是各方面高速发展的时期，在现在的大学生中常见的心理疾病包括应激障碍、神经症、精神分裂症以及心境障碍等。

一、应激障碍

（一）主要表现

应激反应是机体遭到外界强烈的刺激后，经大脑皮层综合分析产生的一系列非特异性应答反应，如神经兴奋、激素分泌增多、血糖升高、血压上升、心率加快、呼吸加速等。应该说，这种情况是正常的，其作用在于使机体能对刺激做出迅速而及时的回答，只要其强度、频率和持续时间适当，不但不会对人体造成损害，反而对保护机体有益。

应激相关障碍旧称反应性精神障碍或心因性精神障碍，是指一组主要由心理、社会（环境）因素引起异常心理反应而导致的精神障碍。其临床特点和病程经过与创伤性体验有密切联系，并伴有相应的情感反应，不脱离现实，容易被人理解。临床上，应激相关障碍包括：

1. 急性应激障碍

在急剧、严重的精神打击和刺激后数分钟或数小时内发病，主要表现为意识障碍，意识范围狭窄，定向障碍，言语缺乏条理，对周围事物感知迟钝，会出现人格解体、强烈恐惧感和精神运动性兴奋或精神运动性抑制。

2. 创伤后应激障碍

又称延迟性心因性反应。是指在遭受强烈的或灾难性精神创伤事件之后，数月至半年内出现的精神障碍。如创伤性体验反复重现、面临类似灾难境遇可感到痛苦和对创伤性经历的选择性遗忘。

3. 适应障碍

指在易感个性的基础上，遇到应激性生活事件，出现了反应性情绪障碍，适应不良性行为障碍和社会功能受损。通常在遭遇生活事件后 1 个月内发病，病程一般不超过 6 个月。

心理应激分为急性应激和慢性应激，两者所引起的心理障碍不尽相同，急性应激一般是指一些突发的生活事件，当事人在毫无准备的情况下，突如其来的打击可能引起严重的心理应激，产生心因性障碍或癔症，如配偶死亡、离婚、亲密家庭成员丧亡、个人受伤或患病等。除了以上这些负面的生活事件会引起应激反应外，一些正面的、个人期待的事件也会引发应激反应，如结婚综合征，以及像范进中举后出现的不良反应等等。慢性应激则是指持久存在的来自学习、生活或工作中的压力，如大学生的课业负担、经济上的极度困难、长期承受暴力或各种威胁等引起的各种适应障碍。

例如，在灾难事件发生时，幸存者会很快出现极度悲哀的情绪并痛哭流涕，进而出现呼吸急促，甚至短暂的意识丧失。幸存者初期为“茫然”阶段，以茫然、注意力狭窄、意识清晰度下降、定向困难、不能理会外界的刺激等表现为特点。随后，幸存者会出现变化多端、形式多样的症状，包括对周围环境的茫然、激越、愤怒、恐惧性焦虑、抑郁、绝望以及自主神经系统亢奋等症状，如心跳加速、震颤、出汗、面色潮红等。这种异常的心理反应，就是急性应激障碍。

（二）应激障碍产生的原因

来源于日常生活中的各种重大事件，统称为生活事件，但生活事件经常发生，并非每种生活事件都会引起精神刺激或精神创伤，我们把那些可引起精神刺激的生活事件称之为应激源，引起的心理反应称为心理应激。各种生活事件本身是中性的，它是否会成为应激源，要看当事人对该事件的评价。因此，引起心理应激的生活事件应该具备如下条件：①该事件对于当事人来说具有重大的利害关系；②该事件必能引起当事人强烈的喜怒哀乐等情绪反应。

（三）干预和治疗

这里说的干预和治疗主要是针对急性应激障碍。其干预和治疗的基本原则是及时、就近、简洁。干预治疗的基本方法是心理干预为主、药物治疗为辅。

在干预的时候，应让患者尽快摆脱创伤环境，避免受到进一步的刺激。在能与患者接触的情况下，建立良好的信任关系，并进行解释性心理治疗和支持性心理治疗，这样可能会取得更好的效果。要帮助他们建立起自我的心理应激应对方式，发挥个人的缓冲作用，避免造成过大的伤害。药物主要是对症治疗的，但在急性期也是采取的措施之一。适当的药物可以较快地缓解患者的抑郁、焦虑、恐惧、失眠等症状，便于心理治疗的开展和奏效。应激事件发生后 24—48 小时之间是理想的干预时间，但在发生后的 24 小时内不宜进行心理危机干预。

（四）提高自己的应激能力

应激能力是可以通过在日常生活进行锻炼得到提高的。健康是每个人一生的追求，而心理的健康在很大程度上取决于人们应激能力的提高。让人们自己行动起来，努力提高自身的应激能力，才能维护并促进健康。大学生应该在日常生活中注重提高自己的应激能力。

应激是一切生命为了生存和发展所必需的。由于应激，机体提高了准备状态，对身体是有利的。应激不是神经能量，它也不同于刺激，而是一个动态过程。情绪是最常见的应激源，刺激也是一种应激源。应激并不都是因身体受到某种损害而感到痛苦的结果，也不一定是需要回避的东西。应激源太强或太弱，使得机体的应激能力低下，都会导致身体调适失衡，出现问题，最终导致适应证。

由于受长期习惯的影响，人们的应激能力随着年龄的不断增加，不但没有得到发展，反而逐渐下降。要提高人们的应激能力可以从以下两方面着手。

1. 提高人们应激能力的意识

在日常生活中要多鼓励自己，随时调整好自己的心态，保持心理的平衡，使心境常常处于平和的状态。抱着积极的心态生活，坚持积极的心理暗示，不断提高自己的应激能力。思考事情要有逆向思维和换位思维，因为情绪也是一种应激源，克服自己的畏难情绪，要有随时应变应急的心理准备。因为情绪可以影响人们的内脏反应，在生活和工作中要学会控制自己的情绪，对待一些问题要有正确的认知，这样就不会情绪失控。当情绪得到控制，人的各种能力包括应激能力也就自然而然地得到了提高。

2. 从行为上着手提高自己的应激能力

在生活中要经常有意识地改变自己细微的生活环境和习惯（包括心理习惯），加强对自身耐力的训练，经过这样循序渐进而又有意识的锻炼，在不知不觉中自己的应激能力就可以得到不同程度的提高。

由社会学习理论和行为学理论得知，个体既是外部影响的反映者，更是自身变化的主要动因，自我调节部分决定着个体所从事的活动。总之，伴随着人们强烈的情绪体验和克服困难的意志活动，人们的应激能力必将得到提高。

过度的心理应激是有害的，但适度的心理应激对激发机体的潜能、应付各种困难，鼓舞斗志去完成任务是有帮助的。在校大学生如果没有任何学习压力，则必然没有学习动力，就无法掌握知识去满足未来事业发展的需要。

二、神经症的识别与防治

神经症，亦称之为神经官能症，是一类主要由于心理社会因素导致的非器质性的精神障碍。患者能够意识到自己所患的疾病，本身也常常迫切要求治疗。他们通常不会把自己的病态体验与客观现实相混淆，其行为一般保持在社会规范所能容许的范围内。如果出现神经症症状时间不足 3 个月则不能诊断为神经症。

神经症主要包括焦虑症、强迫症、恐惧症、疑病症等。

（一）焦虑症

“焦虑”这个词在我们的日常生活中被广泛使用，它在变态心理学或者临床诊断中有不同的含义。在临床上说“焦虑”时，指的是一种没有明确原因的、令人不愉快的紧张状态；而“焦虑症”指的是很大一类障碍的总称，不仅包括我们平时所指的焦虑症（在正式诊断中，我们叫做一般性焦虑症），而且还包括强迫症、恐惧症、惊恐症、创伤后障碍等等。这里我们专指平时所说的焦虑症，而另行讨论强迫症、恐惧症、惊恐症、创伤后障碍。①

焦虑症的主要症状是，病人充满了过度的、长久的（持续在 6 个月以上）、模糊的、不明原因的焦虑和担心。其具体症状包括以下四类：身体紧张、自主神经系统反应性过强、对未来莫名地担心、过分机警。这些症状可以是单独出现，也可以是同时出现。

1. 主要表现

焦虑心理是一种不快乐的情感体验。病人基本的内心体验是害怕，如惊慌失措、焦躁不安、提心吊胆甚至极端惊恐或恐怖等。这种情绪是不快和痛苦的，患

① 李蔚．心理健康与教育．太原：山西教育出版社，2004.

者发病时有一种马上就要虚脱昏倒或者濒死的感觉。而且这种情绪是没有明确原因的或者是指向未来的，它意味着某种威胁或危险即将到来或马上就要发生，具有某种不确定性。但实际上并没有任何威胁和危险发生，或者如果用合理的标准来衡量的话，诱发焦虑的事件与焦虑的程度严重是不符合的。

一般患者在有焦虑情感体验的同时，会出现某些躯体不适感、精神运动性不安和自主神经功能紊乱，如心跳加快、头晕眼花、心悸、呼吸困难、胃痛、手脚抖动、来回四处走动、失眠多梦、内分泌失调等。

总之，焦虑是人类普遍存在的一种情感，我们不能忽视它的负面作用。一旦焦虑心理影响正常的生活和工作时，一定要用各种方法来积极地应对，以免发生不良事件。精神分裂症、强迫症等精神疾病有时候也可能产生焦虑症状，但这类疾病的焦虑症状只是其症状之一，在治疗上比单纯的焦虑症要复杂。

需要指出的是，正常人在面对困难或有危险的任务时，预感将要发生不利的情况或危险发生时，可产生一种没有明确原因的、令人不愉快的紧张状态，也就是焦虑，这种焦虑通常并不构成疾病，是一种正常的心理状态。这种焦虑非但不是坏事，而且能够让我们提高警惕，鼓起力量，去应对即将发生的危机。只有当焦虑的程度及持续时间超过一定的范围，妨碍应对与处理面临的危机，甚至妨碍正常生活时才构成焦虑症。焦虑症与个体的欲望和期望目标、性格、敌意的竞争态度以及在某些环境刺激下形成的条件反射有关。

2. 干预治疗和预防

焦虑情绪在我们的日常生活中经常出现，但是我们要学会控制，不要把焦虑的情绪变成了焦虑症。那么当出现焦虑情绪的时候，我们应该怎么做呢?

当你面临情绪紧张时，不妨做深呼吸，有助于舒解压力和消除焦虑与紧张。当你感到焦虑时，你的脉搏加速，呼吸也加快。而深呼吸可以迫使你减缓呼吸速率，使身体相信焦虑已过去。正确的腹部呼吸是，当你一吸一呼时，腹部将随之一起一伏。呼吸不顺可能使原有的焦虑更严重。想要恢复舒坦的呼吸，不妨上下转动双肩，并配合深呼吸。举肩时，吸气；松肩时，呼气，如此反复数次。

在平常的生活中，我们要注意保持乐观的心态。当你缺乏信心时，不妨想象过去的辉煌成就，或想象你成功的景象。对自己保持肯定的态度，做事情要对自己有信心。在感到焦虑的时候，要找到合适的发泄途径，例如，参加自己喜爱的运动，这样可以消除一些我们经常遇到的焦虑情绪，让自己变得轻松。

另外，对焦虑症的预防还在于正确评价自己、宽容自己、悦纳自己，不要对自己有过高的要求，放弃追求完美，分析确定焦虑的原因，降低对事物过高的期待。向心理医生请教肌肉放松的方法，摆脱不良情绪的困扰。处理好自己平时的焦虑情绪，能够有效地防止焦虑症的形成，但是一旦形成焦虑症，就要紧急就医，通过医学的途径来解决。

焦虑症的治疗以采用综合性治疗为宜，即使在用抗焦虑药物治疗的同时，也给予心理治疗。按照精神分析的理论，由于精神防御机制的作用，神经性焦虑是对未认识到的危险的一种潜意识的反应。因此，对患者的童年、青少年时期未能解决的内心冲突进行精神分析将有助于去除焦虑的心理根源。按照行为主义的理论，焦虑则是因为恐惧某些环境刺激而形成的条件反射。因此，可以通过参与实际生活的行为训练，逐渐消除对某些情境紧张与恐惧的心理，从而克服焦虑。有条件时可接受生物反馈治疗。

（二）强迫症

强迫症是以强迫观念和强迫动作为主要表现的一种神经症。以有意识的自我强迫与有意识的自我反强迫同时存在为特征，患者明知强迫症状的持续存在毫无意义且不合理，却不能克制其反复出现，愈是企图加以抵制，反而愈感到紧张和痛苦。病程迁延者以仪式性动作为主要表现，虽精神痛苦显著缓解，但其社会功能已严重受损。

1. 主要表现

强迫症的临床表现类型五花八门，主要分为强迫观念和强迫行为。常见的强迫观念有：强迫怀疑、强迫性穷思竭虑、强迫性联想、强迫性回忆、强迫性情绪、强迫意向等。强迫动作和行为有：强迫检查、强迫询问、强迫清洗、强迫性仪式动作等。

2. 干预治疗与预防

强迫症的干预治疗应以支持性心理治疗为主，并配合必要的药物治疗。根据森田疗法的原理，使病人了解疾病的性质，确立对强迫观念和行为不对抗、顺其自然生活的态度，树立乐观生活的信心，鼓励带着症状参加正常的学习、工作和文娱活动，转移对原症状的注意力，用行动而不是想法来改变自己的性格。

预防措施主要在于充实业余生活，合理安排学习节奏；逐渐改变吹毛求疵、过分挑剔认真、爱钻牛角尖的性格，不要过多地注意或勉强地克制自己内心的任何念头。有强迫思维时不要对抗或用相反的想法去“中和”，不要带着“不安”去做应该做的事。

有强迫动作时，要理解这是违背自然的过度反应形式，要逐步减少这类动作反应直到和正常人一样。坚持练习，必然有益。

注意心理卫生，努力学习应付各种压力的积极方法和技巧，增强自信，不回避困难，培养敢于承受痛苦和面对挫折的心理品质，是预防强迫症的关键。

（三）恐惧症

1. 主要表现

恐惧症是以恐惧症状为主要表现的神经症。指对外在的某些事物或特殊情境产生十分强烈的恐惧感，这种恐惧感与引起恐惧的情境通常极不相称，让人难以理解。患者本人也知道害怕是过分的、不应该的或不合理的，但并不能防止恐惧反应出现。主要表现为：

（1）有特定的某些不必要的恐惧对象；

（2）恐惧的对象可能是单一的或多样的，如动物、广场、闭室、登高或社交活动等；

（3）患者明知其反应不合理，却难以控制而反复出现。

常见的恐惧症类型有：社交恐怖、旷野恐怖、动物恐怖、高空恐怖等。恐惧症与童年期的性心理冲突和所经历的某些情境而形成的条件反射有关。

2. 干预治疗和预防

恐惧症的治疗以心理治疗为主，可配合药物治疗。心理治疗主要包括认知疗法、精神分析、满灌疗法、系统脱敏法等。药物治疗的目的主要是控制紧张焦虑或惊恐症状的发作。

人的恐惧大多是缺乏科学知识而胡思乱想造成的。有的学者说："愚笨和不安定产生恐惧，知识和保障却拒绝恐惧"。有的学者进一步指出"知识完全的时候，所有恐惧，将统统消失"，所以人们要多学习知识、多看书，以科学的头脑去取代恐惧的心理。这种方法不但效果好，而且还可增长知识、转移注意，使自己从恐惧的对象上转移到与它无关的方面去。比如，有的小孩最怕打针，但为了治病必须打针。这时医务人员在给他打针时，让小孩看看墙上的画，或给他个小玩具，使他的注意力集中在画或玩具上，而不再注意打针，恐惧也就消除了。这是一种比较有效的方法。

充分发挥自己的主观能动性，积极主动地去接触恐惧的东西，也能够达到消除恐惧的目的。例如，有人怕在众人面前讲话，但之后凡是遇到这种场合，自己非但不退缩，反而主动讲，这样不仅了锻炼自己的意志，还提高自己的工作能力。

（四）疑病症

1. 主要表现

疑病症是指以怀疑自己有病，而具有对疾病持续而强烈的恐惧为特征的一种神经性障碍。主要表现为对自己的健康或身体的某一部分功能过分关注和担心，因怀疑患了某种疾病而极为焦虑。这种疑虑和焦虑不仅与其实际的健康状况不相符合，也不因为客观检查和医生的解释而消除。例如，这种人在媒体上听到他人就某种疾病的介绍，可能会立即跑到医生那里述说自己有相关疾病的所有症状。稍有病痛，就乱作解释，想象身体这里难受，那里不舒服，常常申诉自己身体不好，请医生检查时又很少能查出病来。

疑病症的发病往往与病前孤僻内向、自恋的性格缺陷，或接受了某些错误的传统观念，或受到某些不良的医源性影响有关。

某同学，23岁，是一位北方大学的四年级学生。因找工作去了趟南方。虽为该地的繁荣而欣慰，但同时又为当地缺乏社会道德的现象而痛心。自己所居之处几乎公开可见卖淫嫖娼。友人也说此地性病很多。这让这名学生心存恐惧，担心自己万一染上性病，自己的名声会毁于一旦，继而又疑心自己寄居的旅社，里面的物品难免留下病菌，自己曾受亲友邀请在海水浴场游泳，性病患者肯定也会下海游泳，这样自己身上肯定有了性病病菌，虽然是匆匆忙忙就离开了此地，但是恐惧却如影随形。回来没几日，便感到自己身体不舒服，查了一下医学书籍，发现有与性病相似的症状。这位学生目瞪口呆，从此陷入无边的苦恼之中，症状也是一天比一天严重。从此他到处检查性病，在全国知名的性病检查机构、卫生防疫机构等都做过各种检查，证明其未染上任何性病。但他仍不能打消其患上性病的念头，对明确的检查结果却持怀疑态度，无法顺利找到工作，周游在各大医院就诊。

这个案例中的学生其实是患有疑病症，虽然多次的检查都未查出他有任何性病，但是他却不相信这个结果，仍旧怀疑。

2. 干预治疗和预防

疑病症的治疗应以心理治疗为主，辅以药物治疗。心理治疗首先要建立良好的医患关系，让患者逐步了解自身健康的状况。在确实可排除躯体疾病的基础上，停止各种不必要的检查，给患者作全面科学的解释，让患者充分认识疑病症的本质，消除心理障碍。对暗示性强的患者，可采用暗示疗法。用改变环境、转移患者注意力和改变生活方式的办法，将有助于症状的消失。可根据需要采用抗抑郁和抗焦虑药物辅助治疗。

在日常生活中要树立正确的人生观和价值观，改掉对自己身体高度关注、不断寻医问药的习惯；热爱生活，积极投入工作、学习和文体活动，逐渐克服固执、谨小慎微，只相信自己、不相信事实等不良的心理倾向。

最后，需要强调的是，在日常生活中，一般人都会或多或少地出现一些暂时的心理症状，我们切不可过于敏感，对号入座，把一般性的心理问题扣上“精神病”的帽子而惶惶不安。所有精神疾病的诊断必须经由专业人员认真检查后才能做出，不要给自己或给别人乱贴精神疾病的标签。

三、精神分裂症

精神分裂症是一种病因未明的常见精神疾病，具有感知、思维、情感、意志和行为等多方面的障碍，以精神活动的不协调或脱离现实为特征。通常意识清晰，智能尚好时，也会出现某些认知功能损害。它是精神病中患病率最高的一种，对患者个人的社会功能和家庭的影响也最为严重。因此，加强对精神分裂症的早期防治和患病前后的干预都十分重要。

（一）主要表现

精神分裂症可分为单纯型、青春型、紧张型和偏执型，多发于青壮年。精神分裂症的症状复杂多样，常表现出以下三方面的特征：第一，精神活动与环境不协调。反应机能受到严重损害，对客观现实的反应是歪曲的，会出现幻觉、妄想、思维破裂、情感淡漠、行为怪异等精神失常现象，丧失正常的言行、理智与行为反应。第二，虽然一般情况下意识清晰，智能尚好，但社会功能有严重损害，不能正常处理人际关系和参与社会活动，甚至给公众社会生活造成危害。第三，不能理解和认识自身的现状，不承认自己有病，对自己的病态表现和处境丧失自知力。

张某，女，23岁，高中毕业后在某百货店做营业员，经人介绍结识了男友，他是中学物理教师，两人相爱半年，感情融洽。但男友的父母嫌她是个营业员，反对他们来往。男友个性软弱，屈服于严命之下，逐渐和她疏远，张女深知内情也没过分为难恋人，决心忍痛断绝关系。此后心情郁闷，虽然无异常现象出现，工作也能完成，但平日沉默少言、孤独好静的她更加变得默默无言，不愿出门交友，父母深为同情，常加劝慰。

事隔3个月，张女突然变得好打扮起来，每月工资领来没几天就用完了，买了好多书籍及杂志，却又不看，搁置在一边。对父母经常讲些莫名其妙的话，有时会突然大笑，在家蹦蹦跳跳，显得非常活泼；动辄大发脾气，一言不合就破口大骂，上班时经常离开岗位，与顾客争吵；下了班不及时回家，甚至半夜才归，家长以为又有了新男友，反而暗暗为之高兴。但时间不长，发觉其精神活动已不像正常人，如发现她经常外出乱走，看见异性就笑，更荒唐的是穿了内衣裤就外出，口里讲些下流活；饮食饥饱不知，几顿不食，或一次吃上几碗；加上还发现她在写些什么，其母有一次偷看竟是一封封情书，肉麻地写着“某郎：天上一朵云，鹊桥牛郎织女，我们永远幸福，光明天使一对，哈哈，我看见你了……”晚上睡眠很少，把收音机开得特响，邻居提出意见，她反把人家骂出去，吵得全家不宁。

案例中张某患有青春型精神分裂症，恋爱的挫折使张某的情绪出现低落和反复无常、行为目的缺乏、没有羞耻感、暴食暴饮。

（二）干预治疗和预防

目前对精神分裂症的治疗主要以药物治疗为主。急性发作期可送精神病医院进行较为系统的抗精神病药物治疗，此时由于失去了自知力，所以陪护人员或监护人要特别注意对他们的行为进行细心看护，防止自伤或伤人等危险事件的发生。恢复期也应按医嘱继续服药，不可擅自停药或骤然减药，以免病情反复。生活中应避免对病人的不良刺激，多给予其精神支持性的治疗。如改善家庭环境，在康复期对他们进行社交技能方面的训练，使他们有正常的社会生活和人际交往，对于降低其复发率有重要的作用。

在社会生活中，要正确处理学习、工作、恋爱、婚姻、家庭及同学之间的关系，碰到问题正确对待，冷静地处理，不感情用事，遇到难解决或想不通的问题，可找领导、好友或亲属帮助，争取问题得以妥善的解决，及时地缓解苦闷，尽快消除烦恼，不要遇事苦思冥想、不要整日忧愁丛生。要不悔恨、不嫉妒、想得高、看得远，以免精神遭受创伤。

工作劳动之余，多学习科学文化知识，破除封建迷信思想，加强政治时事学习，不断提高政治思想觉悟，树立正确的人生观和“五讲四美三热爱”的社会主义新风尚；适当参加文体活动，戒除烟酒等不良嗜好。

在学校，对于曾经患过精神疾病的同学，大家尤其应注意关心和爱护他们，尽量避免给予不良的精神刺激。当发现同学有精神反常现象和复发征兆时应及时帮助其寻医问药，或报告辅导员和法定监护人，使其得到及时的治疗。

四、心境障碍

心境障碍，又称情感性精神障碍，是以明显而持久的心境高涨或心境低落为主的一组精神障碍。伴有相应的思维和行为的改变，有反复发作的可能。属于最严重的心理疾病之一，主要分为躁狂发作、抑郁症、双相障碍。

（一）躁狂发作

主要的症状是心境高涨、思维奔逸和精神运动性兴奋。患有躁狂的患者，一方面表现出轻松、愉快、兴高采烈、洋洋自得、喜形于色的神态，好像人间从无烦恼事。心境高涨往往生动、鲜明，与内心体验和周围环境相协调，具有感染力。患者常自称“乐天派”、“高兴极了”、“生活充满阳光，绚丽多彩”。联想过程明显加快，概念接踵而至，说话声大且量多，滔滔不绝。但是在另一方面，因注意力分散，话题容易转移，说话难有明确的主题；而且情绪反应可能不稳定，易激惹，可因细小琐事或意见遭驳斥、要求未得到满足而暴跳如雷，可出现破坏或攻击行为。

其表现为兴趣广、喜热闹、交往多，主动与人亲近，与不相识的人也一见如故。与人逗乐，爱管闲事，打抱不平。凡事缺乏深思熟虑，兴之所至狂购乱买，每月工资几天一扫而光。每天说话多，动作多，甚至声嘶力竭，却毫无倦意，精力显得异常旺盛。

某女，19 岁，因两周来异常兴奋，挥霍乱花钱而就诊住院。

患者近两周来，情绪异常愉悦，整天兴高采烈、忙东忙西的，自我感觉良好，喜欢逛街购物，乱花钱，买些不实用的东西，打扮花哨一改以往。话多，滔滔不绝。精力旺盛，晚上忙忙碌碌到后半夜。进入病房后丝毫不当成是住院，说是“来疗养的”。蹦蹦跳跳地跑来跑去，很热情地与医生、护士打招呼。说话幽默，不时引起其他围观病友哈哈大笑。

这是一个躁狂症的例子。躁狂发作的人与一般心情好最大的区别在于易激惹，这也是判断躁狂发作的重要症状之一。

躁狂发作时，兴奋、情感高涨、言语动作增多。轻躁狂时精神活动较完整和统一，给人的印象是热情、大方、有礼貌、能力增强，甚至因此而被重用。躁狂较重时，将出现行为紊乱、无法完成日常工作，甚至易冲动，出现毁物行为等。一旦发现有躁狂现象，应立即送医院就医。

（二）抑郁症

抑郁症发病率很高，据统计每 10 个成年人中就有 2 个抑郁症患者，被称为精神疾病中的感冒。而且抑郁症是精神疾病中自杀率最高的疾病。一方面，由于社会对抑郁症缺乏正确的认识以及存在偏见，很多患者不愿到精神科就诊。在中国，仅有 5% 的抑郁症患者接受过治疗，大部分都得不到及时的诊治，病情恶化，甚至出现自杀的严重后果。另一方面，也由于缺乏有关抑郁症的知识，人们误将抑郁症状者看作是闹情绪，不能给予应有的理解和情感支持，给他们造成更大的心理压力，使病情进一步恶化。

抑郁症以情绪低落为主要特征，伴有对日常生活丧失兴趣、精力减退、精神运动性迟滞、自卑、自责、甚至自罪、思维迟缓、言语少、食欲下降、性欲减退、失眠等症状，可以从闷闷不乐到悲痛欲绝，甚至发生木僵状态，严重者可出现幻觉、妄想等精神病性症状，有自杀念头。

某女，30岁，话少流泪，整天唉声叹气，已经持续三个月。

本次病程三个月，木讷，说话逐渐减少，活动也比以前减少，不愿出门，在家唉声叹气，有时独自流泪，家人问及时，偶尔低声回答，说脑子没用了，想事情想不出来了，病治不好了，自己做错事，有罪，应该死。以前喜欢看的电视连续剧也不感兴趣了。称胃口差，每天只吃一顿，体重明显减少，睡眠减少，早上3—4点即醒来。就诊时，由家人搀扶入室，低着头，愁眉不展，问多答少，声音低沉缓慢，或点头、摇头示意。谈到病情时，流着泪说："我该死，我不应该拿国家的钱，我应该死。"

资料来源：http：//www. mp3120. com/doc/huanzhebingli/2726. html

抑郁症与一般的"不高兴"有着本质区别，它有明显的特征，综合起来有三大主要症状，就是情绪低落、思维迟缓和运动抑制。

（1）情绪低落就是高兴不起来、总是忧愁伤感、甚至悲观绝望。《红楼梦》中整天皱眉叹气、动不动就流眼泪的林黛玉就是典型的例子。

（2）思维迟缓就是自己觉得脑子不好使，记不住事，思考问题困难。常常觉得脑子空空的、变笨了。

（3）运动抑制就是不爱活动，浑身发懒，走路缓慢，言语少等。严重的可能不吃不动，生活不能自理。

具备以上典型症状的人并不多见，很多人只具备其中的一点或两点，严重程度也因人而异。心情压抑、焦虑、兴趣丧失、精力不足、悲观失望、自我评价过低等，都是抑郁症的常见症状。有时确实与一般的短时间的心情不好难以区分开来。比较简便有效的判断方法为：如果上述的不适早晨起来严重，下午或晚上有部分缓解，那么，你患抑郁症的可能性就比较大了。这就是抑郁症所谓昼重夜轻的节律变化。

抑郁症患者由于情绪低落、悲观厌世，严重时很容易产生自杀念头，这是最危险的症状，并且由于患者思维逻辑基本正常，实施自杀的成功率也较高。自杀是抑郁症最危险的症状之一。据研究，抑郁症患者的自杀率比一般人群高20倍，社会自杀人群中可能有一半以上是抑郁症患者。有些不明原因的自杀者可能生前已患有严重的抑郁症，只不过没被及时发现罢了。由于自杀是在疾病发展到一定的严重程度时才发生的，所以及早发现疾病，及早治疗，对抑郁症的患者非常重要。不要等到患者已经自杀了，才想到他可能患了抑郁症。

（三）双相障碍

这表现为反复的情绪低落与高涨，兼有抑郁和躁狂（或轻躁狂）症状，在治疗中比较困难。双相障碍的临床特点是反复（至少两次）出现心境和活动水平明显紊乱的发作，有时表现为心境高涨、精力充沛和活动增加（躁狂或轻躁狂），有时表现为心境低落、精力减退和活动减少（抑郁）。发作期间通常以完全缓解为特征。与其他心境障碍相比，本病在男女性别上的发病率较为接近。

混合性发作是双相障碍的亚型，指躁狂症状和抑郁症状在一次发作中同时出现，临床上较为少见。通常是在躁狂与抑郁快速转相时发生，例如一个躁狂发作的患者突然转为抑郁，几小时后又再复躁狂，使人产生“混合”的印象。患者既有躁狂，又有抑郁的表现，如一个活动明显增多，讲话滔滔不绝的患者，同时有严重的消极想法；又如有抑郁心境的患者可伴有言语和动作的增多。但这种混合状态一般持续时间较短，多数较快转入躁狂相或抑郁相。

第三节　早期精神疾病的防治

心理疾病是造成大学生困扰的一个重要问题。近几年来，随着高校的扩招，就业压力增大，学业负担加重，大学生心理疾病的发病率呈明显上升趋势。据有关资料显示，约有16%的大学生在不同程度上存在心理问题或心理疾病，这不得不引起我们的高度重视。这些心理问题和心理疾病，如果得不到合理的、及时的解决，而任其发展，不仅会导致大学生生理机能的一系列病变，而且会影响大学生德、智、体、美诸方面的发展。因此要及时地对心理疾病进行防治。

一、精神疾病早期症状的识别

严重的精神病人由于丧失了对自我疾病正确感知的能力，所以他们大多不可能主动就医，而精神疾病越早被发现和趁早治疗，疗效则越明显。所以，学会识别精神病的早期症状表现很有必要，这样不仅可以避免延误治疗，还有助于避免因病态心理而导致的种种误会和恶性事件的发生。早期症状主要有：

（一）性格改变

如原来热情合群的人变得对人冷淡、与人疏远、孤僻、不合群、寡言少语、好独处、躲避亲友并怀敌意、生活懒散、不守纪律；或原来很有教养的人变得出言不逊、好发脾气、对人无礼貌。

（二）神经症症状

如头痛、失眠、易疲劳、注意力不集中、情绪不稳定、工作学习能力下降以及癔症样表现等。

（三）情感改变

早期的情绪变化常表现为情绪高涨、洋洋自得、趾高气扬、管闲事、说大话、夸夸其谈、做事有始无终、发脾气；或情绪低落、郁郁寡欢、愁眉不展、唉声叹气、自责自罪、悲观厌世、甚至出现自杀行为；或情绪波动、焦虑紧张、缺乏适当的情感交流等；或对镜自我欣赏、自言自语、无故哭笑等。

（四）行为改变

有的人表现出奇怪的动作和行为，动作增多、呆板重复、无目的性；有的人举止迟缓、生活懒散、不能工作和料理家务；有的人收集一些无意义的物品，甚至随身携带一些果皮、废纸等不必要的东西；有的人反复洗涤或表现刻板仪式样动作等。

（五）注意力不集中，记忆力下降

注意力分散或迟钝、好遗忘、丢三落四、工作效率下降。

（六）敏感多疑

如有人怀疑别人讲自己的坏话，别人的一言一行、一举一动都是含沙射影地针对他，甚至认为电视上、广播里、报纸上的内容也是与他有关；有人感觉自己的同事、邻居、甚至父母兄弟会害他，恐惧不安；有人觉得周围的一切事情变得对他不利，有某种特殊的含义等。这种人对自己的观念常坚信不疑，别人的劝说、解释都不能改变他的观点。

精神症状有其多变性，早期病态表现有时不易发现，且有些病人故意隐瞒症状。因此，对偶然出现的一句不可理解的话或一个奇怪的动作行为，都要加以注意；有些病人谈吐正常，但其书写的东西，可能反映出妄想观念、幻觉体验及思维障碍等，故对其写作、书信、笔录、日记等也要察看，以便发现问题，为识别早期病态表现提供线索。因此建议，在发现上述症状时及时到心理卫生机构向专家咨询确认或进行治疗。

当一个年轻人出现持续的行为改变和社会功能下降，如再有家族史或病前不良性格时，家人就要高度警惕，并及时到精神科求治。精神病的治疗与躯体病的治疗原则是相同的，即治疗越早疗效越好，复发率越低，治愈希望越大。由于精神病的初发病人多数是青少年，正处在人格发育的关键时期，若能早期发现并能及时得到治疗，对其人格的不良影响则会减少，否则就会造成其人格偏离，社会适应困难。

二、大学生心理疾病的防治

（一）学校方面

大学时期是人生的重要转折期，大学生虽为时代骄子，青年人中的佼佼者，但仍摆脱不了年龄的限制，在大学这个特定的环境里，在学习和生活中经常会遇到各种矛盾。在这些矛盾面前又常常感到束手无策，百思不解，因而他们也就常常深陷孤独之中。据有关资料调查表明：常有孤独感的大学生占30.5%，少有孤独感的占33.1%，从未感到孤独的学生几乎没有。由此可见，大学生的心理疾病如不加以控制，久而久之势必将其引入歧途，引发各种不良行为问题，因此应引起各高校的高度重视，并加强精神疾病的防治工作。

对于患有心理疾病的大学生，我们要正确对待，并及时给予调控，加以专业人员的正确治疗，帮助他们解除痛苦，使其逐步走向成熟，从高校的教育而言，应做好如下几个方面的防治工作。

1. 普及心理健康教育

在大学生中开展心理健康教育，让心理学的普通常识深入到大学生中间去。心理学是从人的心理活动的一般规律和生理机制去研究人的。心理现象是指人的认识、情绪、意志过程和兴趣、能力、气质、性格等个体心理特征。这些心理现象影响甚至决定着学生的各项活动。因此，应用心理学知识可以及早地发现学生出现的各种心理症状。心理学在学生中的普及可以使学生更好地发现和解决自己及同学存在的一些心理问题，及时预防，减少心理疾病的发生。

同时，学校应鼓励教师学习心理学。例如，老师可以根据学生的不同气质和性格，发扬有利因素，剔除不利因素。同时加强对学生心理卫生方面的教育，如开办专题讲座，推荐相关读物等，使学生了解自我，按照心理发展的规律，自己管理自己，有效地调节和支配自己。要引导他们树立远大理想，把精力放到学习上，不断向自己的目标逼近。

2. 创建健康的校园文化

健康向上的校园文化氛围，能够使人心情舒畅，减少心理疾病的产生。心理疾病多因受到某种刺激后，个体的心理素质差不能承受这种刺激而导致。因此，学校应注重集体主义教育，创造一个良好的外部环境。在对大学生进行教育和管理时，要尽可能地寓教育于各种校园文化活动中，鼓励学生多交知心朋友，多参加集体活动，领导和教师也要深入学生中间，加强感情联系。让他们的生活过得更加充实有意义，这样可以使他们的心情开朗，尽快消除障碍。

防止恶性刺激，要早发现、早诊断和早治疗。患有心理疾病的学生急需得到大家的关心和帮助，如果他们从外部环境中得到适当的帮助，病症就会很快得到好转，相反地，如果受到严重刺激就会加重症状，甚至酿成恶果。精神病是目前对学生健康危害比较大的一种心理疾病，有的潜伏期很长，不易发现，所以，对学生要多观察，注意其语言、行动的变化。如果一旦发现异常，就要尽早诊断和治疗，提高警惕加强管理，防止意外。

3. 充分发挥心理咨询室的作用，加强咨询工作人员的建设与培养

校园心理咨询在防止学生心理疾病发生方面发挥着重要的作用。它可以使学生的不良情绪得到宣泄，遏制情况继续恶化，防止心理疾病发生。学校应该加强对心理咨询人员的培养，高素质的人员能够准确地判断学生的心理不良状况，更快更好地消除其不良情绪。

（二）个人方面

1. 塑造健康的个性心理品质

每个人的心理特质都不是尽善尽美的。生活不停地磨炼着我们，生活事件对我们可能是打击，也有可能是磨炼。大学生应该在生活中不断地完善自己的个性，塑造出健康的个性心理品质。塑造大学生健康的个性心理品质有以下途径：

（1）正确地认识自己，增强自我悦纳心理。

人越是对自己的认识与评价和其实际情况相接近，他所表现出的自我防卫行为就越少，社会适应能力就越强。大学生应逐渐做到正确地认识和了解自己，对自己的优缺点等情况能够实事求是地加以评价。同时，还要根据自身实际制定出合理的理想目标，当然这种理想目标必须是经过努力所能达到的，过高或过低都会引起不良的心理反应，不利于心理健康发展。

（2）培养克服艰难险阻的意志品质。

人生活在世界上，困难和逆境都是在所难免的。刚强的意志品质会使人变得更加坚强，能更好地投身于社会生活。现实不断地向大学生提出各式各样的生活难题，例如，学习上遇到困难，生活上阅历不足，同学关系处理不当以及升学、就业方面的沉重压力等，都会使他们的心理不平衡。为了出色完成人生的答卷和提高心理健康水平，培养刚强的意志品质十分必要。因此，要珍惜自己的大学时光，充分认识到这一时期正是长知识、长身体的关键时期，要热爱学习和生活，并努力加强实践锻炼。同时，要逐渐学会全面地看问题，掌握辩证思考问题的能力。

（3）注意加强自我社会同一性的锻炼。

心理学研究表明，自我社会同一性是指个体在对自己认识的情况下，根据社会需要及人际关系来调整自己的认识与情感、态度与行为，从而实现理想的自我。在自我社会同一性的形成过程中，大学生首先感受到的是来自自身变化的问题，如身体的发育与仪表方面的问题，以及人际关系与个性特点等方面的问题等。要注意克服这些困难与挫折，加快自己的社会化发展，努力提高自己的认识水平，调整自己的理想目标，逐渐提高自己适应社会生活的能力。

（4）培养良好的人际交往能力。

在人际交往中，要学会自尊、自信和乐于助人。自信，才能在生活的道路上不断激发自己前进，充分发挥潜在的能力并向着理想的目标奋然前行。同时也要信任他人，信任他人才能换取他人的信任，与他人发展真诚的友谊，从而避免自我孤独和自我封闭。当然，这里的信任绝不等于轻信。自尊即自己尊重自己，爱惜自己。一个能真正做到自尊的人，才有希望同他人友好相处，与人为善。同时也要尊重他人，这样才能获得他人的尊重。在交往中要乐于助人，这样才能与人进行心灵深处的交流，更好地发展人际关系。只有依靠集体的力量，才能真正实现自身的价值。一个心理健康的大学生，不仅能够自强自立，而且乐于助人，在帮助他人的过程中得到崇高的精神升华。

2. 学会进行必要的自我心理调节

大学生要提高心理健康水平，预防心理疾病，还要掌握一些必要的自我心理调节的方法和技巧。自我心理调节是指个体自己主动地运用心理技巧来改变自身的心理状态。通过改变心理状态的性质，使其由消极的状态变为积极的状态。

（1）松弛紧张情绪。

随着社会生活节奏的不断加快，大学生的学习生活也经常处于紧张的情绪状态之中。研究表明，现在大学生的学习负荷是有史以来最沉重的，尤其是处于升学和就业关口的大学生，其心理负荷和紧张状态几乎达到顶峰。而长时间情绪紧张又会导致心理疲劳和学习效率严重下降等不良后果。因此，大学生自身有必要进行心理调节。以下是一些有利于松弛紧张情绪的方法：①需要有计划地安排作息时间，养成有规律的生活和学习习惯。②应当丰富课余生活，如阅读有益书刊、绘画、摄影、参加体育锻炼等，这些不仅可以放松紧张情绪，还可调整心理状态和调剂生活。③情绪紧张有时还带有突发性，此时可以微笑对待，不惊不慌，同时进行放松，即绷紧手上肌肉，然后轻轻放开，反复做下去，可达到放松目的。④可以采取回忆法，用愉快的回忆来缓解紧张情绪。

（2）调整心理平衡。

大学生的主要任务是学习，其心理不平衡大多是由学习问题造成的，因此要学会进行必要的心理调整。①在学习上不要盲目攀比。取得优异成绩和培养高尚品德当然是大学生追求的目标，但达到这个目标的时间和进程却因人而异，不同的人自身状况和学习基础不同，需要付出的努力和花费的时间就自然不同。同时，要结合自己的实际并学会纵横比较，确定自己在班集体中的实际位置，然后再制订出奋斗计划，脚踏实地地学习，追求进步。②全身心地投入学习是大学生保持心理平衡的积极途径。不同的学生有着不同的学习目的，有的大学生把学习作为人的发展和实现自身价值的重要途径，以乐观、积极的态度投入学习来实现心理平衡；有的则把学习尤其是考研单纯看作谋生的手段，当成负担而患得患失，这样就难以实现心理平衡。

(3) 回到集体和社会的怀抱——战胜孤独的良方。

不少大学生时常产生孤独感。孤独感是人的交往动机和合群行为得不到满足所产生的内心体验。

孤独感产生的原因有：①性格过于内向。这样的人心理活动多倾向于内心世界，不易外露，并总想寻找独来独往、别人很少干扰的小天地。②较重的自卑心理。自卑心理实际上是心理的一种自我不良暗示，这种心理往往使人不能正视自身优势，而格外重视并人为夸大自身的缺点，自我贬低，久而久之不仅会让人逐渐失去许多朋友，还会导致心理疾患。③错误的人际知觉。人际知觉是指在人际交往中，个体对人与人之间的关系的知觉，主要包括对自己与他人关系和他人与他人关系的知觉。只有形成正确的人际知觉，才能更好地认识自己与他人，促使人际关系改善和发展。如果做不到这一点，就不能积极参加社交活动，久而久之只会造成人际关系的疏远，造成严重的孤独苦闷。

21 世纪以交流合作为主题，大学生要充满自信、充满青春活力地投身于广阔的社会生活，架起沟通社会、集体和他人感情的桥梁，并在这种沟通中使自己的人生价值得到体现，使心灵闪烁出耀眼的光芒。这样孤独感就会荡然无存，心中涌动起热爱人生的春潮。

(三) 自杀的防御

近几年来，大学生自杀现象显著增加，这也越来越引起人们的注意。在大学生成长过程中总会遇到学习、就业、情感等方面的压力，调节不好，就容易变成自杀的导火线。大学生自杀事件频繁，令人深思，成为严重的社会问题之一。我们要根据不同的情况，发挥一切力量，预防自杀现象的发生。

(1) 从自身做起，加强预防。自杀是个人自愿实施的，所以要使行为人放弃自杀，首先要从个人预防出发。树立正确的人生观、价值观，对生活充满自信心；提高心理承受力和挫折排解力，遇到心理问题，主动走进心理咨询室或与辅导员老师联系，争取他们的帮助，及时化解心中的郁闷、疑团。

大学生个人要加强自我调适能力，积极选修心理学课程，积极参与学校组织的各种社会实践活动，树立正确的世界观、人生观、价值观，用正确的心态主动与人交往，勇于挑战自我，在实践中不断增强自己的心理调适能力和心理承受能力。

（2）做好心理教育与引导。认知心理学认为，心理行为受人的认知所支配，某些人的心理问题是由错误的思想造成的，通过对自杀原因的探讨，可看到认知扭曲是导致大学生自杀的重要心理原因之一。因此，学校要在大学生中全面进行心理健康教育，宣传和普及各种心理健康知识，开设心理健康课程，定期组织开展有关大学生心理健康方面的讲座，让他们了解一些基本的自我解压的方法，提高他们心理承受能力和应对挫折的能力，培养他们优良的心理品质，树立正确的人生观、价值观。

（3）筛选高危人群，做到有的放矢。对于个人预防能力较差的、有自杀倾向的大学生，学生所在院系要负责提供有针对性的帮助，筛选出高危人群。如加强自杀预防知识的普及教育，以减少高危人群的相对数量；进行行为观测和心理检测，从而确定高危人群。对高危人群进行重点预防，对有心理问题的大学生给予针对性的科学的心理咨询、治疗和帮助，从而提高大学生整体心理健康水平，减少大学生心理危机及自杀事件的发生，让他们摒弃不合理的信念，帮助他们正确认识挫折，以积极的心态对待危机，勇敢应对挫折。有条件的学校可开设大学生生命教育课程，教导学生认识生命、珍爱生命、尊重生命，教育学生正确认识生命与死亡，树立正确的生死观，形成乐观向上的人生观，促进学生身心健康发展。

（4）提高对自杀的信号识别，发现异常情况及时报告辅导员。普及有关大学生自杀前的各种表现特征，以便及时发现和处理。根据有关调查发现，大多数自杀者在自杀前患有明显的抑郁症，据此我们可以判断他们的心理状况，可作为自杀的一个危险信号。抑郁症是最常见的精神疾病，它犹如生理上得感冒一样，是一种精神感冒，人们大可不必因此而歧视患者。

由于抑郁症患者内分泌系统紊乱，会引发患者睡眠质量下降，常常早起，处于一种难以自控的焦虑状态，四处游走，情绪低落，思维迟钝，没有快乐感，对任何事物失去兴趣，患者不喜交际，常常沉溺于自我思维当中。患者思维进入一种恶性循环当中，常常自主思维，难以自拔；严重的患者，脸部肌肉僵硬，生理反应缓慢。遇到这种情况时，我们就要加强注意了。

另外，能够想到自杀的人，其心理异常的程度非同一般，肯定不是一两句话可以解决的，这时学生不能试图通过自己的努力来改变这种状况，因此除了应提高对企图自杀的同学的关心与关注外，还应该把这种情况报告给辅导员，或告知学校的心理咨询中心。由于抑郁症患者处于非常痛苦的境遇之中，他们需要向人倾诉，同学和教师应该多关心他们，并注意观察其恢复状况，防患于未然。

心理疾病现已慢慢潜入人们的生活、学习中。由于社会的高速发展，人们生活压力逐渐增大，心理承受力也越来越脆弱，心理健康状况已直接影响到人们的工作、生活、学习等方面。因此，我们需要在生活、学习之余多参加一些使自己放松、释放压力的活动，多去郊外散心，亲近大自然，或找一些适合自己缓解压力的方法。在发现自己心理承受能力超负荷时，要及早地进行心理咨询，全面防止心理疾病的产生。

思考题

1. 简述常见的心理疾病类型。
2. 试述大学生学习和生活中常见的心理疾病。
3. 概述精神疾病早期症状的识别方法。

第十一章
大学生心理咨询和危机干预

【学习目标】

通过学习本章内容，将认识心理咨询、心理危机的相关概念和理论，了解大学生心理咨询的一般原则、方式、方法及主要对象。通过对大学生自杀事件的分析，学会对自杀行为进行预防，并了解大学生心理危机干预的步骤和技术。

当下的中国正处在社会转型期，面对着社会各个方面发生极其复杂而深刻的变化和激烈的矛盾冲突，大学生承受着巨大压力。在维护和促进心理健康的环境中，大学生除了重视自我调节，重视朋友的帮助、家长的支持、教师的指导外，还应该有寻求专业机构帮助的意识。特别是当心理压力较大，内心冲突激烈，自我调节难以奏效时，还应主动、及时地寻求专业指导。大学生心理咨询是针对学生学习、生活中的各种困扰、心理冲突、感情纠纷、精神压力等问题，帮助大学生分析问题的症结所在，找出摆脱困境、解决问题的办法。它是提高大学生心理素质的重要途径，是缓解大学生心理矛盾的有效方式。心理咨询具有教育的功能、发展的功能以及保健与治疗的功能。它所涉及的范围广泛，除消除心理障碍外，还可以开发心理潜能，提供有关的心理学知识等。因此，积极寻求心理咨询的帮助，有助于大学新生健康地成长与人格的完善。

第一节　心理咨询的概述

一、心理咨询的概念

（一）心理咨询的概念

人本主义心理学家罗杰斯认为，心理咨询是通过与个体持续的、直接的接触，向其提供心理帮助并力图促使其行为态度发生变化的过程。

我们将心理咨询①定义为：心理咨询是运用心理学的理论和方法，通过咨询者与来访者的交谈、协商并给予其指导，帮助来访者解决心理问题，使其得到发展和成长的过程。通过心理咨询，改善来访者的认识、态度和行为，缓解其心理紧张和冲突，提高适应能力，维护和增进心理健康。

我们应从以下几点来把握心理咨询的含义：

（1）心理咨询并不是一般的助人过程，而是一个“助人自助”的过程，即由“他助”（来访者求助于咨询者），经过“互助”（咨询者与来访者之间的互相了解），最后达到来访者“自助”的过程（自己改变认识和行为）。咨询的重点是咨询者站在更高的层次给来访者一定的引导和启发，培养来访者觉察、感受、独立思考、有效决策和行动的自助能力，使来访者面对问题时有新的体验，能做出更加积极的行动。

（2）心理咨询强调咨询双方建立一种积极、平等的人际关系。“咨访关系”只有以同感、尊重、真诚为基础，双方才能相互理解和信任，来访者才会敞开自己的心扉，毫无保留地说出自己的问题，接受咨询员的帮助。

（3）心理咨询解决的是来访者的心理问题以及由心理问题引发的行为问题，而不是解决生活中的具体问题。因此，在咨询过程中，需要向来访者澄清对这方面的误解，并引导来访者将解决问题的着眼点放到自己的心理问题上，通过调整态度和情绪等，然后再自己面对生活中的问题。

（4）心理咨询是借助语言、文字等媒介，给咨询对象以帮助、启发、暗示和教育的过程，并且心理咨询是一个过程，有一系列的步骤，需要多次进行，往往不是一次咨询就能解决问题。

---

① 杨雪梅，朱建军．大学生心理咨询与治疗案例分析．北京：中央编译出版社，2012.

大学生心理咨询，指的是运用心理学的原理和方法，对大学生在学习和生活过程中碰到的一般心理问题给予直接或间接的辅导和帮助，并对有关心理障碍或轻微精神病患进行诊断和矫治的过程。

（二）心理咨询与心理治疗、心理辅导的区别

1. 在对象上的区别

心理辅导①的对象往往是处在转变或转折时期的普通学生，即他们的心理健康状况相对良好；心理咨询是以遇到心理困惑或有强烈心理冲突与矛盾的正常学生为对象，他们是心理正常或处于亚健康边缘状态的人；心理治疗②是以心理健康水平较低或心理机能失调及心理上有障碍的疾患学生为对象。

2. 在功能上的区别

心理辅导关注对象的未来，重点是预防，其根本目标是为防止未来问题的发生提供知识性服务；心理咨询关注对象的现在，重点是发展，根本目标是改善学生个体的心理机能，提高心理健康水平；心理治疗关注对象的过去，重点是矫治，根本目标是纠正与治疗学生的心理与行为失常问题，恢复其心理健康。

3. 解决的问题的不同

心理辅导一般在学习、生活、社会环境适应、人际关系、情感问题以及职业生涯方面给予辅导，一般是广泛的、大众化的、带有一定规律特征的。心理辅导主要是通过讲课、讲座、报告会等形式进行。

心理咨询重点询问、处理的是正常人与正常人之间的各种各样的问题，指向现实，具备教育性、支持性、指导性，主要是在浅层次的意识领域进行。

心理治疗的适应范围则往往是某些神经症、行为障碍、身心疾病等，多在弥补病人过去已形成的损害，解决和改变发展过程的障碍。它主要是向无意识领域挖掘致病因子，关注人格，有时还要辅以催眠，放松或采用系统脱敏，甚至是行为疗法等才能治愈。

4. 在活动方式上的区别

心理辅导兼用团体辅导和个别辅导两种形式，而咨询与治疗多是单独对待。

必须说明的是，上述的三个概念都是狭义的，而在实际开展学校心理健康教育的活动中，这三个概念的使用不仅有很大程度的交叉和重叠，而且多数时候都是在广泛意义上使用某个概念，如心理辅导，就可能包括所有的咨询、辅导和治疗在内。之所以只使用其中某一个概念，可能是由于心理健康教育在对象、任务、内容、方法、手段等方面的侧重点不同而已。而现行较多统一的提法“心理

---

① 胡凯等．大学生心理健康理论与方法．北京：人民出版社，2010.

② 杨雪梅，朱建军．大学生心理咨询与治疗案例分析．北京：中央编译出版社，2012.

健康教育”一词实际上也包括了上述三者，因为仅仅只使用三者中某一个概念来涵盖学校的心理健康教育是很不全面的。

二、心理咨询的一般原则

心理咨询的原则是心理咨询人员在咨询工作中应遵循的基本要求：

（一）保密性原则

保密性原则[①]是心理咨询工作中最重要的原则，保密性原则是鼓励来访者畅所欲言的心理基础，也是对来访者的人格及隐私权的极大尊重。只有认真遵守严格保密的原则才会取得学生的真正信任，学生才会勇敢地敞开心扉，让教师走进他们的内心世界，真正地了解他们，有力地帮助他们，成功地完成咨询活动。

咨询人员应保守来访者的内心秘密，妥善保管个人信息、来往信件、测试资料等材料。如因工作等特殊需要不得不引用咨询事例时，事先应征得当事人的同意，也须对材料进行适当处理，不得公开来访者的真实姓名或住址。不过，当咨询对象的情况需要寻求其他力量协助时可以违背。

（二）理解与支持原则

理解与支持[②]就是指咨询者能够体验来访者的精神世界，就像自己也处在同来访者一样的境地，设身处地地为来访者着想，以来访者的方式去看问题，通过热情、诚恳的接待与解释，帮助来访者消除顾虑、畅所欲言，建立和谐的交谈氛围和相互信任的关系。理解支持原则要求咨询者热情地接待来访者，并以自然而诚恳的态度、亲切的语言表示理解他们的苦衷，不强迫他们说出心中的秘密，并给予精神上的支持。咨询者只有对来访者的语言、行动和情绪等充分地理解，无条件地帮助来访者，才能实现坦诚的心理沟通。

（三）非指导性原则

心理咨询人员在咨询过程中的言行应以来访者利益为重，这是心理咨询的一大特点。鼓励学生去认识自我、评价自我，自己判断自己的思想、行为表现。这里特别要强调，咨询教师一定要注意不要以“家长式”的口吻与学生交谈，不应对学生所暴露的思想、行为表现给予任何批评和是非评价，不能将自己的主观意志强加给来访者，而应当着力加强与学生的情感沟通，启发学生独立思考，培养他们的积极的心态，树立自信心，让他们自觉选择解决问题的方案，提高他们

---

①② 石向实．心理咨询的原理与方法．杭州：浙江大学出版社，2010.

的自助能力。

（四）自愿原则

到心理咨询室求访的来访者必须出于完全自愿，这是确立咨访关系的先决条件。没有咨询愿望和要求的人，咨询者不应主动去找他（她）并为其进行心理咨询，只有自己感到心理不适，为此而烦恼并愿意找咨询人员诉说烦恼以寻求心理援助的人，才能够真正在内心接纳咨询人员的建议，获得问题的解决。

（五）咨询和预防相结合的原则

目前，由于学业压力、经济困难、就业艰难、情感困惑等问题的影响，学生因患有心理疾病、精神障碍而被迫休学、退学甚至不惜伤害自己和他人的事件呈上升趋势。问题一旦发生，对学生、家庭及学校都会造成不可挽回的损失，这就要求心理学工作者不应仅重视心理来访者心理问题的诊治工作，还应重视心理卫生知识的宣传和普及，要面对全体学生进行心理健康教育，宣传心理健康知识，做好预防工作。

第二节　心理咨询的内容与操作

一、大学生心理咨询的内容

大学生心理咨询涉及的内容非常广泛，在这里我们将它们分为发展性咨询和障碍性咨询。

（一）发展性咨询

发展性咨询[①]指根据个体身心发展的一般规律和特点，帮助不同年龄阶段的个体尽可能地圆满完成各自的心理发展课题，妥善地解决心理矛盾，更好地认识自己和社会，开发潜能，促进个性的发展和人格的完善。大学生的发展性咨询主要包括以下问题：

1. 适应问题

到了新学校，换了新环境，每一个大学新生都会遇到适应问题。新生来自全

① 程基伟．高校职业生涯发展咨询理论与实务．北京：高等教育出版社，2008.

国各地，以往的家庭环境、成长经历、受教育环境可能相差很大，来到大学后，在同学交往和集体生活环境以及自然环境等方面要做出一定的调整和适应。而现在的大学生大部分都是独生子女，在上大学之前并没有独立生活过，因此有的同学的自理能力和适应能力比较弱，并且对于缺乏准备的大学生，在这个需要调整的过程中，出现心理问题的可能性比较大。

引导案例

某学生在上大学之前没有集体生活的经验，一切都是父母料理，以前由于学习成绩很好，深受老师喜欢，是学生中的佼佼者。而在上大学后这些优势都不复存在，大家都是以差不多的分数考进来的，学习能力都差不多，但大部分同学都把自己的生活打理得井井有条，而她却感觉生活一片混乱，很多同学能说会道，而她却羞于开口。相较于其他同学在大学里大放异彩，她完全就是一株不知名的小草，这样的落差让她很不习惯，以致让她倍感孤寂。这就是典型的新生生活环境适应问题和学习环境适应问题。

2. 自我意识问题

自我意识①是指个体对自身心理和行为的意识。由于生理的成熟、生活的独立、社交的开阔，大学时代成为大学生自我意识发展最迅猛的时期。而在大学生自我意识发展的过程中，难免会遇到困难，甚至对大学生的生活产生很大的影响。常见的大学生自我意识混乱主要表现为两种类型，即过高和过低的自我评价，而这样的自我评价就会导致自负和自卑这两种心理缺陷，这样的心理容易让大学生变得敏感，产生严重的情感挫伤。

引导案例

某位临近毕业的毕业生，口才不错，自我感觉很好，但每次面试都被拒之门外。看着一些口才和实力都不如自己的人签了约，他开始着急。他不明白为什么自己这么优秀却找不到工作。同时他还承认自己的人际关系不是很好，他认为是因为自己太过直率了，并且觉得那些受不了他“指教”的凡夫俗子也没什么交往的必要。但是随着毕业的临近，找工作的苦恼和人际关系不良开始让他烦恼甚至失眠了。他的失败就是典型的自负心理造成的，在平时的生活中，他将自己摆在高位，看不起同学，怎么可能有良好的人际关系呢？在求职过程中他表现出的自以为是、自负自傲、夸夸其谈很容易给人留下不踏实的印象，所以屡屡求职失败。

---

① ［奥］弗洛伊德．弗洛伊德谈自我意识．北京：中国商业出版社，2011.

3. 人际关系问题

进入大学后，如何与身边的同学和谐相处，是大学生面临的一个重要课题。每个同学都有自己独特的个性、喜好，因此在交往中就难免会有摩擦，所以缺乏社会生活经验的大学生就会产生交往问题。在大学中，因交往障碍和人际关系不良而寻求心理帮助的同学屡见不鲜。

引导案例

某同学是从另外一个班转到这个班的，由于在一次班级竞选中失利，他便觉得自己被这个班排挤，找不到归属感；并且跟同宿舍的人发生口角时，他也觉得宿舍的人偏向于帮他们自己班的人。之后他发现他越来越不喜欢这个集体，自己的人际关系也似乎越来越不好了，这些让他觉得很难受。其实，这是一个由于人际敏感而导致的人际关系不良的案例。

4. 恋爱与性心理问题

大学生因对情感问题的认识与处理不当而导致的心理痛苦，大致表现为两类：一是因恋爱所造成的情感危机。随着性发育的成熟，处于青春期中后期的大学生对爱情是充满着向往的。然而与爱情相伴而来的就是求爱而不得的种种问题，如单恋、失恋等，使得恋爱问题成了大学生们最感困扰的问题。而对于某些对爱情缺乏正确认识的同学而言，这样的失败和打击是沉重的，由此导致了大学生酗酒、打架、恶意报复甚至自杀等问题。二则是性困惑问题。由于学校对性教育的刻意回避和忽视，性对于大学生而言是神秘的。恐惧感与渴望交织，由此便产生了许多心理问题，严重的还导致了心理障碍。

引导案例

有位同学自述，她在大一时谈了个男朋友。大一大二时，他总是陪她上晚自习，周末一起玩，那时候她成绩很好，也很开心。而现在他比她早一年毕业，他没有那么多时间来陪她了，所以她变得敏感，觉得很寂寞，情绪低落，看到别人出双入对就觉得很羡慕和嫉妒，并且她对学业心烦，看着书就烦，自己也不知道自己是怎么了。这就是由于感情问题导致的心理失调，心理失调会引起心理紊乱和智力下降，影响到学习和生活的方方面面。

5. 学习问题

学生的主要任务是学习，学习上的困难和挫折对大学生的影响是最为明显的。由于课程负担过重，学习方法有问题，使得学生精神长期处于过度紧张的状态、产生很大的压力；还有同学因为缺乏学习动力而无心学习。另外，大学里有许多的组织和活动，对于活动的组织者而言，组织活动是大学很重要的经历，因此浪费了很多学习时间，有些同学因两者无法同时兼顾而产生了很大的心理压力。

引导案例

某同学有这样的困扰，他虽然考上了大学，但是学校不理想、专业不喜欢，虽说知道自己需要努力学习，可就是提不起兴趣，不知道学了这些到底有什么用。再加上看着同学们都不怎么用功，就更加动摇了。这是由于缺乏既定的学习目标而出现的学习困扰。

6. 就业问题

激烈的市场竞争，紧张的生活节奏和巨大的工作压力使人感到精神压抑、身心疲惫，职业生涯焦虑与自我认定危机普遍存在于大学生中。由于竞争压力陡增，大学生在实际就业中难免会遇到碰壁的情况，再加上年轻人易冲动浮躁，这些都直接或间接地使大学生在心理上产生苦闷和不安的情绪，所以越来越多的同学在就业问题上出现心理困扰。此外，还有一种关于就业心理的问题是有些大学生在开始实习工作后，无法完成角色的转变，难以适应过渡期。

引导案例

某位大四学生，是一位高材生，聪明，开朗，可是在一次求职失败后，整天昏昏沉沉，连最简单的问题的思考都觉得困难，睡眠质量越来越差。而且，由于害怕再次失败，她不敢再去面试了，而毕业的日子日益临近，她心里非常焦急。这就是由于就业面试受挫而出现的就业问题。

以上这些问题，我们在前面相关章节中都有过详细的介绍。学校心理咨询工作也大多是围绕这些发展性问题来开展的，为使大学生在大学期间能更好地发展提供心理援助和指导。

（二）障碍性咨询

障碍性咨询[①]是指为各种有障碍性心理问题的咨询对象提供心理援助、支持、干预、治疗，消除咨询对象的心理障碍，促使其心理朝着健康方向发展。青春期及青年早期各种生理及心理变化为大学生提出了新的人生课题。这段时期正是各种心理冲突集中出现的阶段，他们在独立面对一些心理挫折时，由于心理与

① Richard Bryant – Jefferies. 对进行性障碍的心理咨询. 杨眉译. 北京：高等教育出版社，2008.

行为上的各种不适应可能会导致各种心理疾病。

障碍性心理问题，包括各种神经症（如抑郁症、焦虑症、强迫症、恐惧症、神经衰弱、疑病症等）、人格障碍、早期精神病及其他精神疾患。

二、大学生心理咨询的方式

大学生心理咨询的方式根据提供帮助的场景与手段的不同可以分为面谈咨询、电话咨询、信函咨询和互联网咨询几大类。

（一）面谈咨询

面谈咨询是咨询中最常见和最有效的方式，它是咨询工作者等待来访者上门来咨询的一种形式。面谈咨询的好处在于了解信息全面，咨询者不仅可以听到来访者叙述的内容，还可以观察其表情动作、情绪反应等，从而做出准确的判断；咨询者在耐心倾听的基础上，可以与来访者进行面对面的分析和讨论；面谈是在来访者的实际观察中进行，可以消除来访者的顾虑，便于咨询的深入。面谈咨询以谈话为主，但是在有必要的情况下会让来访者进行相关的心理测试，并将结果作为分析和治疗的依据。

（二）电话咨询

电话咨询是咨询者通过电话来进行交谈的一种方式。电话咨询是为来访者提供劝慰、帮助的一种较方便、迅速、及时的咨询形式。

电话心理咨询的优点是快捷方便而又经济，可保证隐私性，不受地理位置的限制，而且电话咨询还可以从来电话者的声调、语气停顿中获得额外的信息。而来访者也可以通过不见面的方式向咨询者倾吐心中的苦恼，从而缓解精神压力，并获得心理支持。这种方法对于处于危急状态（如自杀或犯罪）、不愿意来到咨询室面谈、不愿意暴露自己身份的来访者尤其适用。

但是电话咨询也有不利之处，由于通话时间有限，通过电话传递的信息也有限，只能起到安定情绪、制止突发事件发生的作用，并且它排除了视觉上的信息沟通方式，咨询工作人员不可能采用非言语的方式影响求助者。因此，在大学生心理咨询中电话咨询只能临时缓解一下来访者的精神压力，而真正要解决心理问题还是需要与咨询者面谈。

（三）书信咨询

书信咨询是指来访者与咨询者之间通过书信进行交流的一种咨询方式。对于那些对自己的心理障碍不愿意当面诉说或为了避免当面交谈可能带来的尴尬局面，书信咨询是很好的选择；并且书信咨询简单易行，涉及面广，来访者能随时通过信件诉说自己的苦恼。不过由于书信的信息含量低，咨询者只能提出一些原则性的指导意见，建立初步的咨询关系。而且书信咨询效果会受当事人的书面表达能力、理解力和个性特点的影响。大多数的学校心理咨询机构都设立了心理咨询信箱。

（四）互联网咨询

互联网咨询是随着网络技术的发展而逐渐开展起来的网络化心理咨询，它是指来访者通过互联网与咨询者交谈的咨询方式。这种咨询方式与书信咨询方式类似，但比书信方式更迅速、及时。尤其是对于当代大学生而言，互联网已经成为了他们生活必不可少的一个部分，所以他们可以通过互联网寻求不受地域限制的心理咨询。网络以其极强的保密性、隐蔽性、快捷性及实时性，为心理咨询提供了无限发展的空间。通过网络，当事人能够真正毫无顾忌地倾诉自己的隐私，暴露自己的问题，从而使心理医生能够掌握当事人的详尽情况，做出合理的分析判断，并做出切合实际的引导和处理。此外，因特网心理咨询还有许多优点，如可以凭借行之有效的软件程序，进行在线心理问题的测量与评估。

但是，网络心理咨询也有其不足，它的隐秘性同样也导致了双方身份的不易识别，而双方不在现场也会导致信息交流不充分，从而影响咨询的效果，这些都需要进一步研究和思考。但可以肯定的是，随着网络技术的不断提高和互联网的迅速普及，网络咨询将具有十分广阔的前景。

此外，根据来访者的众寡还可以分为个体咨询和团体咨询。

（五）个体咨询

个体咨询是指咨询者与来访者之间建立一对一的关系。个体咨询具有保密性和针对性强的特点，它的优点是咨询对象顾虑较少，让咨询者和来访者建立一种彼此信任的关系，这种关系能为来访者提供一种安全感，从而消除他们的防备心理，可以毫无保留地倾吐自己秘密，袒露自己真实的内心世界，有利于咨询人员深入地了解并实施合适的帮助。同时，个体咨询不是来访者处于完全被动和受操纵的地位，而是咨询者与来访者共同探讨、共同进步的过程。这种咨询方式既可以采用面谈的方式，也可以通过电话、信函等方式进行。

（六）团体咨询

团体心理咨询[①]是相对一对一的个体心理咨询而言的，它是一种在团体情境

---

① 樊富珉．团体心理咨询．北京：高等教育出版社，2007.

下提供心理帮助与指导的一种咨询形式，即由咨询员根据来访者问题的相似性组成课题小组，或由来访者自发组成课题小组，通过共同商讨、训练、引导，解决成员共同的发展或共有的心理问题。

团体咨询在节省咨询的人力和时间、扩大咨询的社会影响、集中解决学生中一些共同的比较迫切的心理问题方面具有很大的优越性。同时，在团队的感染力下，同学们发现有许多人跟自己一样具有这样的困扰，这样能减轻他们的心理压力，松弛他们的紧张情绪。相对于个体一次只解决一个人的问题，团体在解决问题方面是很有效率的。同时，团体中的复杂性，也会给团体成员其他的收获。不过团体咨询也有它的局限性，它的保密性不强，有些内容可能不方便当众说出来，所以不易建立信任关系，尤其是在咨询深度方面将受到很大的限制。因此，在团体咨询中应注意适当的个体指导，将团体咨询与个别咨询有机地结合起来。值得一提的是，大学生团体心理咨询多用于解决一般性的心理问题，而深层次的问题还是需要求助于个体咨询或心理治疗。

三、大学生心理咨询的方法

心理咨询的理论流派和模式众多。从20世纪20年代初开始到现在，各种理论此起彼伏，发展迅速。其中，对心理咨询过程的性质、目标、方法等方面影响最大的有四个流派的理论，即精神分析理论、行为主义理论、人本主义理论和认知理论。这里就简要地介绍在这四种理论指导下的大学生心理咨询常用的方法。

（一）精神分析

精神分析法①又称心理分析法，它是奥地利著名精神分析学家弗洛伊德在咨询和研究精神病患者的基础上创立的。精神分析理论强调心理因素对躯体的影响，它是通过挖掘来访者潜意识中的心理矛盾和冲突，找到致病的症结，并把它们带到意识领域中来，使来访者对此有所领悟，在现实原则的指导下加以纠正和消除，从而建立良好、健康的心理结构，达到心理健康。

心理分析理论将治疗的焦点放在向病人揭示内在冲突的原因和冲突的过程，让病人明了自己得病的原因，给出一个合理的解释，也就是一个从无意识向意识转化的过程。它主要的治疗方法有自由联想、释梦、阻抗、移情和解释。精神分析法是最早发展起来的一种辅导模式，它强调潜意识对行为的重要作用，重视婴幼儿期身心发展的意义，其所创立的一些方法和技术都有积极的贡献，为其后许多新的理论的创立提供了参考。但由于这种方法必须由受过专门训练的咨询者来

---

① ［奥］弗洛伊德．文明的隐私——弗洛伊德与精神分析法．太原：北岳文艺出版社，2005.

施行，需对来访者付出较多的时间和精力；并且它过分夸大了潜意识的作用，过分强调婴幼儿期的发展，特别是过分强调婴幼儿期的性经验，因此这一理论的应用和发展受到了局限。

（二）行为主义

行为疗法①是以行为理论为基础，并运用行为主义方法来咨询的心理治疗方法。行为主义强调以行为为中心，所有的行为（包括正常、健康的行为与异常、变态的行为）都是通过学习获得的，并由于强化而得到巩固，因此这些学习得来的行为也可以通过学习进行矫正。

行为主义心理治疗的目的在于，利用强化使来访者模仿或消除某一特定行为，建立新的行为方式。它通过提供特定的学习环境促使来访者改变自我，摈弃不良行为。因此，它很注重心理治疗目标的明确化和具体化，主张对来访者的问题采取就事论事的处理方法，不必追究个人潜意识和本能欲望对偏差行为的作用。

用于学校心理咨询与辅导中的行为心理疗法主要有系统脱敏疗法、模仿学习疗法、操作学习疗法等行为治疗手段和技术。这些治疗手段和技术对调节学生的身心机能，促进学生的身心健康，培养学生的良好行为习惯有一定的疗效。但行为主义的局限在于它仅从行为的角度出发对不良行为进行矫正，却完全忽视意识的作用，未从心理方面挖掘，无法解决根本问题。

（三）人本主义

人本主义疗法②基于人本主义理论而创立。人本主义疗法强调创造一种良好的环境，形成真诚相待、互相理解、彼此尊重的气氛，给予来访者无条件的积极关注，充分地同情和理解来访者的困扰和体验，帮助来访者进行自我探索，认识自身的价值和潜能，发现真正的自我，以改变自我的不良行为，矫正自身的心理问题。

人本主义治疗的实质就是重塑真实的自我，达到自我概念与经验的协调统一。治疗的目的是帮助患者去除那些为了适应社会、他人的需要而偏离自我经验的思想及行为，使人找回真实的自我，能够为自我的价值而活，而不再为迎合他人而生。在操作技巧上，这一疗法反对操纵或支配来访者，主张在谈话中采取不指责、不评论、不干涉的方式，鼓励来访者言尽其意，直抒己见，以创造一个充满真诚、温暖和信任的气氛，使来访者无忧无虑地开放自我。

---

① ［美］莱德利，马克斯，汉姆伯格．认知行为疗法．李毅飞，孙凌，赵丽娜译．北京：中国轻工业出版社，2012.

② 车文博．人本主义心理学．杭州：浙江教育出版社，2003.

人本主义疗法并无固定的技术模式，但应把握以下的三个原则：

1. 理解

这是治疗成功与否的基础。设身处地地从患者角度去思考问题，真实地理解他们的想法。真实的理解会令患者感到温暖和尊重。

2. 真诚相待

只有真诚相待才能进行坦诚的交流，而这是深入探究问题的前提。咨询者与来访者应处于平等的地位，以朋友的方式进行不设防的交谈。

3. 关注

治疗师对患者的关注应是无条件的。对于患者的心理问题不应以批评的态度来对待，而应表达无限的关爱与同情。

人本主义疗法强调来访者的主观能动性，对人采取积极乐观的态度，注重个人的内在价值和主观体验，强调咨询关系的重要性，强调以咨询者的态度为中心。但是，人本主义疗法不适合处理危机中需给予某些指导性策略的来访者，不适合无法通过口语来表达的来访者。

（四）认知理论

认知疗法①是通过改变人的认知过程和这一过程中所产生的观念来纠正人的不良的情绪和行为。认知疗法是用认知重建、心理应付、问题解决等技术进行心理辅导和治疗，其中认知重建最为关键在于如何重建人的认知结构，从而达到治疗的目的，咨询的关键就在于指导来访者改变原来的认知结构，解除歪曲的想法，纠正不合理的信念，从而改变行为。

认知疗法适合治疗各类神经症，如抑郁性神经症、焦虑性神经症、考试前紧张焦虑、情绪的激怒、性功能障碍等。

认知疗法建立在一种结构性的心理教育模式之上，强调家庭作业的作用，赋予求助者更多的责任，让他们在治疗之中和治疗之外都承担一种主动的角色，同时注意吸收各种认知和行为策略来达到改变的目的。而认知疗法所受到的批评是，情绪因素在治疗中未受重视，它不鼓励情绪的通畅或在情绪上再度去体验创伤事件，且并不重视探索潜意识里的冲突。

① 贝克．认知疗法：基础与应用．翟书涛译．北京：中国轻工业出版社，2001.

第三节 大学生心理危机干预

一、心理危机的相关理论

（一）心理危机的概念

心理危机干预的鼻祖 Capalan 于 1954 年开始对心理危机进行系统研究，并于 1964 年首次发表心理危机干预理论。他指出心理危机是当个体面临突然或重大的生活逆境，引起强烈的情绪扰乱或认知、躯体、行为等方面的改变，个体既不能回避，也无法用通常的解决方法来解决问题所出现的心理失衡状态。而大学生心理危机①就是指大学生个体或群体面临超出其承受能力范围的压力时，所产生的一种心理失衡状态。大学生心理危机一旦发生并出现，就会对个体自身、他人（包括亲人、师生甚至社会）产生强烈的破坏性影响。

心理危机干预与心理咨询的不同之处在于心理危机具有强烈的灾难性后果，因此心理危机需要快速干预，具有紧急性；而心理咨询针对的是一般问题，是使个人苦恼却不指向他人或自己的问题，而心理咨询中出现的紧急问题则需要采用心理危机干预的措施。

（二）大学生心理危机的种类

可以将大学生心理危机划分为发展性心理危机、境遇性心理危机、存在性心理危机和障碍性心理危机。

1. 发展性心理危机②

发展性心理危机是指在大学生的大学阶段中发生涉及生理、心理上发展变化的心理危机，如升学心理危机、性心理危机。这些心理危机是大学生生命中必要的和重大的转折点，每一次发展性心理危机的成功解决都是大学生朝着成熟和完善迈步的阶梯。由于大学生心理脆弱，在大学生成长过程中某些重大转变的时候常常出现这种危机。这类心理危机持续的时间比较短暂，但变化急剧。

---

① 段鑫星，程婧．大学生心理危机干预．北京：科学出版社，2006.

② 段鑫星，程婧．大学生心理危机干预．北京：科学出版社，2006.

2. 境遇性心理危机[①]

境遇性心理危机是指突如其来的、无法预料的和难以控制的心理危机。它的随机性强，且具有震撼性和灾难性，是大学生本人无法预料的和难以控制的，如某个大学生的父母离婚、家庭经济来源突然中断、与同学或老师冲突以及遭遇暴力侵犯等。

3. 存在性心理危机[②]

存在性心理危机是指伴随着重要的人生问题，如关于人生目的、责任、独立性、自由和承诺等出现的内部冲突和焦虑。个体在大学前和在大学阶段后都在不断地追问和探索存在问题，但大学生因为年龄和身心的特点对存在性问题的思考特别集中。存在性心理危机的成功解决对大学生的人生观、价值观和世界观的正确树立有着重大的影响。

4. 障碍性心理危机[③]

障碍性心理危机是由内在精神病理机制或精神病引起的心理危机，如精神病人在病态思维下的自杀及伤害他人的行为表现。

一般来说，在人的一生中，发展性危机、境遇性危机和存在性危机都可能发生，但发生在大学阶段的多是发展性危机，如由失恋、学业失败、性困惑等引起的危机，这些危机的处理与大学生的学业发展、个性塑造和社会适应等有关，这些问题如果没有得到适当处理，很容易出现心理问题，影响个体以后的健康发展，严重的可能会陷入心理危机，出现自杀和伤人等过激行为。

（三）心理危机产生的主要原因[④]

1. 抑郁是导致大学生心理危机和自杀的重要因素

抑郁是大学生中常见的情绪问题，是指大学生在遇到学习成绩落后、失恋、生活挫折、家庭中出现重大事件等因素刺激后，心理承受力超过负荷而带来压力时出现的情绪反应。目前，媒体和网络经常有一些关于大学生自杀或伤害他人的报道，在自杀的原因中，抑郁为主要因素。

2. 早期家庭教育与人格成长中的挫折

现代心理学研究证明，家庭是人生的第一所学校，而一个人在少儿时期形成的认知结构将影响他的一生。如果在早期缺乏信任感和安全感，那么随着心理发展和成长，就会渐渐产生一种孤独无助的个性，很难与人相处和沟通，因而极易形成人格异常，导致心理障碍，最终发生心理危机。在人格成长的关键期（人格形成的关键年龄是3岁、7岁、13岁和18岁）内，如果没有得到良好的教育与指导或遭遇其他应激事件，如家庭变故、社会不良唆使等，就很容易导致心理冲

①②③ 段鑫星，程婧．大学生心理危机干预．北京：科学出版社，2006.

④ 大学生心理健康教育研究会编．大学生心理健康教程．广州：暨南大学出版社，2006.

突和挫折感。

3. 适应困难、交往障碍与自卑

大一新生入学后往往会出现环境不适应、学习不适应、人际关系不适应等困难，很多学生会越来越自卑。有些同学进入大学后发现大学校园并非自己心目中的理想王国，学习紧张、生活枯燥、远离亲友、人际关系复杂等，于是他们开始觉得孤独和迷惘，一些适应能力差的学生甚至产生了抑郁和焦虑心理。而面对来自五湖四海的同学们，大家因为性格、生活习惯、生活经历的不同，不可避免地会发生摩擦，特别是对于那些个性内向、敏感的学生而言，很容易产生抑郁情绪。自卑心理是大学生的一种人格缺陷。一般的大学生个体或多或少在自身某个方面都体验过自卑这种消极情绪，但只要通过积极的自我调节就能减轻或消除自卑心理。如果沉湎于强烈的自卑之中不能自拔，很容易失去心理平衡。处在这种心境下的大学生个体，在外界刺激的诱导下就很容易发生心理危机。

4. 学习、择业、就业压力带来的心理烦恼

随着时代的发展，大学生在择业、就业方面呈现出压力加剧的问题。在优胜劣汰的竞争社会中，有些同学整天忧心忡忡，表现出强烈的危机感，他们给自己施加很大的压力，除了逼迫自己完成分内的学业外，还致力于各种资格认证考试，而这无形中加剧了大学生的心理压力与精神压力，一旦努力失败，会带来严重的心理挫折和失败感。在就业方面，有些学生自我期望值过高，没有认清现在激烈竞争的现实，当过高的求职期望与目前这种就业现实产生矛盾时，将会体会到心理烦恼和挫折，当这些烦恼与挫折不断加大和上升时，心理挫折就转化为心理危机。

5. 情感与性问题带来的心理困扰

大学校园恋情已经成为普遍现象，情感问题是诱发心理挫折的导火索之一。当前大学生谈恋爱的现象越来越普遍，但由于性心理的不完全成熟，缺乏足够的性知识，对青春期的性冲动和性要求理解不当，常会产生紧张、恐惧、羞涩，甚至不正当的行为。还有同学受到失恋、单相思等问题困扰，产生苦闷、惆怅、失望、悔恨与愤怒，一旦失恋往往会引发心理危机。

6. 个体应对策略不当与个性缺陷

应对策略是个人面对过激事件和压力时所采取的行为方式。面对危机，心理健康的人往往能够正视危机，冷静处理，而有心理缺陷的危机当事人却常因认知偏颇、情绪失控、意志丧失而造成严重后果。国内研究表明，性格内向、感情相对脆弱、无望感、冲动性和（或）攻击性及神经症（包括抑郁和退缩素质）等气质类型，与自杀高风险密切相关。这类人往往心理承受能力差，人格偏执，易于冲动或怯懦退缩，一旦面临危机很容易心理崩溃，找不到正确的解决办法，从而产生非理智的过激反应，造成对自己或他人生命的伤害。

二、大学生自杀的分析与预防

（一）大学生自杀的一般心理过程

不可忽视的是，大学生的自杀行为虽受制于一般的自杀心理规律，但也有其特殊性，这种特殊性是由大学生的心理特点所决定的。自杀的心理过程大致可分为三个阶段：

1. 自杀动机的形成

个别学生在遇到挫折或打击时，为逃避现实，将自杀作为寻求解脱的手段。例如，调查的案例中，有位大学生因生活自理能力差，对大学生活难以适应，成绩因此一落千丈，自感生活毫无意义，便决定以自杀来寻求解脱。还有案例反映：自杀者借自杀来表达自己因做错了事而产生的悔恨、惩罚之心，以此作为自责心理的补偿。如一位大学生在中学时，成绩一直在班上名列前茅，进入大学后，因学习方法不正确，学习成绩一直不好，自感对不起父母和乡亲，在强烈的自罪自责心理驱使下便采取了自杀行为。此外，有的把自杀作为报复手段，从而使有关的人感到内疚、后悔和不安。如一位大学生的父母离异，对他的学习、生活不闻不问，给该生的心理带来很大的创伤。在学习上、生活上几经挫折后，该生万念俱灰，便想到了以自杀来报复其父母。

2. 心理矛盾冲突

自杀动机产生后，求生的本能可能使自杀者陷入一种生与死的矛盾冲突之中，难以最终做出自杀决定。此时，自杀者会经常谈论与自杀有关的话题，预言、暗示自杀，或以自杀来威胁别人，从而表现出直接或间接的自杀意图。实际上，我们可以看作是自杀者发出的寻求帮助或引起别人注意的信号。

此时，如能及时得到他人的关注，或在他人的帮助下找到解决问题的办法，自杀者很可能会减轻或打消自杀的念头。这也是自杀行为可以预防和救助的心理基础。但周围的人往往认为常喊着要自杀的人其实不会自杀，因而不太关注欲自杀者发出的信号，以致痛失救助良机。

3. 自杀者平静阶段

自杀者似乎已从困扰中解脱出来，不再谈论或暗示自杀，情绪好转，抑郁减轻，显得平静。这时周围的人真以为他的心理状态好转了，从而放松警惕。但这往往是自杀态度已经坚定不移的一种表现，当然也不完全排除是自杀者心理状态好转的表现。因为发展到这个阶段，自杀者认为自己已找到了解决问题的办法，不再为生与死的选择而苦恼。因此他们不再谈论或暗示自杀，甚至表现出各方面的平静。目的可能是为了摆脱旁人对其自杀行为的阻碍和干预。

（二）识别自杀行为的迹象与信号

有关学者指出，大部分企图自杀的当事人，并非是以自杀为目的，而只是希望通过自杀这种极端的方式来获得周围朋友的帮助，从而解决自己无法解决的问题，因此，自杀是可以预防的。正如前面所述，在自杀者心理发展的第二个阶段——实施自杀行为之前，会或多或少他向外界提供一些自杀的“信号”，如果亲朋好友能及时发觉并加以纾解、辅导，就可以避免当事人的自杀行为。那么如何识别大学生自杀的迹象呢？

1. 语言上的表达

表现出想死的念头，可能通过直接的语言表达，如人们直截了当地表达出他们想放弃生命的意图，这种表达方式有时表现在争吵中，自杀者向自己亲近的人直接表达出内心的不满，也可能在日记、绘画、信函中流露出来。如果当事人告诉别人，他想在何时、何处、如何自杀，可以说他自杀的危险程度极高。

2. 行为上的表现

当人们开始想要进行自杀行为时，在行为上会有以下变化：突然出现明显的性格或行为改变；回避与他人接触，与平日的朋友断绝往来，不愿见人；向人道谢、告别、归还所借物品；把心爱的物品扔掉或转赠他人；学业成绩下降。此外，对于处在自杀未遂初期的人来说，他再度企图自杀的可能性很高。

3. 身体上的反应

当人们企图自杀前，会有一些身体上的反应，如表现出抑郁、不满的情绪；过大的压力；食欲改变或饮食规则变得紊乱；缺乏精力，对以往感兴趣的事情失去兴趣；并且，当他们低迷很久的情绪突然恢复正常，那么这段时间是人们最需要关注的，因为他可能已经下定决心打算自杀了。

4. 情境上的启示

当人们遭遇人生重大创伤事件，如亲人亡故、失恋、遭遇暴力等应激事件时，容易滋生自杀情绪，此外，当人们对于改变痛苦的现状表现出无能为力时也可能会选择自杀这种极端的解决方式。

（三）如何帮助有自杀念头的同学或朋友

既然自杀是可以预防的，那我们该如何帮助身边有自杀念头的同学呢？当发现身边的同学有上述某些表现时，应及时与同学沟通，帮助他们缓解心中苦闷，在沟通时应注意以下几点：

1. 保持冷静和用心倾听

当同学与你谈论自杀的想法时，不要表现得过度惊讶，而应该保持冷静并做出适当的反应。一定要用心倾听，并给予适当的回应，让他知道你在很专注地听他讲话，并且让他知道你愿意坦诚地和他谈自杀这件事。

2. 认可他表露出的情感，不要进行评判，也不要试图说服他改变自己的感受

在语言上表达出你对他感受的理解以及关心，让他知道你了解他的心情，给予他精神上的支持。对他的感受和绝望保持同情心，告诉他自杀确实是一种选择，但还有别的路可以走。不要对他的问题进行评批判，有可能你觉得这个问题没什么大不了的，但对他而言，却是非常严重的事。

3. 大胆询问其是否有自杀的想法

明确地使用“自杀”或“伤害你自己”这样的字眼来询问他的看法；相信他所说的话以及所表露出的任何自杀迹象；不要担心他们会出现过激的情感反应，情感爆发或哭泣有利于他们情感的宣泄。

4. 鼓励他，让他知道人生还有希望

以坚定的语气说出他的积极方面，提升他的自信心，让他看到自己积极的一面。同时，鼓励他，让他相信人生还有希望，让他知道面临的困境能够有所改变。

5. 告诉他你能为他做什么

建议他下一步可以怎么做，态度要很坚定；采取行动，并且告诉他你已经做了什么；告诉他一些24小时紧急求助电话；把其他人导入话题，例如同学、家人、朋友。此外你还需自己留心一些细节，如果察觉到他有立即性的危险，请陪在他身边，并且确定附近没有刀子或药物等很容易拿到的自杀工具。

6. 鼓励他积极寻求帮助

让他相信别人是可以给予他帮助的，让他知道你愿意继续帮助他；鼓励他向其他值得信赖的人谈心，寻求他人的帮助、支持；同时建议他去心理健康中心或医院寻求专业人员的帮助。

7. 追踪观察

如果可能的话，即使立即的危机已经过去，最好还是持续追踪他的情况。因为3个月内都可能再发生。

（四）有自杀倾向者如何自救

有时，当你回忆往事时，你会有一种怎么也挣脱不出的感觉，这时，你可能会想到轻生，觉得那是唯一让自己解脱的方法，但是，当你大脑里浮现这样的想法时，你一定要提醒自己，千万不要伤害自己，你该采取行动让自己不要被自己的消极思想所支配。

1. 营造安全的环境

在寝室或校园里营造一个能让你心里感觉到安全的气氛，每当你觉得自己有些失控或可能采取某些行动时，你就让自己待在那个地方舒缓自己的情绪。

2. 转移注意力

每当发现自己的情绪越来越悲观和消极时，就有意识地让自己停止胡思乱想，不要沉湎于自己的悲伤情绪中，可以听听音乐、到外面走走或者做一些平时比较感兴趣的事。

3. 向外界求助

如果你开始觉得想轻生，或不得不伤害自己时，赶快寻求协助，千万不要让自己一个人孤立地呆着。你若觉得自己无法控制自己的行为举止，可以打电话给心理辅导员或朋友，打电话向当地的预防自杀热线求助。

三、心理危机干预的基本步骤与技术

心理危机干预就是对处于心理危机状态者采取明确有效的措施，使症状得到缓解，避免自伤和伤害他人的行为，恢复心理平衡与动力，以预防将来心理危机的发生。危机干预的主要目标是降低急性、剧烈的心理危机和创伤的风险，促进个体从危机和创伤事件中恢复或康复，危机干预的突出特点是帮助的及时性、迅速性，而有效的行动是危机干预成功的关键。

（一）危机干预的步骤

在大学校园内，当我们发现学生面临心理危机时，可使用心理学家总结的“七步干预法”进行危机干预：

1. 明确问题

危机干预的第一步是从求助者的立场出发，确定和理解求助者的问题并对求助者的状态进行界定。干预人员使用开放式问题了解事情的真相并对每个问题进行明确界定。在干预过程中，干预工作者应使用积极的倾听技术，对求助者表示同感、理解、真诚、接纳以及尊重，注意求助者的语言信息及其他非语言信息。

2. 保证求助者安全

在危机干预过程中，干预人员会将保证当事人安全作为首要目标。干预人员会努力将求助者对自我和对他人的生理和心理的危险性降低到最小。

3. 给予支持和帮助

危机干预人员会与当事人沟通和交流，通过语言、语调和躯体语言让求助者认识到危机干预人员是能够给予其关心帮助的人，让求助者相信这里确实有很关心你的人。

4. 探讨应对策略

危机干预人员会重视发挥当事人自身的应对优势，帮助当事人回忆以前所用的有效的应对方式，探索可以利用的替代解决方法，充分利用环境资源，采用各种积极应对方式，最终确定能处理其境遇的适当选择。

5. 制订行动计划

干预人员帮助当事人做出现实的短期计划，确定当事人理解的自愿的行动步骤。计划会根据当事人的应付能力，着重于切实可行和系统地帮助当事人解决问题。在制订计划时，会充分考虑到当事人的自控能力和自主性，与当事人共同制订行动计划以克服其情绪失衡状态。

6. 实施干预

实施干预是整个计划中最为核心的阶段，在这一阶段只要解决当事人以下几个问题：舒缓当事人的情绪、帮助当事人理解现状、学习应对方式、获得当事人的承诺。

7. 效果与反馈

在危机干预时，需不断评估干预措施是否产生了预期的效果，以便随时根据实际需要对计划做出调整和修改，以寻求最佳的解决方案。有效的危机干预指帮助当事人获得生理以及心理上的安全感，得到可能的基本需要的满足，缓解震惊和悲伤等情绪，恢复心理上的平衡状态。在干预过程中一定要强化当事人所学会的新的应对技巧，并且要减少其对干预人员的依赖。

除以上七步之外，还应该启动社会支持系统。社会支持系统主要包括：来自父母及其他亲人、来自老师和同学、来自其他方面如朋友和社区志愿者的支持等。这种支持不仅包括心理和情感的支持，也包括一些实质的救助行动，如预警求助、帮助行动以及巩固疗效的作用。

（二）危机干预主要技术

1. 沟通技术

危机干预技术应用首先要建立沟通技术和良好的合作关系，良好的沟通和合作关系是执行和贯彻干预计划的基础。因此，建立和保持干预人员与求助者双方的良好沟通和相互信任，有利于当事者恢复自信和减少对生活的绝望感，保持心理稳定和有条不紊的生活，以及改善人际关系。

主要策略有：耐心倾听，表示理解他的处境和情感；运用合适的提问方式，将封闭式提问与开放式提问结合起来；适当沉默；理解当事人的非言语交流。

2. 支持技术

这类技术的应用旨在尽可能地解决危机，使病人的情绪状态恢复到危机前的水平。这种支持是指给予情感支持，而不是支持当事人错误的观点或行为。由于危机开始阶段病人有很强烈的焦虑感，因此应尽可能使之减轻。

主要策略有：无条件接纳并热情关注，给予心理上的支持；提供宣泄机会，鼓励当事人把自己的内心情感表达出来；给予希望和保持乐观的态度；注意发挥社会支持系统的作用，减少孤独和隔离。

3. 干预技术

又称解决问题技术，以求助者的认知为前提，主要采用以下方法：

（1）认识和理解危机的发展过程及与诱因的关系；

（2）学习如何解决问题和应对方式；

（3）帮助求助者建立新的社交方式，尤其是人际交往关系。同时鼓励他们积极面对现实和注意社会支持系统的作用。

总而言之，不论是日常的心理咨询还是危机情况下的紧急干预，其工作的中心思想都是确保学生生命安全，促进学生个体潜能发展。

思考题

1. 举例说明心理咨询与心理治疗、心理辅导的区别。
2. 心理咨询的对象主要有哪些？
3. 大学生心理危机产生的原因有哪些？
4. 如何有效地预防大学生的自杀行为？

附录：自杀态度量表

自杀态度问卷（Suicide Attitude Questionnaire，简称为 SAQ）的理论构想：

作为以预防自杀为目的自杀态度研究，所测量的态度应该更加全面与具体。这样才能为自杀预防工作提供更加翔实与具体的资料。事实上，社会态度对自杀行为的影响，也并不仅仅局限于对自杀行为性质的态度上。其他方面比如对自杀者（包括自杀死亡者与自杀未遂者）的态度以及对自杀者家属的态度，都有可能在一定程度上对一个企图自杀者是否决定采取自杀行动，或一个自杀未遂者是否会再次自杀产生影响。因此，除了了解人们对自杀行为性质的态度外，研究和了解公众对自杀者（包括自杀死亡者与自杀未遂者）、自杀者家属的态度乃至对安乐死的态度，都会对预防自杀工作起到有益的帮助和积极的作用。人们对某一事物或某一问题通常是在两个极端之间的一个连续谱，常用的态度测量方法是在完全赞同到不赞同之间进行分级评分，以 5 级评分最为常用。同样，人们对自杀的态度也在完全肯定与完全否定这样两个极端之间。

众所周知，对于某些问题，不同的提问方式可能产生完全不同的回答。例如，一个对自杀未遂者持歧视态度的人，对“自杀未遂者不值得同情”和“不应给自杀未遂者以更多的同情与帮助”可能会作出意义相反的选择，对前者表示赞同对后者则表示不赞同。所以，对同一事物选择正向与反向两种问题进行提问，不但可以避免被调查者的应答性偏差，而且可以更全面地反映所要调查的内容。

SAQ 的结构、计分和解释共 29 个条目，都是关于自杀态度的陈述，分为如下 4 个维度：

1. 对自杀行为性质的认识（F1）：共 9 项，即问卷的第 1、7、12、17、19、22、23、26、29 项。

2. 对自杀者的态度（F2）：共 10 项，即问卷的第 2、3、8、9、13、14、18、20、24、25 项。

3. 对自杀者家属的态度（F3），共 5 项，即问卷的第 4、6、10、15、28 项。

4. 对安乐死的态度（F4），共 5 项，即 5、11、16、21、27。

对所有的问题，都要求受试者在完全赞同、赞同、中立、不赞同、完全不赞同中做出一个选择。在分析时，1、3、7、8、10、11、12、14、15、18、20、22、25 为反向计分，其余条目均为正向计分。在此基础上，再计算每个维度的条目均分，最后分值在 1—5 之间。

自杀态度调查问卷：

1. 自杀是一种疯狂的行为。

2. 自杀死亡者应与自然死亡者享受同样的待遇。

3. 一般情况下，我不愿意和有过自杀行为的人深交。

4. 在整个自杀事件中，最痛苦的是自杀者的家属。

5. 对于身患绝症又极度痛苦的病人，可由医务人员在法律的支持下帮助病人结束生命（主动安乐死）。

6. 在处理自杀事件的过程中，应该对其家属表示同情和关心并尽可能为他们提供帮助。

7. 自杀是对人生命尊严的践踏。

8. 不应为自杀死亡者开追悼会。

9. 如果我的朋友自杀未遂，我会比以前更关心他。

10. 如果我的邻居家里有人自杀，我会逐渐疏远和他们的关系。

11. 安乐死是对人生命尊严的践踏。

12. 自杀是对家庭和社会的一种不负责任的行为。

13. 人们不应该对自杀死亡者评头论足。

14. 我对那些反复自杀者很反感，因为他们常常将自杀作为一种控制别人的手段。

15. 对于自杀，自杀者的家属在不同程度上都应负有一定的责任。

16. 假如我自己身患绝症又处于极度痛苦之中，我希望医务人员能帮助我结束自己的生命。

17. 个体为某种伟大的、超越人生命价值的目的而自杀是值得赞许的。

18. 一般情况下，我不愿去看望自杀未遂者，即使是亲人或好朋友也不例外。

19. 自杀只是一种生命现象，无所谓道德上的好与坏。

20. 自杀未遂者不值得同情。

21. 对于身患绝症又极度痛苦的病人，可不再为其进行维持生命的治疗（被动安乐死）。

22. 自杀是对亲人、朋友的背叛。

23. 人有时为了尊严和荣誉而不得不自杀。

24. 在交友时，我不太介意对方是否有过自杀行为。

25. 对自杀未遂者应给予更多的关心与帮助。

26. 当生命已无欢乐可言时，自杀是可以理解的。

27. 假如我自己身患绝症又处于极度痛苦之中，我不愿再接受维持生命的治疗。

28. 一般情况下，我不会和家中有过自杀者的人结婚。

29. 人应有选择自杀的权利。